弗布克工厂精细化管理手册系列

工厂物料
精细化管理手册
（第2版）

成　毅　编著

人 民 邮 电 出 版 社
北　京

图书在版编目（CIP）数据

工厂物料精细化管理手册 / 成毅编著．—2 版．—
北京：人民邮电出版社，2014.1
（弗布克工厂精细化管理手册系列）
ISBN 978-7-115-34024-5

Ⅰ.①工…　Ⅱ.①成…　Ⅲ.①工业企业管理—物资管理—手册　Ⅳ.①F406.5-62

中国版本图书馆 CIP 数据核字（2013）第 293653 号

内 容 提 要

这是一本细化工厂物料管理的指导性图书，作者从职责、要点、制度、流程、方案、工具六大维度出发，详细介绍了工厂物控组织结构设计与岗位职责、工厂物料计划管理、工厂物料定额管理、工厂物料供应控制、工厂物料仓储管理、工厂物料仓储存量控制、工厂物料使用控制、工厂物料质量控制、工厂物料成本控制等多个方面的内容，形成了一整套切实可行的工厂物料精细化管理体系。本书所提供的内容可以帮助读者有效提升工厂物料管理的水平。

本书适合在工厂中从事物料控制工作的管理人员以及企业培训师、咨询师和高校相关专业的师生阅读。

◆ 编　　著　成　毅
　责任编辑　陈斯雯
　责任印制　杨林杰
◆ 人民邮电出版社出版发行　　北京市丰台区成寿寺路 11 号
　邮编 100164　　电子邮件 315@ptpress.com.cn
　网址 http://www.ptpress.com.cn
　北京七彩京通数码快印有限公司印刷
◆ 开本：787×1092　1/16
　印张：18.5　　2014 年 1 月第 2 版
　字数：195 千字　　2025 年 8 月北京第 35 次印刷

定　价：45.00 元

读者服务热线：（010）81055656　印装质量热线：（010）81055316
反盗版热线：（010）81055315

“弗布克工厂精细化管理手册系列”再版序

工厂是制造型企业的中心，工厂管理水平的高低直接影响企业的经济效益。随着微利时代的到来，精细化管理在企业中将扮演更加重要的角色，这就要求工厂管理者必须对加工制造的各个环节进行更为细致、规范的管理和控制。

为方便读者“拿来即用”、“改了能用”，我们对工厂管理10大模块的职能事项都进行了“模板化”设计，以便读者根据本企业的实际需求进行修改或套用。

“弗布克工厂精细化管理手册系列”于三年前应此需求而面世。本系列图书自上市以来，赢得了广大读者的关注，特别是在工厂工作的读者朋友们对本系列图书内容的全面性、精细性、实操性给予了高度评价，同时针对书中存在的问题也提出了有益的改进建议。在本次改版的过程中，我们对这些问题进行了修正，对第1版图书的部分内容做了相应的修改、删除和增补。希望通过本次改版，这套图书能够为广大读者带来更多工作上的便利。

改版后的“弗布克工厂精细化管理手册系列”图书旨在通过对岗位职责、事项要点、管理制度、管理流程、执行方案、操作工具的重新整合，以及书中所提供的大量具体的操作方案和执行流程，帮助企业将执行工作落实到具体岗位和具体人员，进一步提高执行效率。

同时，改版后的“弗布克工厂精细化管理手册系列”图书的特色更加鲜明，大量实用性、指导性的内容将进一步帮助企业把“**工作事项精细化、管理工作规范化、执行作业流程化、操作方法工具化**”。

1. 精细化

本系列图书涵盖了工厂生产计划、采购、物料、技术、现场、安全、设备、质量、成本、人力资源共10项内容；针对每个事项内容，作者都给出了细化、可执行的制度、流程、方案，并提供了标准化的模板。

2. 工具化

本系列图书提供的各种参照范本都可以作为企业设计精细化管理体系的参照范例和工具，内容均从工厂的角度出发，针对性强，制造企业可以拿来即用，也可因需而变。

3. 图表化

图表化主要体现在制度、流程、方案、文案的模板设计上。本系列图书给出了具体的业务管理流程图以及表格形式的制度、方案和文案，为工厂推行精细化管理提供了参照范本。

本系列图书可以作为工厂各个部门实施精细化管理的操作手册，也可作为企业各个部门和各岗位人员进行自我管理及自我改善的工具书。

再版前言

《工厂物料精细化管理手册（第2版）》是“弗布克工厂精细化管理手册系列”图书中的一本。本书将“精细化、工具化、图表化”的思路贯穿于每章内容的写作过程中，既能帮助读者系统地把握内容，又能针对读者某一方面的实际工作需求提供解决方案。

本书以工厂物料精细化管理为中心，立足于工厂物料控制部门的管理实践，针对某一岗位、某一类事件的管理问题，提供了规范化运作的系统工具，提出了“职责+要点+制度+流程+方案+工具”的六位一体的解决方案，将执行工作落实到具体的岗位和人员，并给出了可操作的方案。

这是一本能够指导具体工作的精细化管理手册，也是一本能够提高工厂各级人员工作效率的实务性工具书。在《工厂物料精细化管理手册》第1版的基础上，本书做了如下修订和补充。

1. 进一步完善了工作事项体系

本书详细叙述了工厂物控组织结构设计与岗位职责说明、物料计划管理、物料定额管理、物料供应控制、物料仓储管理、物料仓储存量控制、物料使用控制、物料质量控制、物料成本控制共9个方面的内容，几乎涵盖了工厂物料管理的全部工作。

2. 强调了工厂物料管理责任制

本书在建立健全工厂物料管理体系的基础上，强化了物料管理责任制的建设工作，为工厂的物控部、采购部、仓储部、质检部、生产部、财务部等部门构建了物料管理责任制。

3. 重新设计了工厂物料定额管理工作

本书在讲解物料定额计划、测试与确定的基础上，分别设计了物料定额类别、物料定额小组、定额计划流程、定额测试筹备、定额测试实施、定额指标的制定等内容，更加细化了工厂物料定额管理工作。

4. 完善了工厂物料供应控制体系

本书完善了物料供应控制体系，为工厂构建了“采购计划→采购预算→供应商开发及考核→采购谈判→采购合同→采购交期→采购结算”这样一整套物料供应控制体系。

5. 重新设计了工厂物料质量控制方案

本书分别从采购质量控制管理、存储质量控制管理、生产现场质量控制管理和物料检验体系管理等方面设计了物料质量控制方案，更加细化了工厂物料质量控制工作。

6. 构建了工厂物料精细化管理工具体系

本书共设计了 9 个工厂物料控制过程问题、36 个工厂物料控制实施方案、61 个工厂物料控制管理制度、流程，以及若干日常工作所需的文案、文本。通过对这些内容的设计，本书不但构建了工厂物料控制管理的内容框架，还为工厂物料控制人员的日常工作提供了可参考的模板。

在本书编写的过程中，孙立宏、孙宗坤、程富建、刘井学、刘伟负责资料的收集和整理，李苏洋、赵莉琼、郑超荣负责数字图表的编排，陈永涛参与编写了本书的第一章，池永明、冯利伟参与编写了本书的第二章，付伟、张瀛参与编写了本书的第三章，韩斌参与编写了本书的第四章，康秀梅参与编写了本书的第五章，王琴、孙玖凡参与编写了本书的第六章，李俊英参与编写了本书的第七章，刘继萍、孟庆华参与编写了本书的第八章，齐艳霞参与编写了本书的第九章，全书由成毅统撰定稿。

目 录

物控组织结构设计与岗位职责说明

第一章

第一节　物控组织结构设计

一、大型工厂物控组织设计

大型工厂物控组织设计范例如图 1-1 所示。

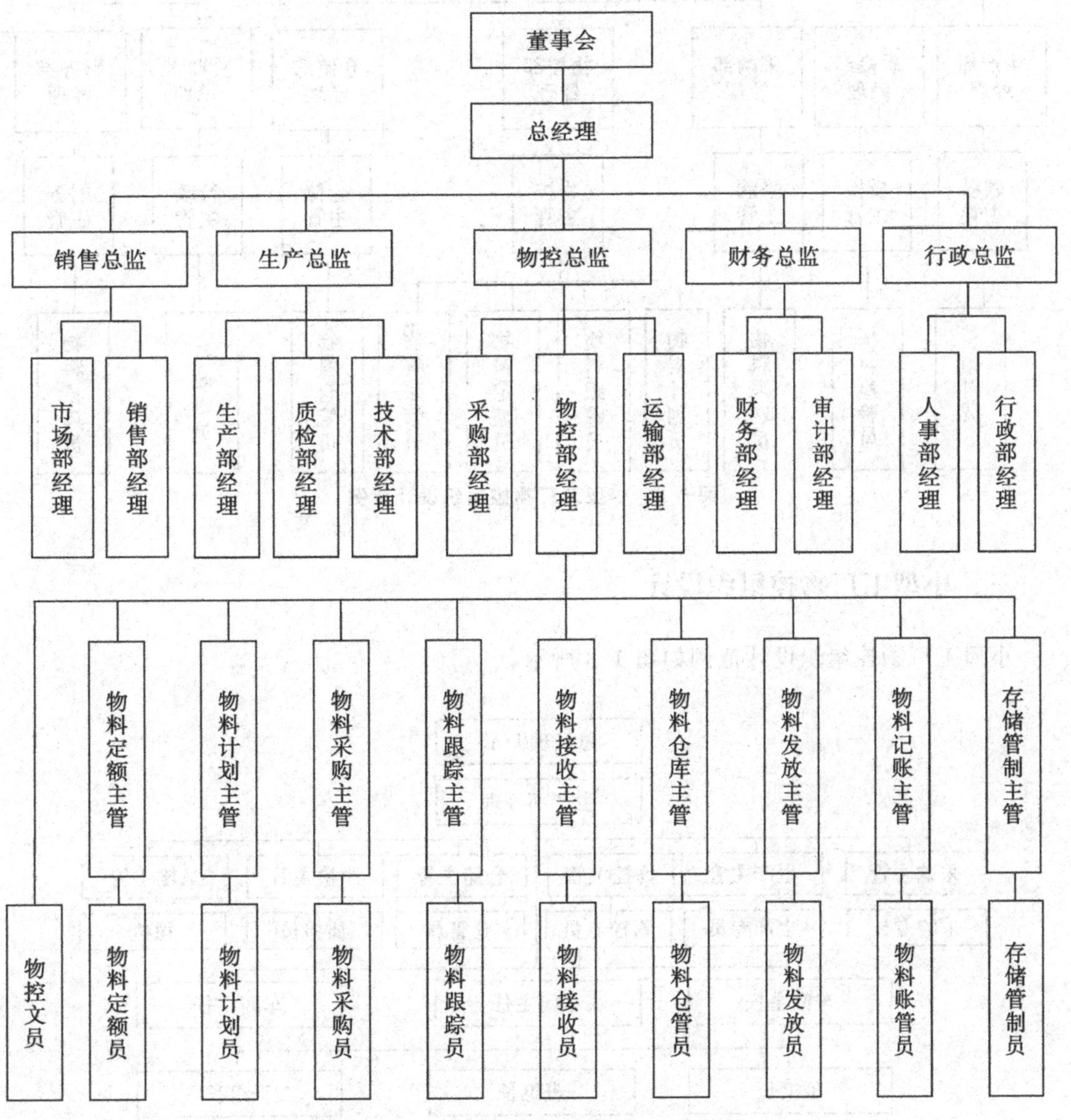

图 1-1　大型工厂物控组织设计范例

二、中型工厂物控组织设计

中型工厂物控组织设计范例如图 1-2 所示。

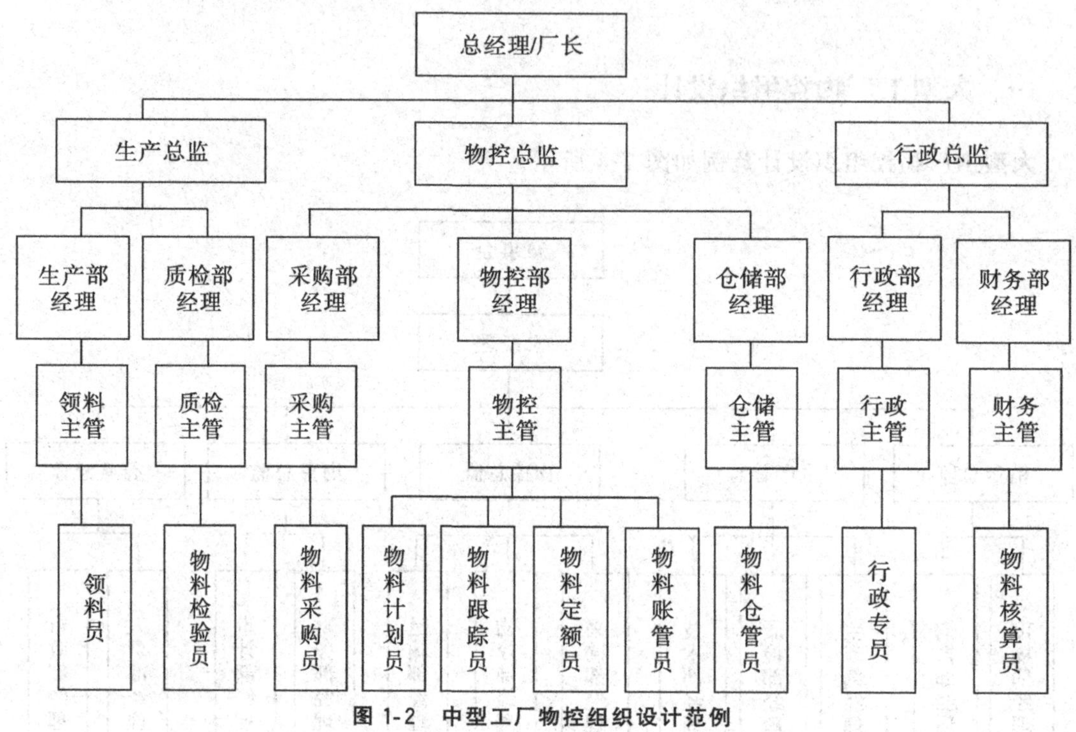

图 1-2　中型工厂物控组织设计范例

三、小型工厂物控组织设计

小型工厂物控组织设计范例如图 1-3 所示。

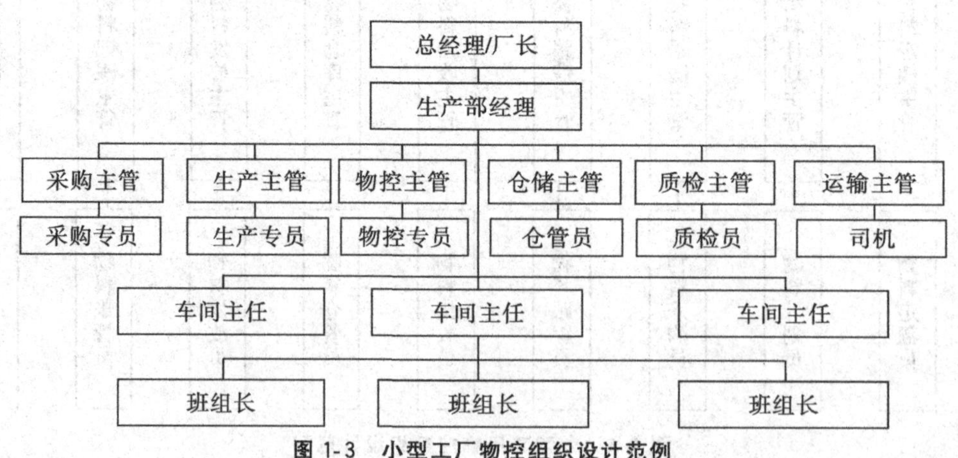

图 1-3　小型工厂物控组织设计范例

第二节　物控人员岗位职责

一、物控部经理岗位职责

	基本要求	相关说明
任职资格	1. 学历 本科及以上学历，管理类、物流类等相关专业毕业 2. 专业经验 五年以上相关行业物控管理工作经验 3. 个人能力要求 具有较强的人际协调及沟通能力、良好的应变能力和处理紧急事务的能力	1. 熟悉工厂计划体系和生产计划的编制及执行 2. 全面了解工厂产品生产工艺，了解物料的特性及使用方法 3. 了解ISO质量管理体系和5S现场管理知识
职责内容	1. 依据工厂生产作业计划、产品订单及交货期要求，组织编制物料需求计划（MRP） 2. 组织本部门协同质检部、生产部、采购部制定物料采购及验收标准 3. 根据物料质量要求，组织物控人员清查库存，做好仓储准备工作 4. 组织制定原辅料、低值易耗品、模具、用具等的最高存储上限和安全存储下限，避免出现停工待料和物料积压现象 5. 指导、监督仓库接收人员按标准进行物料入库检验 6. 加强仓库物料的堆放、装卸、搬运和防火、防盗、防潮工作，确保仓库安全 7. 组织制定物料定额标准，对物料使用过程进行监控 8. 指导和监督物料发放人员按照物料供应计划和领料手续发放物料，保证生产正常进行，坚持“无计划不发，无手续不发，超计划未补单不发” 9. 组织物料跟踪人员进行物料使用状况的跟踪，并及时向采购部反馈 10. 定期组织人员进行仓库盘点工作，确保仓库单、卡、账、表、物均相符 11. 定期召开部门工作总结会议，解决物控问题，进行物料控制工作技巧的讨论 12. 负责本部门人员的培训与考核工作，提高部门的整体工作水平	
考核要求	1. 考核频率 季度考核和年度考核相结合 2. 考核主体 物控总监 3. 考核指标 物料需求计划编制完成率、物料需求计划按时提交率、停工待料次数、物料积压情况、物料实际使用情况	1. 物控总监为考核主体 2. 人力资源部负责物控部经理绩效考核的相关事宜 3. 年度考核结果作为培训实施及职位晋升的参考
	考核说明	结果运用

二、物控主管岗位职责

	基本要求	相关说明
任职资格	1. 学历 本科及以上学历，生产管理等相关专业毕业 2. 专业经验 四年以上物料管理工作经验 3. 个人能力要求 具有良好的团队建设、组织协调、计划调度、数据信息收集与处理、计算机应用等能力	1. 熟悉办公软件，责任心强，沟通能力较强 2. 有本行业相关工作经验者优先录用 3. 对数据极为敏感，服从工作安排，抗压能力强
职责内容	1. 负责建立物料管理的各项规章制度，经物控部经理审批后督导实施 2. 在物控部经理的指导下，组织相关人员编制物料需求计划 3. 协助工艺技术人员、质量管理人员等制定物料采购、验收标准 4. 负责组织人员制定物料定额标准，监控物料的使用过程 5. 负责指导和督促物料仓储人员按标准验收物料，并检查物料仓储情况 6. 负责进行ABC库存物料管理，并适时修正不同物料的存量水准 7. 负责定期抽查仓储台账、出入库台账等相关物料记账情况 8. 负责对物流及仓储进行监督和协调，跟踪管理物料的收、发、存等过程 9. 负责下属人员的培训及考核工作	
考核要求	1. 考核频率 季度考核和年度考核相结合 2. 考核主体 物控部经理 3. 考核指标 物料控制工作计划完成率、物料需求计划编制按时完成率、物料仓储完好率、物料台账准确率等	1. 物控部经理负责对物控主管进行绩效考核，人力资源部协助考核 2. 季度考核结果作为薪酬发放依据，年度考核结果作为实施培训及职位晋升的参考
	考核说明	结果运用

三、物控文员岗位职责

	基本要求	相关说明
任职资格	1. 学历 大专及以上学历 2. 专业经验 两年以上同行业工作经验 3. 个人能力要求 具有较强的沟通协调能力、文字与语言表达能力、关注细节能力	1. 吃苦耐劳，敬业，抗压能力强，做事认真负责 2. 熟悉计算机操作知识，熟练使用各种办公软件
职责内容	1. 负责物料进度报表等相关资料的统计工作 2. 负责物控部各类报表、报告的打印、发放工作 3. 负责对所有物控资料进行收集、整理、分类、装订和保管 4. 在物控部经理的直接领导下，安排物控部各类会议并通知参会人员 5. 负责做好物控部各会议的记录工作 6. 负责领用本部门的办公用品 7. 负责本部门财产的登记与管理工作 8. 负责有关数据的录入工作 9. 完成领导交办的其他工作	
考核要求	1. 考核频率 季度考核 2. 考核主体 物控部经理 3. 考核指标 相关资料统计准确率、文件资料归档完整率和及时率、资料发放及时率、会议记录情况、与会人对会议安排的满意度	1. 物控部经理负责对物控文员进行绩效考核，人力资源部协助考核 2. 季度考核结果作为薪酬发放、实施培训及职位晋升的参考
	考核说明	结果运用

四、物料计划员岗位职责

	基本要求	相关说明
任职资格	1. 学历 大专及以上学历，生产计划管理等相关专业毕业 2. 专业经验 两年以上相关行业生产物料管理工作经验 3. 个人能力要求 具有较好的计划执行、统计分析、信息收集与处理等能力	1. 有相关行业物料计划工作经验者优先 2. 能独立进行物料需求分析，制订物料需求计划 3. 熟悉ERP系统的操作 4. 熟悉供应链各个环节，熟悉仓库管理，熟知物料的请购、跟催与进度控制等方法
职责内容	1. 根据主生产计划制订物料需求计划，并对物料计划的执行情况进行监督和控制 2. 对缺料进行有效跟踪，确保生产计划按时完成 3. 负责超计划用料的初审，并向上级提供相关分析报告 4. 负责物料实际耗用情况的统计与分析，查找原因并提出解决办法 5. 监控库存水平，保证一定的存货周转率 6. 负责物料供应的批次安排以及仓库存量的控制 7. 负责各种物料安排、统计分析资料及文件的存档管理 8. 完成领导交办的其他工作	
考核要求	1. 考核频率 每月考核一次 2. 考核主体 物料计划主管 3. 考核指标 物料需求计划编制按时完成率、物料需求计划编制的合理性、因物料需求计划导致生产用料延误情况、物料需求计划等相关资料归档情况	1. 物料计划主管负责每月对物料计划员进行绩效考核，人力资源部协助考核 2. 考核结果作为月度薪酬发放、季度薪酬调整、实施培训及职位晋升的参考
	考核说明	结果运用

五、物料定额员岗位职责

	基本要求	相关说明
任职资格	1. 学历 大专及以上学历，生产计划管理、统计学等相关专业毕业 2. 专业经验 一年以上相关行业仓库管理工作经验 3. 个人能力要求 具有数据信息收集与处理、关注细节、统计分析以及计算机应用等能力	1. 熟悉行业相关材料的材质 2. 责任心强，好学上进，对岗位工作具有钻研精神 3. 有机械制造企业物料定额统计工作经验者优先
职责内容	1. 负责制订物料定额计划，确保物料定额管理工作有计划地开展 2. 负责研究物料定额技术，使物料的使用更具科学性、合理性 3. 负责编制物料定额的测试方案，并进行试点与测试 4. 按照审定的物料定额方案进行物料控制，并进行绩效评估 5. 负责掌控生产进程中对物料的需求状况，及时调整物料的配送工作 6. 负责物料定额的协调、沟通和解释工作 7. 负责物料日跟踪记录的收集与整理，及时将物料供应和使用情况提供给相关部门 8. 负责相关文件资料的整理、汇总、存档与发放等工作	
考核要求	1. 考核频率 每月考核一次 2. 考核主体 物料定额主管 3. 考核指标 物料定额计划完成率、物料定额计算准确率、物料使用的科学和合理情况、提出物料采购有效性建议的条数、资料存档情况	1. 物料定额主管为考核主体 2. 人力资源部负责对绩效考核结果进行整理和分析 3. 考核结果作为薪酬调整、实施培训及职位晋升的参考
	考核说明	结果运用

六、物料采购员岗位职责

	基本要求	相关说明
任职资格	1. 学历 专科及以上学历，采购管理等相关专业毕业 2. 专业经验 一年以上相关行业采购岗位工作经验 3. 个人能力要求 具有良好的询价、采购谈判、沟通协调及应变能力等	1. 性格开朗、思维敏捷 2. 英语四级以上，有本行业采购或销售经验者优先，有外企采购工作经验者优先
职责内容	1. 负责根据物料需求计划编制物料采购计划并报审 2. 负责进行物料价格的市场调查与分析，争取最低的采购成本 3. 负责与选定供应商进行采购洽谈，完成授权范围内的采购合同签订工作 4. 根据生产作业计划、物料需求与库存情况，编制采购订单，确保物料交期与质量 5. 负责协助仓储、质检等相关人员对到厂物料进行验收，并办理相关手续 6. 及时处理物料检验过程中出现的问题，联系供应商解决 7. 负责建立物料供应系统，开拓供应渠道 8. 负责与物料供应商进行协调，并对其进行管理 9. 对签订的采购合同进行分类、归档管理，并对供应商履约情况实施监控、记录	
考核要求	1. 考核频率 季度考核和年度考核相结合 2. 考核主体 物料采购主管 3. 考核指标 采购质量是否合格，物料是否符合使用要求，采购单价控制情况，采购订单差错次数，采购到货及时率，物料数量、质量验收准确率	1. 物料采购主管负责对物料采购员进行绩效考核，人力资源部协助考核 2. 季度考核结果作为薪酬发放依据 3. 年度考核结果作为实施培训、职位晋升、年终奖发放的参考
	考核说明	结果运用

七、物料跟踪员岗位职责

	基本要求	相关说明
任职资格	1. 学历 专科及以上学历，采购、物流等相关专业毕业 2. 专业经验 一年以上相关行业物料跟踪管理工作经验 3. 个人能力要求 具有良好的应变能力、沟通协调能力、把握细节能力以及语言表达能力	1. 英语良好，适应长期出差驻厂工作 2. 熟悉掌握计算机操作知识 3. 有本行业物料跟踪管理经验者优先
职责内容	1. 根据物料计划和请购单，进行采购进程的跟进 2. 督促采购部，确保物料按照约定的交货期到厂 3. 分析后续预测，及时给物料采购人员提供信息支持 4. 及时了解生产进程和对物料的需求情况，并监控物料使用过程 5. 与生产部共同讨论解决物料供应异动问题的办法 6. 与供应商保持紧密联系，查看其生产进度，确保物料的按时供应 7. 对因质量或规格等问题而退货的物料进行跟踪，确保在规定时间内返修回厂或重购 8. 跟踪物料计划变更，及时调整缺料表，并进行有效跟催 9. 及时为物料定额人员提供有关信息和建议	
考核要求	1. 考核频率 月度考核和年度考核相结合 2. 考核主体 物料跟踪主管 3. 考核指标 物料跟踪计划完成率、因货期延迟导致停产的次数、物料准时到货率、提早交货的次数	1. 物料跟踪主管负责对物料跟踪员进行绩效考核，人力资源部协助考核 2. 月度考核结果作为薪酬发放依据 3. 年度考核结果作为职位晋升、年终奖发放的参考
	考核说明	结果运用

八、物料仓管员岗位职责

	基本要求	相关说明
任职资格	1. 学历 专科及以上学历 2. 专业经验 一年以上相关行业库存物料保管工作经验 3. 个人能力要求 具备相关仓储设施设备的安全操作能力，善于发现问题和分析问题	1. 工作认真、细致，责任心强 2. 具有较强的事业心 3. 良好的团队合作精神和服务意识
职责内容	1. 根据采购订单，及时做好物料的接收准备工作，包括储位划分、装卸及搬运工具准备、人员通知等 2. 与采购人员、质检人员一起进行物料验收工作，在各种单据相符、相关人员签字齐全的情况下，办理物料入库手续 3. 根据物料的性质，做好库存物料的分类存放和保管工作，登记货位编号 4. 定时检查仓库的温度、湿度及安全情况，做好相关记录 5. 负责仓库物料的清洁、整理工作，保证物料摆放整齐有序、合理规范 6. 根据生产任务安排，做好物料发放工作，保证质量和生产需要 7. 对生产车间及班组退回的物料，严格执行入库验收手续，在物料质量完好的情况下，办理入库手续 8. 物料入库完毕，及时、准确地登记物料入库台账 9. 发放物料时，如实填写物料出库台账 10. 根据工厂相关规定，定期盘点仓库物料	
考核要求	1. 考核频率 月度考核和年度考核相结合 2. 考核主体 物料仓库主管 3. 考核指标 物料出入库差错率、物料完好程度、单据传递及时率、安全事故发生次数、仓储物料的损失情况	1. 物料仓库主管负责对物料仓管员进行绩效考核，人力资源部协助考核 2. 月度考核结果为年终考核提供数据支持 3. 年度考核结果作为薪酬调整、培训实施及职位晋升的参考
	考核说明	结果运用

九、物料质检员岗位职责

	基本要求	相关说明
任职资格	1. 学历 大专及以上学历，质量管理等相关专业毕业 2. 专业经验 一年以上相关行业物料质检工作经验 3. 个人能力要求 掌握物料质量检验的各类工具及方法，具备良好的组织、沟通、协调能力及执行能力	1. 熟悉质量管理体系知识，了解国家有关质量管理的相关规定 2. 具有高度敬业精神，工作认真负责 3. 良好的团队合作和吃苦耐劳精神
职责内容	1. 根据材料采购申请单和供应商送货单，核对物料名称、规格、数量、包装等信息，并做好登记 2. 负责查验供方出具的产品合格证和检验报告单 3. 依据物料质量检验相关标准对物料进行检验，并出具检验报告 4. 负责对已规定来料检验记录或超过原材料保质期的原料，进行入库复检，以判断是否符合入库标准 5. 负责对检验中出现的不合格品进行分析，确定是否影响产品质量 6. 负责对半成品物料进行检验，做好不合格品的标识和记录，并按不合格品管理相关制度进行处理 7. 负责对紧急放行的物料进行抽样待检处理，发现不合格品应立即上报 8. 负责在让步放行的物料上粘贴“让步放行”标识，并注明让步放行的原因 9. 负责对质量检验相关数据进行分析和处理，并定期对质量记录进行统计 10. 负责建立物料数据档案，定期对物料数据档案进行归档	
考核要求	1. 考核频率 月度考核和年度考核相结合 2. 考核主体 物料质检主管 3. 考核指标 物料检验及时性、物料不合格问题处理及时性、物料检验报告编制的及时性、物料质量合格率、年检费用控制率	1. 物料质检主管负责对物料质检员进行绩效考核，人力资源部协助考核 2. 月度考核结果为年终考核提供数据支持 3. 年度考核结果作为薪酬调整、培训实施及职位晋升的参考
	考核说明	结果运用

十、物料账管员岗位职责

	基本要求	相关说明
任职资格	1. 学历 专科及以上学历，统计、财会等相关专业毕业 2. 专业经验 一年以上仓储账务管理工作经验 3. 个人能力要求 具有较全面的仓储账务处理能力，熟练的统计软件操作能力，良好的关注细节能力	1. 有本行业从业经验者优先 2. 具有高度敬业精神，责任心强，能承担工作压力，细致、耐心、谨慎、踏实、稳重
职责内容	1. 每天及时按原料、零部件出入库的数量、价值等记账，按时与财务部相关人员做好账务核对工作 2. 根据原料及零部件库存情况，定期或不定期编制物料库存报表，并按相关领导的要求及时上报 3. 掌握原料和零部件的库存变动情况，及时向物料记账主管提供和反馈原料和零部件的库存信息 4. 按照工厂的有关规定，每月月底定期与财务会计进行资产核对工作，并配合有关部门进行仓库盘点工作 5. 及时对仓库台账、报表等资料进行整理，并进行分类、归档处理，负责相关档案的借阅、转交工作	
考核要求	1. 考核频率 季度考核和年度考核 2. 考核主体 物料记账主管 3. 考核指标 账务登记差错率，仓储账务数据录入准确率，库存反馈信息准确率、账、卡、物相符情况，账务档案资料完整情况	1. 物料记账主管为考核主体 2. 季度考核结果作为薪酬发放依据 3. 年度考核结果作为实施培训及职位晋升的参考
	考核说明	结果运用

物料计划管理

第二章

第一节　物料需求分析

一、物料需求分析流程

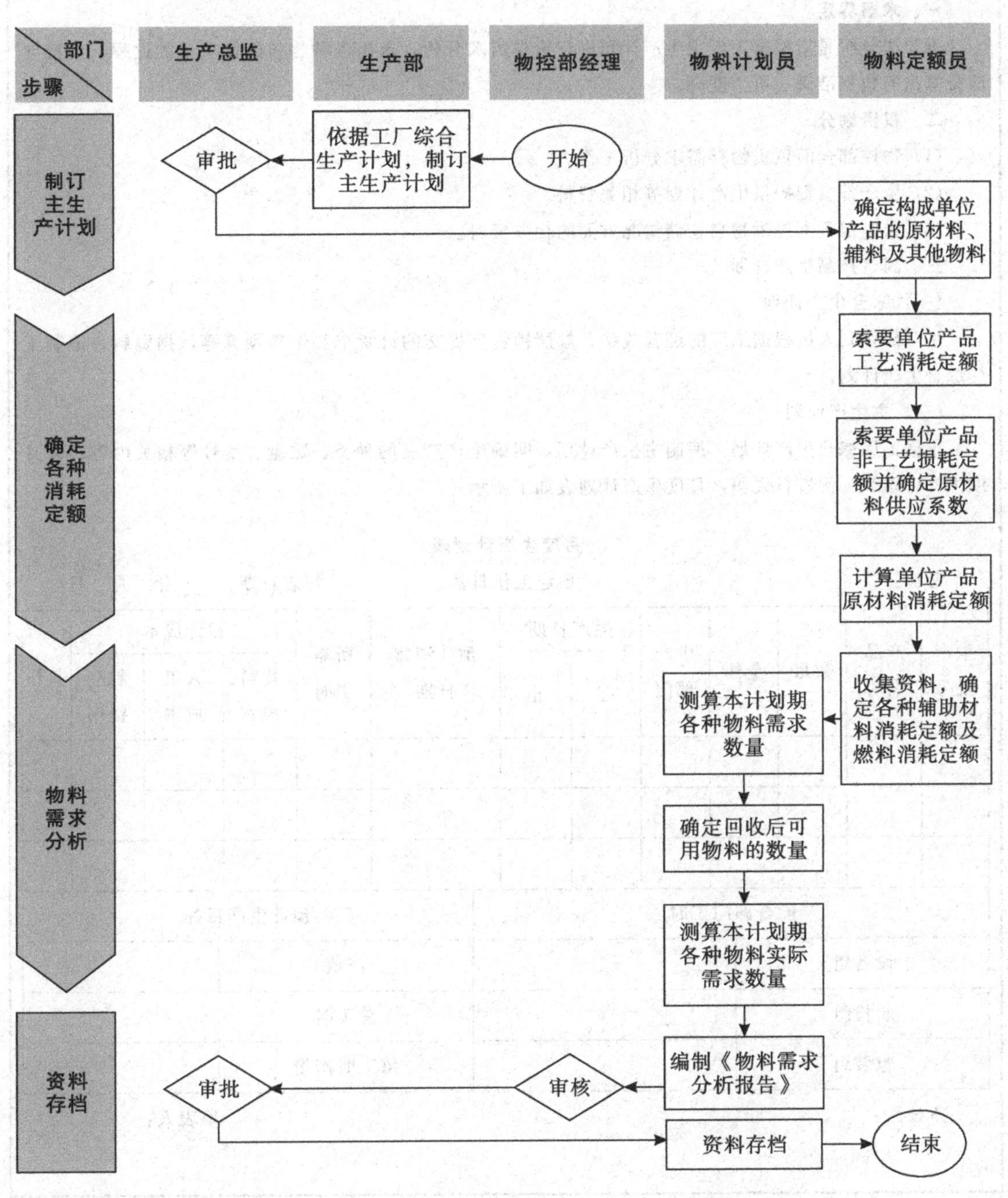

二、推导法分析需求方案

文书名称	推导法分析需求方案	编　　号	
		受控状态	

一、术语界定

推导法分析是指根据工厂主生产计划进行物料需求分析，求出各种物料的需求量的过程。用推导法推算出的数据准确、可信度高。

二、权责划分

(1) 物控部全面负责物料需求分析工作。

(2) 生产部负责提供生产计划等相关资料。

(3) 仓储部负责提供物料仓储情况方面的相关资料。

三、制订产品生产计划

(一) 综合生产计划

生产部计划人员根据工厂的经营战略，参照销售部提交的订货单和销售预算等数据资料，编制工厂综合生产计划。

(二) 主生产计划

根据工厂综合生产计划，编制主生产计划，明确生产产品的种类、数量、型号等相关内容。以月度生产计划表为例进行说明，月度生产计划表如下所示。

月度生产计划表

月份：　　　　　　预定工作日数：　　　　　填表日期：____年__月__日

生产批号	产品名称	数量	金额	生产部门	生产日期		预计销售日期	所需工时	预计成本			毛利
					起	止			物料成本	人工成本	制造费用	

配合部门工时		预计生产目标	
设备组		产值	
质检组		总工时	
包装组		每工时产量	

审核人：　　　　　　　　　　　　　　　　填表人：

（续）

四、编制物料清单

（一）物料清单编制步骤

物料清单（BOM）反映产品的层次结构，即所有零部件的结构关系和数量组成。根据物料清单可以确定该产品所有零部件的需要数量、需要时间以及相互关系。编制物料清单的步骤如下所示。

（1）计算出装配产品需要的零件、原材料，并标明是自制还是外购。

（2）进一步明确自制件在生产过程中需要采购的原材料。

（3）每一个层次的每一个零件都要标出需要数量、取得方法，以及生产日期或采购日期。“产品零部件构成表”如下表所示。

产品零部件构成表

日期：____年__月__日　　　　第___页

产品名称									
项目	件号	零件名称	规格	材质	单价	数量	经济用量	自制或外购	备注

审核人：　　　　填表人：

（二）物料清单的应用

（1）通过物料清单可以得出，在某时间生产出一个产品，需要分别采购的零部件和原材料名称、数量以及采购提前期等。

（2）将上述资料进行汇总、整理，即可得出产品所需“物料采购表”，如下表所示。

物料采购表

产品名称								
物料名称	规格	尺寸	型号	采购数量	提前时间	最高存量	最低存量	供应商

（三）制定库存文件

根据调查得到的所有零部件、原材料的现有库存量和消耗速率，编制“产品物料库存表”，如下表所示。

（续）

产品物料库存表

物料名称	物料编号	供应商	交货周期	每日预计耗用量	最低库存量	各项数量			说明
						收料量	发出量	结存量	

五、编制物料需求计划

通过对物料清单和库存文件的分析，编制物料需求计划。

编制人员		审核人员		审批人员	
编制时间		审核时间		审批时间	

三、定额法分析需求方案

文书名称	定额法分析需求方案	编　　号	
		受控状态	

一、术语界定

(1) 定额法分析需求是指利用物料消耗定额的方法对工厂生产所需物料进行分析的一种方法。

(2) 物料消耗定额是指在一定的运作技术条件下，生产单位产品或完成单位运作任务所需消耗的物料数量标准。

二、物料消耗定额的分类

物料消耗定额可分为以下五类。

(1) 原材料消耗定额。

(2) 辅料消耗定额。

(3) 燃料消耗定额。

(4) 动力消耗定额。

(5) 运作工具消耗定额。

三、物料消耗定额的方式

物料消耗定额分为单项定额与综合定额两种方式。

(1) 单项定额是指生产某一零件的物料消耗定额，适用于为生产车间发送物料，核算和分析实际消耗与定额消耗的差异。

(2) 综合定额是指单项定额的汇总，即某产品的物料消耗定额，适用于编制物料需求计划。

（续）

四、物料消耗定额的计算

（一）选择所需物料

（1）物料品种、规格、型号要符合产品性能要求。

（2）选择物料时一定要考虑目前资源供应情况。

（3）选择的物料必须有较好的工艺性，尽量满足降低成本的要求。

（二）确定消耗定额计算方法

（1）物料消耗定额的计算方法包括经验判定法、统计分析法、工艺计算法、实际核算法、概括估算法以及技术分析法。

（2）根据本工厂生产方式和产品特点，选择合适的物料消耗定额计算方法。

（三）计算原材料消耗定额

原材料消耗定额是指在一定的生产技术和生产组织条件下，为生产单位产品，合理地消耗材料的标准数量，包括净原材料消耗定额和工艺性消耗定额。

1. 净原材料消耗定额

单位产品净原材料消耗定额＝单位产品净重的材料消耗

2. 工艺性消耗定额

工艺性消耗是指在生产工艺过程中使材料的原有形状和性能改变而产生的一些不可避免的材料损耗，如机械加工中的下料、切削加工废屑、边角余料等。

单位产品原材料工艺性消耗定额＝单位产品净原材料消耗＋各种工艺性消耗的重量

3. 非工艺性消耗

非工艺性消耗是指净原材料消耗和工艺性消耗以外的材料消耗，不包括在消耗定额之内。

4. 原材料供应系数

原材料供应系数是指单位产品的非工艺性消耗占单位产品工艺消耗的比例。原材料供应系数一般是根据经验和供应条件分析确定的。

5. 原材料消耗定额

单位产品原材料消耗定额＝单位产品工艺性消耗定额×（1＋原材料供应系数）

6. 某种原材料需求量

某种原材料需求量＝生产计划总量×原材料消耗定额－某种原材料计划回收可用数量

（四）计算辅料消耗定额

1. 按单位产品计算

凡消耗量与产品产量成比例的辅助材料，可按单位产品来计算。如包装箱、包装纸等。

2. 按工作量计算

凡消耗数量与工作量成比例增减的辅助材料，可按单位工作量计算定额，如按单位面积制定油漆的消耗定额。

3. 按设备开动时间计算

凡消耗数量与设备开动时间成比例增减的辅助材料，如机床润滑油等，可按设备开动台班或台时确定定额。

（续）

4. 按工种计算

对于按工种发放的物料，如劳动保护用品等，可以按工种来分别确定。

5. 按原材料消耗定额的比例计算

凡消耗量与原材料消耗成比例的辅料，如型砂、净料等，按此方法确定定额。

（五）计算燃料消耗定额

1. 动力用燃料消耗定额计算

（1）动力用燃料消耗定额主要是以发 1 千瓦时电或生产 1 立方米压缩空气或生产 1 吨蒸汽所需燃料为标准来计算的。

（2）动力用燃料消耗定额的计算应以标准燃料为准（我国以煤为主）。标准煤每千克发热量为 7 000千卡，具体燃料使用量转换为标准燃料的公式如下所示。

标准燃料使用量＝某具体燃料使用量×（某种燃料每千克发热量÷7 000）

2. 工艺用燃料消耗定额计算

工艺用燃料消耗定额主要是以加工 1 吨产品或生产 1 吨中间制成品，如合格铸造件，所需燃料为标准来确定的。

3. 取暖燃料消耗定额计算

取暖燃料消耗定额是按每个火炉或单位受热面积来计算。

（六）计算动力消耗定额

（1）动力消耗定额通常也按不同用途分别计算。

（2）用于发电设备的电力消耗定额计算步骤。

① 按实际开动马力计算电力消耗量。

② 计算加工每种产品所占用的台时数，分摊到单位产品。

（3）用于工艺过程的电力消耗定额，如电炉炼钢，可直接按单位产品计算。

（七）计算运作工具消耗定额

运作工具的消耗定额，可用运作某种产品所需用某种工具的总工时与该种工具的使用期限的比值来确定，也可根据统计资料来确定。

某种工具消耗定额＝运作某种产品所需某种工具的总工时÷某种工具的使用期限

五、物料消耗定额的使用

（1）确定各项物料消耗定额后，应整理编制成“物料消耗定额管理表”，具体格式如下表所示。

物料消耗定额管理表

编号：　　　　　　　　　　日期：___年__月__日

物料名称	规格/型号	适用工艺	适用设备	单位消耗定额	用量说明	备注

（续）

（2）依据主生产计划和“物料消耗定额表”，对物料需求进行分析后，编制《物料需求分析报告》，并附上“物料用量分析表”和“物料存量分析表”。

物料用量分析表

生产批号：　　　　　　　　　　　　　　　　　　　　生产数量：

序号	物料名称	物料编号	规格	单位用量	估计用量

物料存量分析表

物料名称	物料编号	每日用量	平均日用量	每日最高用量	订货点数量	交货日期	订货数量	最高存量	平均存量	可用天数

（3）物控部经理负责审核《物料需求分析报告》，并在此基础上制订物料需求计划。

编制人员		审核人员		审批人员	
编制时间		审核时间		审批时间	

第二节　物料计划编制

一、物料计划编制流程

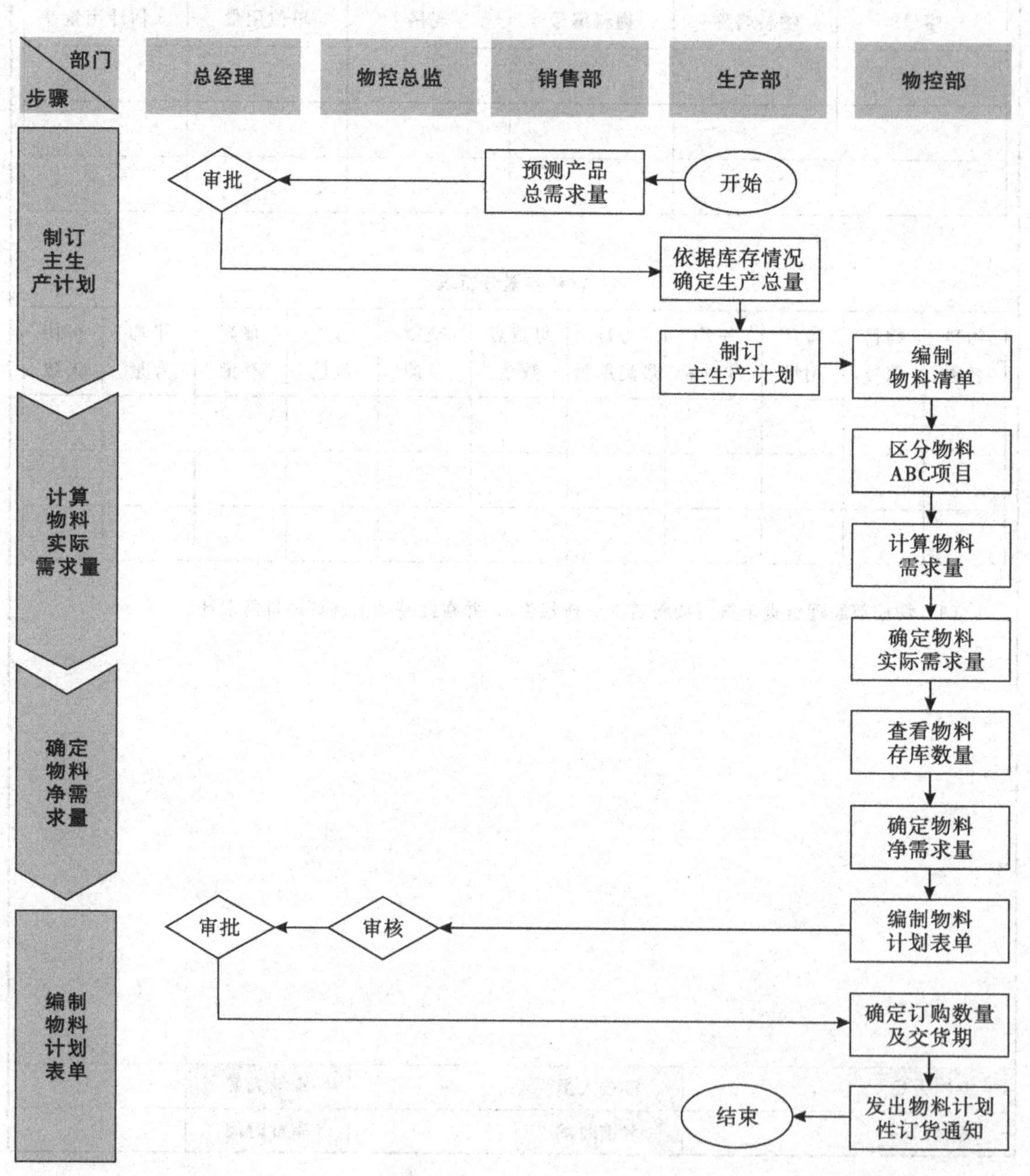

二、物料计划编制规范

制度名称	物料计划编制规范			受控状态	
				编　　号	
执行部门		监督部门		编修部门	

第1章　总则

第1条　目的。

1. 规范物料计划编制工作。

2. 使物料需求数量的计算、交期的作业流程有章可循。

第2条　适用范围。

本规范适用于物料计划的编制工作。

第2章　物料需求计划编制准备

第3条　成立物料计划编制小组。

物控部组织成立物料计划编制小组，负责物料计划的编制工作，其构成如下所示。

1. 组长：物控主管。

2. 小组成员：物料计划员、物料定额员、物料采购员、物料仓管员。

第4条　确定物料需求计划编制原则。

物料计划编制小组需根据工厂相关规定及实际需要，确定物料需求计划编制原则，具体原则如下。

(1) 物料计划编制需及时，以保证工厂物料得到有效管理。

(2) 物料计划内容需全面，以保证工厂生产经营过程中的全部物料得到有效利用。

(3) 物料计划实施程序需合理，以保证物料管理工作有效进行。

(4) 物料计划操作需具有可行性，具体体现为：计划数量可行、品质标准可行、供应时间可行。

第5条　明确物料需求计划编制依据。

物料计划编制小组需明确计划编制的参考依据，并需严格按照各依据完成物料需求计划的编制。物料需求计划的编制依据如下所示。

(1) 年度营销计划。

(2) 年度生产计划。

(3) 用料清单。

(4) 存量管制卡。

(5) 生产效率。

第3章　计算物料需求量

第6条　编制物料清单。

(1) 物料计划编制小组需对生产所需的物料进行准确的分析与计算，并编制如下表所示的物料清单。

（续）

物料清单（式样一）

产品名称：　　　　　　　　　　　　　　　　　　　　　　　　　　编号：

物料编号	物料名称	单位	数量	规格/型号	备注

（2）物料计划编制小组需对物料清单进行分析，并根据分析结果确定物料需求量，计算公式如下所示。

物料需求量＝计划期间的产品生产数量×单位产品使用该物料的数量

第 7 条　区分物料 ABC 项目。

物料计划编制小组根据物料状况区分 ABC 项目，具体分类标准如下表所示。

物料分类标准表

类别	占总金额百分比	占总数量百分比
A	70%	10%
B	20%	20%
C	10%	70%
备注	◎ A 类物料，需要制订出物料计划 ◎ B、C 类物料，可采用订货点方法进行采购 ◎ 本表中 ABC 三类物料比率仅为举例，以供参考	

第 8 条　确定物料实际需求量。

物料计划编制小组需根据物料在加工制造过程中的损耗率，计算物料实际需求量，计算公式如下所示。

物料实际需求量＝物料需求量×（1＋物料损耗率）

第 9 条　核查物料存量。

（1）物料计划员需对工厂现有物料的种类、数量及质量进行核查，并编制“现有物料统计表”。

（2）物料仓管员需对现有库存情况进行核查，并编写现有库存物料状况报表。

第 10 条　确定物料净需求量。

物料计划编制小组需根据库存数量、已订未进物料的数量等数据，计算物料净需求量，具体计算公式如下所示。

物料净需求量＝实际需求量－库存数量－已订未进物料数量

（续）

第 4 章 确定物料计划

第 11 条 编制物料计划清单。

（1）物料计划编制小组需依据上述计算步骤，编制“产品物料计划表”，如下表所示。

产品物料计划表

编号：　　　　　　　　　　　　　　　　　　　　　　日期：____年__月__日

物料编号	物料名称	规格	单位	等级	计划数量	利用率	实发数量	备注

审批人：　　　　　　　　　　　　复核人：　　　　　　　　制表人：

（2）物料计划编制小组需汇总各种产品物料计划表，并进行整理分析，即可得出“年度物料计划表”，如下表所示。

年度物料计划表

物料名称						
规格/型号						
物料编号						
各月份需求量	1月					
	2月					
	……					
	12月					
合计						
已有库存量						
安全库存量						
进料计划	1月					
	2月					
	……					
	12月					
交货期（天）						

（续）

第 12 条　确定订购数量及交货期。

物料计划编制小组需根据经济订购量、库存状况及生产计划，确定物料每次订购数量及交货期，具体要求如下所示。

（1）订购数量一般以经济订购量或经济订购量的倍数确定。

（2）交货期以实现预计库存数量最少为原则确定。

第 13 条　编制发送订货通知。

（1）物料计划编制小组需根据采购前置期（即发出订单到物料入库之间的时间）确定订货日期，其计算公式如下所示。

订货日期＝预计物料交货期－采购前置期

（2）物料计划编制小组需制定订货通知，并按时发送给供应商进行订货。

第 5 章　附则

第 14 条　本规范由物控部制定，其解释权、修改权归物控部所有。

第 15 条　本规范经总经理办公会议审议后，自下发之日起执行。

修订记录	修订标记	修订处数	修订日期	修订执行人	审批人签字

三、物料清单编制方案

文书名称	物料清单编制方案	编　　号	
		受控状态	

一、明确物料清单编制目的

（1）物料需求计划是一种借助计算机对从原材料到产成品的生产过程作适时、适量的管理方法，它能系统地解决物料不足、呆滞料、高库存等问题。

（2）物料清单编制目的是为制订物料需求计划提供依据。

二、选择物料清单类型

物料清单的分类如下表所示。

（续）

物料清单分类表

分类标准	类型	说明
按结构划分	内缩物料清单	即物料清单中的层次由高往低向右缩进，形成一个层次结构分明的物料清单
	单层物料清单	单层物料清单只有父子项，多个单层物料清单组合成内缩物料清单
	汇总物料清单	汇总物料清单将处于各层次的物料相加汇总，不显示层次，只显示各物料的总用量
	模块化物料清单	模块化物料清单是内缩物料清单的衍生型。这种清单是按产品的模块或选项排列的
	反查物料清单	查询某一物料的父项物料，即该物料用到哪些物料清单上，并处于什么位置
	成本物料清单	在物料清单上增加成本元素的一种物料清单
按用途划分	当前物料清单	在设计产品时生成的一种物料清单
	现行标准物料清单	计算现行标准成本使用的一种物料清单，由当前物料清单和模拟物料清单复制生成
	冻结标准物料清单	用于年初或年中生产的一种物料清单，由当前物料清单、现行标准物料清单和模拟物料清单复制生成
	作业物料清单	生产产品时使用的一种物料清单，由当前物料清单、模拟物料清单和现行标准物料清单复制生成
	模拟物料清单	由当前物料清单、现行标准物料清单、冻结标准物料清单和作业物料清单复制生成

三、编制物料清单程序

（一）创建物料主文件

在编制物料清单之前，应创建物料主文件。物料主文件是指储存物料清单的装置（容器），其作用是标识和描述用于生产过程中的每一物料的属性和信息。

1. 基本参数

基本参数包括设计、库存管理方面的信息，如物料描述、重量、体积、颜色、版本号、计量单位，是采购件还是生产件，批号、系列号、分类码、现有库存量、安全库存量、批发价、采购员等。

（续）

2. 计划参数

计划参数是指是否是主生产计划的物料、计划员、相关需求、传递需求、固定提前期、变动提前期、虚拟件、产出率、特征件、选择码、概率、计划标记等。

3. 成本参数

成本参数是指定义成本方法、成本元素和成本集。

4. 销售参数

销售参数是指销售价格、销售员、折扣率等。

（二）设置工厂日历

工厂日历是描述工厂作息时间的一组程序或者数据。工厂往往根据日历决定任务的性质或作业，而且这个日历是工厂实际使用的日历，不是简单的双休日历。“工厂日历表”的格式如下所示。

工厂日历表

时间	星期天	星期一	星期二	星期三	星期四	星期五	星期六
开工时间	——	8：00	8：00	8：00	8：00	8：00	——
结束时间	——	16：00	16：00	16：00	16：00	16：00	——
工作小时	——	8 小时	8 小时	8 小时	8 小时	8 小时	——

注：工厂日历可以分为单班、双班、三班和四班等。

（三）设置工作中心

设置至少一个工作中心。工作中心中需要定义部门、工厂日期、效率、利用率、替代工作中心等。

（四）设计工艺流程

需要设计工序编码、工作中心、排队时间、移动时间、等待时间、准备时间、人工加工时间、机器加工时间、有效日期和失效日期等。

（五）编制物料清单

编制物料清单时需确定父项物料与子项物料的对应关系。物料清单应包括子项物料的计量单位、用量标准、废品率、配方、特征件、选择码、有效日期和失效日期等内容。“物料清单”的格式如下表所示。

物料清单（式样二）

层次	物料编码	物料名称	选项码	选择件	单位	用量标准	概率	生效日期	时效日期

（续）

<table>
<tr><td colspan="6">

四、模块化物料清单的编制程序

模块化物料清单通常用于系列产品。系列产品通常由通用件、基本组件、可选件这三种类型的物料组成。

模块化物料清单不能直接复制成生产作业清单，需要经过产品配置，形成内缩物料清单，才能释放到作业单中。模块化物料清单的编制程序如下图所示。

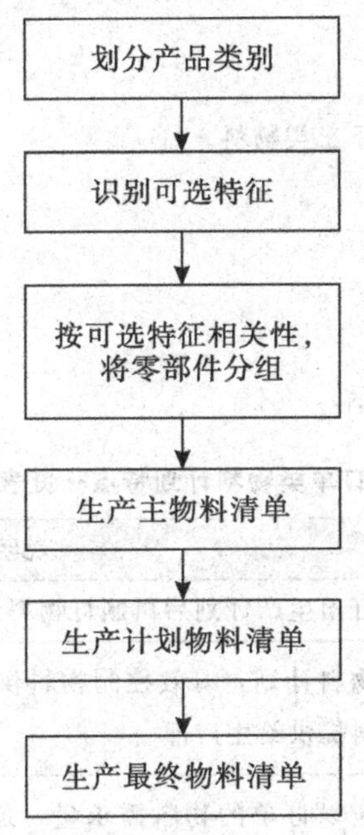

模块化物料清单编制程序图

</td></tr>
<tr><td>编制人员</td><td></td><td>审核人员</td><td></td><td>审批人员</td><td></td></tr>
<tr><td>编制时间</td><td></td><td>审核时间</td><td></td><td>审批时间</td><td></td></tr>
</table>

四、订单类物料计划编制方案

<table>
<tr><td rowspan="2">文书名称</td><td rowspan="2">订单类物料计划编制方案</td><td>编　　号</td><td></td></tr>
<tr><td>受控状态</td><td></td></tr>
<tr><td colspan="4">

一、订单类物料计划编制目的

订单类物料计划是指依据已确定的生产订单，明确所需物料的品种、数量、质量、型号等的物料计划。订单类物料计划编制目的如下。

（1）合理利用有限资金和仓库空间。

（2）防止因物料降价而给工厂带来经济损失。

</td></tr>
</table>

（续）

（3）对物料进行有效控制，防止因产品改进而造成物料浪费。

二、订单类物料计划适用范围

（1）订单类物料计划并不包括所有订单所需的物料计划，其适用范围如下。

① 不常用物料。

② 非标件，即不是通用性物件。

③ 价值昂贵的物料。

④ 顾客要求特别定制的物料。

（2）订单类物料计划不适用于以下三类物料。

① 常用料。

② 常备料。

③ 通用件。

三、明确订单类物料计划特点

订单类物料计划的特点如下表所示。

订单类物料计划特点一览表

特点	说明
因需订料	依据订单制订出生产计划后再制订物料计划，即购进目前所需物料
因时进料	根据订单类物料计划，有效控制物料供应，确保在合适的时间，按一定次序将所需物料提供给生产部
依量采购	物料计划量应以订单的物料需求量，加上备用量作为采购量，不多不少，按量采购
反应迅速	制订订单物料计划的时间尽量短，必须在生产计划单下达之后迅速做出反应
弹性计划空间	物料计划应结合产品特点、销售周期、产品改进速度、库存政策等因素设置合理的弹性空间，确保物料及时供应，避免因物料积压造成浪费

四、订单类物料计划编制程序

（一）制订订单生产计划

（1）销售部负责将接到的订单装订成册，提交给生产部。

（2）生产部依据生产订单的交货期，参照工厂的生产能力，编制订单生产计划。

（二）进行物料分析

物控部相关人员接到订单生产计划后，应进行物料需求分析，填写“物料需求分析表”（见下表），为编制订单类物料计划提供依据。

（续）

物料需求分析表

填表人：　　　　　　　　　　　　　　　　填表日期：____年__月__日

客户名称		订单号		交货期	
产品名称		型号		数量	
物料使用日期					

物料需求分析明细

物料名称 分析项目	A	B	C	D	E	F	G	……
物料单位								
单位用料量								
利用率（%）								
备用率（%）								
标准用量								
库存数量								
申购数量								
预计到货日								
实际到货日								
备注	备用率是依据物料特点以及以往使用情况确定的一个概数							

（三）编制订单类物料计划

1. 编制全部产品零部件总表

物控部相关人员负责将全部产品的零部件分解，编制“产品零部件总表”，其样式如下表所示。

产品零部件总表

序号	物料编号	品名规格	A产品生产量		B产品生产量		C产品生产量		合计
			零件结构	零件总量	零件结构	零件总量	零件结构	零件总量	

2. 计算各产品零部件用料

(1) 选择计算方法

物控部相关人员进行用料计算之前，应选择合适的计算方法。常用的计算方法说明如下表所示。

（续）

物料计算方法汇总表

方法名称	定义	特点	适用条件
估算法	依据以往的数据或经验进行估算	简单、快捷、方便，但不够精确	适用于低值易耗类物料的计算
计算法	依据实际的基础数据，运用数学原理进行计算，得出计划数量	计算量大、用时较长	适用于价值昂贵物料、特殊物料的计算
推导法	依据同类产品物料使用数量来推算	方便省时，但不够准确	适用于常用物料的计算
平均法	参照以往各时期或各款产品的平均物料用量，测算未知产品使用量	一种粗运算，结果较为准确	适用于款式较多的订单物料的计算
价值法	以数量为单位难以衡量时，用价值为单位进行计算	简单、方便，但有误差	适用于量大、价值低而款式、型号比较多的物料计算

（2）明确产品各零部件由哪些物料构成。

（3）选择合适的方法计算各零件的物料耗用数量。

3. 计算各类产品物料

将每类产品所需物料进行汇总，得出各类产品所需物料。

4. 编制“订单类物料计划表”

汇总所有产品所需物料的数量，编制“订单类物料计划表”。其具体样式如下表所示。

订单类物料计划表

物料计划单编号：　　　　生产订单编号：　　　　日期：____年__月__日

物料名称	物料规格	单位	各产品（A、B、C……H）所需物料数量								合计	备注
			A	B	C	D	E	F	G	H		

审批人：　　　　复核人：　　　　制表人：

编制人员		审核人员		审批人员	
编制时间		审核时间		审批时间	

五、时间类物料计划编制方案

文书名称	时间类物料计划编制方案	编　　号	
		受控状态	

一、时间类物料计划编制目的

编制时间类物料计划，是指在规定的时间内确定相同的物料计划量。时间类物料计划编制目的如下。

（1）整体上进行资源分配。

（2）配合稳定的产品生产，形成一种供应平衡。

（3）减轻物控部的工作量，降低劳动强度。

二、时间类物料计划适用范围

时间类物料计划不适用于产品、人员、产量变化很大的部门所需物料的规划，仅仅适用于规划以下四类物料。

（1）低值易耗类物料。

（2）定期发放的劳保用品类物料。

（3）人员稳定的手工操作类物料。

（4）产品生产单一、产值稳定的工厂所需物料。

三、时间类物料计划权责划分

（1）物控部经理负责组织相关人员进行时间类物料计划的编制工作，相关部门予以配合。

（2）时间类物料计划经物控总监审核、总经理审批通过后执行。

四、时间类物料计划编制程序

（1）依据工厂主生产计划，对所需物料进行分析。

（2）确定适用于时间类物料计划的物料品种和规格。

（3）统计前期（上年度）该物料的耗用量。

（4）设定本期该物料的使用量。

（5）按照设定的物料使用量进行试行。

（6）依据试行结果修订物料使用量。

（7）编制时间类物料计划，提交相关领导审核、审批。

（8）时间类物料计划可以采用表单形式，如下表所示。

（续）

时间类物料（低值易耗品）月用量计划表

部门： 填表日期：____年__月__日

物料编号	物料名称	规格/型号	单位	定额用量	人数	产品数量	应发合计	备注

审批人： 复核人： 制表人：

五、时间类物料计划编制要点

1. 谨慎选择物料品种

并非所有的产品都适合采用时间类物料计划方法。

2. 一定要试行

试行可以对时间类物料计划的草案进行验证，使之更加合理。

3. 持续修订

时间类物料计划在执行过程中应不断补充、修订与完善。

编制人员		审核人员		审批人员	
编制时间		审核时间		审批时间	

六、部门类物料计划编制方案

文书名称	部门类物料计划编制方案	编　　号	
		受控状态	

一、部门类物料计划编制目的

部门类物料计划是指针对各部门、车间编制的物料计划。它以各用料单位为基本单元，给出某产品或某时间段的用料数量。部门类物料编制目的如下所示。

（1）及时提供所需物料，确保生产顺利进行。

（2）确保对各部门、车间所需物料的控制。

二、部门类物料计划权责划分

（1）物控部经理负责组织相关人员编制部门类物料计划。

（2）生产部负责对部门类物料计划进行试行。

（续）

（3）物控总监负责对部门类物料计划进行审核，总经理进行审批。

三、部门类物料计划适用范围

（1）不能或不便于按订单进行计算的物料。

（2）没有必要分清订单的常用物料。

（3）长期使用，并且用量一般比较固定的物料。

（4）价值过于低廉的物料。

四、部门类物料计划编制要求

（1）注意不同产品生产所需物料之间的可比性。

（2）相同产品生产时所需物料数量的差别。

（3）降低人为因素的影响。

（4）与用料部门负责人的工资挂钩。

（5）同种材料品质不同，用量计划不同。

五、部门类物料计划编制程序

（一）进行用料分析

物控部相关人员主要从以下三方面进行用料分析。

（1）分析部门以往用料情况。

（2）分析产品用料情况。

（3）分析各阶段用料情况。

（二）计算部门用料数量

计算部门用料的数量方法主要有以下五种。

1. 包干制

对于部门用料数量实行月、季用量包干制，每月（季）给出用料定量数额。部门自行进行物料控制。

2. 平均法

将不同产品、不同部门、不同时间段、不同产量的各时期的用料数量进行平均，得出部门的大约用料量，进行物料数量的宏观控制。

3. 产值产量法

以产值为标准，完成某个数量的产值便可得到某个数量的物料供应。

4. 同期类比法

将某部门前一时期的用料数量与后一时期的计划用料数量进行对照，并以前期用料量作为后期的用料定额。

5. 参照法

以某一常用规范的产品作为“1 个材料当量”，其他产品与之相比较得出其当量数，以此作为物料分配的依据。

（三）进一步测算部门用料数量

（续）

（四）编制部门类物料计划草案

部门类物料计划草案中，包括各类物料计划表，具体内容及样式如下表所示。

部门常用物料月需求计划表

用料部门：　　　　　　　　　　物料编号：　　　　　　填表日期：　　年　月　日

产品名称	单位用量	第1周			第2周			第3周			第4周			备注
		批号	批量	用量	批号	批量	用量	批号	批量	用量	批号	批量	用量	

审批人：　　　　　　　　　　复核人：　　　　　　　　　　制表人：

（五）试行部门用料草案，若可行，制定部门用料方案，若不可行，重新编制部门用料草案。

（六）对部门用料方案进行审核、审批，审核、审批通过后开始执行，审核、审批未通过，重新制定部门用料方案。

（七）执行过程中应不断修订与完善部门用料方案。

编制人员		审核人员		审批人员	
编制时间		审核时间		审批时间	

第三节　物料需求计划

一、物料需求计划控制流程

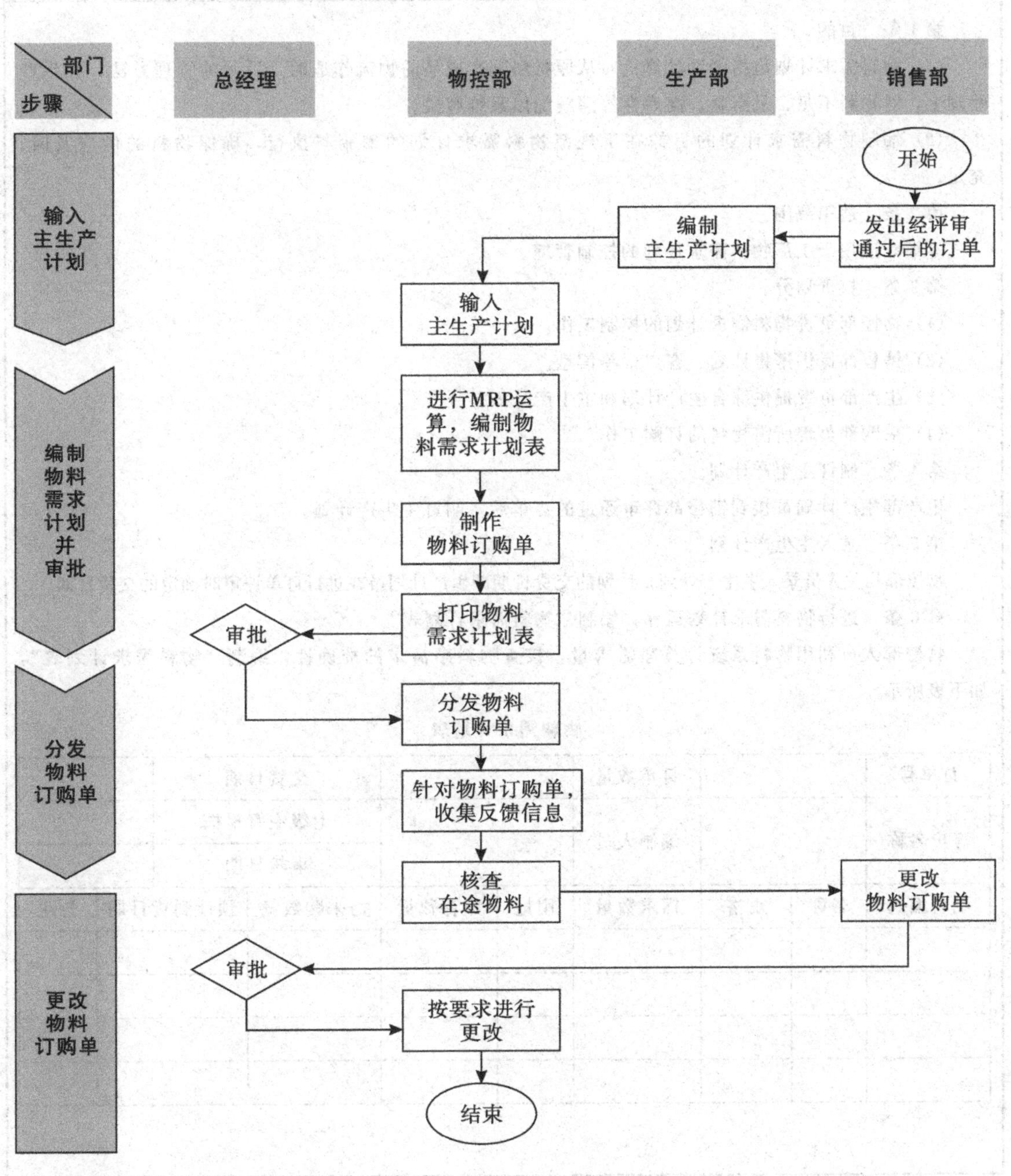

二、物料需求计划控制细则

<table>
<tr><td rowspan="2">制度名称</td><td colspan="3" rowspan="2">物料需求计划控制细则</td><td>受控状态</td><td></td></tr>
<tr><td>编　　号</td><td></td></tr>
<tr><td>执行部门</td><td></td><td>监督部门</td><td></td><td>编修部门</td><td></td></tr>
</table>

第 1 条　目的。

(1) 物料需求计划是指借助计算机对从原材料到产成品的物流作适时、适量的管理方法，在生产管理上，对物料不足、呆滞料、高库存等问题加以系统解决。

(2) 编制物料需求计划的目的在于规范物料需求计划的编制与执行，确保物料的供应及时、充足。

第 2 条　适用范围。

本细则适用于工厂物料需求计划的控制管理。

第 3 条　权责划分。

(1) 物控部负责物料需求计划的控制工作。

(2) 销售部提供销售计划、客户订单信息。

(3) 生产部负责提供综合生产计划和主生产计划。

(4) 采购部负责所需物料的订购工作。

第 4 条　制订主生产计划。

生产部生产计划员接到销售部评审通过的订单后，制订主生产计划。

第 5 条　录入主生产计划。

物控部相关人员录入主生产计划，计划的交货日期即生产计划员在进行订单评审时确定的交货日期。

第 6 条　进行物料需求计划运算，编制“物料需求计划表”。

物控部人员利用物料系统计算净需求量，核查物料净需求的准确性，编制“物料需求计划表”，如下表所示。

物料需求计划表

<table>
<tr><td>订单号</td><td colspan="2"></td><td>订单数量</td><td colspan="2"></td><td colspan="2">交货日期</td><td></td></tr>
<tr><td rowspan="2">客户名称</td><td colspan="2" rowspan="2"></td><td rowspan="2">编制人员</td><td colspan="2" rowspan="2"></td><td colspan="2">上级主管审核</td><td></td></tr>
<tr><td colspan="2">审核日期</td><td></td></tr>
<tr><td>物料编码</td><td>名称</td><td>规格</td><td>需求数量</td><td>用量</td><td>库存数量</td><td>需采购数量</td><td>预计到货日期</td><td>备注</td></tr>
<tr><td></td><td></td><td></td><td></td><td></td><td></td><td></td><td></td><td></td></tr>
<tr><td></td><td></td><td></td><td></td><td></td><td></td><td></td><td></td><td></td></tr>
<tr><td></td><td></td><td></td><td></td><td></td><td></td><td></td><td></td><td></td></tr>
<tr><td></td><td></td><td></td><td></td><td></td><td></td><td></td><td></td><td></td></tr>
</table>

（续）

第 7 条　制作“物料订购单”。

（1）物控部相关人员根据“物料需求计划表”，参考合格供应商名单，制作“物料订购单”。

（2）“物料订购单”上应注明：物料订购单的编号、供应商、用料部门、订货日期、物料编号、名称、规格、数量、交货日期、交货地点、所入库位等，具体格式如下表所示。

物料订购单

订单编号：

<table>
<tr><td colspan="3">填表日期</td><td colspan="2"></td><td colspan="3">交货日期</td><td colspan="2"></td><td colspan="4">供应商生产批号</td><td colspan="3"></td></tr>
<tr><td rowspan="2">项次</td><td rowspan="2">品名</td><td rowspan="2">软硬</td><td colspan="2">等级</td><td rowspan="2">长度</td><td rowspan="2">宽度</td><td rowspan="2">厚度</td><td rowspan="2">色号</td><td rowspan="2">单位</td><td rowspan="2">数量</td><td rowspan="2">需要日期</td><td rowspan="2">单价</td><td rowspan="2">换算重量</td><td rowspan="2">百分比</td><td rowspan="2">实交数量</td><td rowspan="2">超交比率</td></tr>
<tr><td>大</td><td>小</td></tr>
<tr><td>1</td><td></td><td></td><td></td><td></td><td></td><td></td><td></td><td></td><td></td><td></td><td></td><td></td><td></td><td></td><td></td><td></td></tr>
<tr><td>2</td><td></td><td></td><td></td><td></td><td></td><td></td><td></td><td></td><td></td><td></td><td></td><td></td><td></td><td></td><td></td><td></td></tr>
<tr><td>3</td><td></td><td></td><td></td><td></td><td></td><td></td><td></td><td></td><td></td><td></td><td></td><td></td><td></td><td></td><td></td><td></td></tr>
<tr><td></td><td></td><td></td><td></td><td></td><td></td><td></td><td></td><td></td><td></td><td></td><td></td><td></td><td></td><td></td><td></td><td></td></tr>
<tr><td colspan="3" rowspan="2">其他记录事项</td><td colspan="2">交货地点</td><td colspan="2"></td><td colspan="3">地址</td><td colspan="2"></td><td colspan="2">电话</td><td colspan="3"></td></tr>
<tr><td colspan="2">经理</td><td colspan="2"></td><td colspan="3">主管</td><td colspan="2"></td><td colspan="2">经办人</td><td colspan="3"></td></tr>
</table>

第 8 条　审核审批“物料需求计划表”。

（1）物控部人员打印出“物料需求计划表”，该需求表包括对应的“物料订购单”编号、供应商代码、供应商名称、物料编码、规格、需求量以及需求日期。

（2）物控部相关人员将“物料需求计划表”交生产部、采购部、市场部审核，总经理审批。

第 9 条　分发“物料订购单”。

经批准的“物料需求计划表”由物控文员存档，此时方可打印、分发“物料订购单”；“物料订购单”一式四联，一联由物控部自行留存，其余三联交采购部、生产部、仓储部。

第 10 条　针对“物料订购单”收集反馈信息。

当订购周期不足或由于其他原因所订物料无法交货时，物控部相关人员应将此情况反馈给生产部，由生产计划员与销售部协商，重新确定成品的交货日期，物控部相关人员则相应更改“物料订购单”上所订物料的交货日期。

第 11 条　核查在途物料。

物控部相关人员于每月 15 日打印上月以前到期未交货的订单明细，核查出哪些物料当时因订单更改或取消，现在尚未交清的明细，将其进行取消并发文知会采购部及物控总监。

（续）

第 12 条　“物料订购单”的更改。

当采购部因各种原因需要更改“物料订购单”时，采购员应填写“物料采购更改审批表”。此审批表注明更改内容及原因后，交生产部审核、采购总监审批，经批准后方可按要求进行更改。

第 13 条　本细则由物控部制定，其解释权、修改权归物控部所有。

第 14 条　本细则经总经理办公会议审议后，自下发之日起执行。

修订记录	修订标记	修订处数	修订日期	修订执行人	审批人签字

第三章

物料定额管理

第一节 制订定额计划

一、物料定额类别

物料定额是在一定的生产和技术条件下，使用现有的设备和材料生产单位产品时，合理消耗的材料数量。物料定额是进行材料控制的重要手段及制订物料计划的依据，科学合理的物料定额可以有效控制物料数量和质量，降低库存成本，从源头上杜绝物料的浪费。因此，工厂需加强物料定额的管理。

物料定额可以分为数量定额、价值定额、单项定额和综合定额四类，具体如下所示。

（一）数量定额

数量定额是指在单位时间及范围内，对不同物料的使用量按照其合适的计量单位进行数量限制的方法。工厂使用数量定额时，需首先明确数量定额的适用范围，然后根据定额需要确定合适的定额单位，以保证物料数量定额结果的准确、有效。物料数量定额的适用范围如图 3-1 所示。

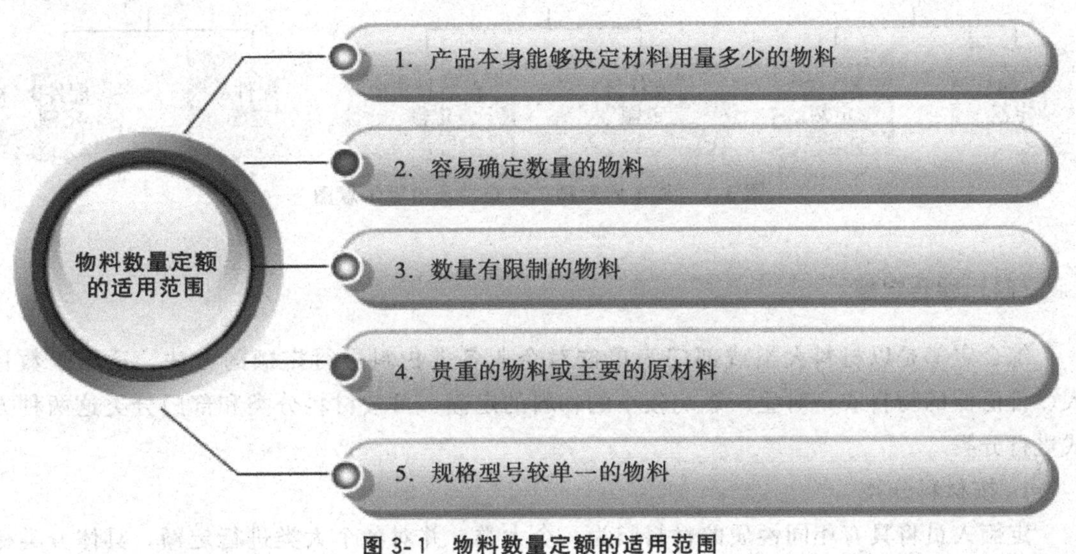

图 3-1 物料数量定额的适用范围

（二）价值定额

价值定额就是以定额物料的价值大小，测算物料的总金额，并通过总金额的限制进行的定额方法，其特点如下所示。

（1）价值定额能够以统一的价值大小确定物料定额，从而增强不同物料的可比性，确保物料定额准确。

（2）价值定额简化了复杂物料的计算，同时能够有效解决混合物料的定额确定问题。

（3）价值定额适用于单价稳定的物料的定额。

（三）单项定额

单项定额是只针对某一项物料进行定额编制的方法，如单一的原材料定额、辅料定额。单项定额可为小生产车间发送材料提供依据，同时可以用于分析、核算实际消耗与定额消耗的差异。

因此，某些工厂根据物料管理实际需要，采用单项定额的方法对各类物料进行定额，其具体工作安排及内容如图 3-2 所示。

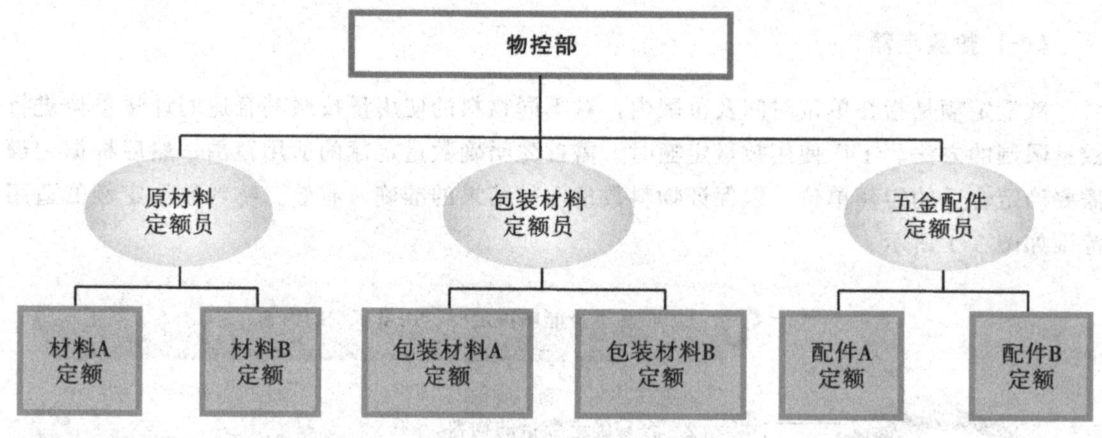

图 3-2　某车间定额工作安排及内容示意图

（四）综合定额

综合定额是以材料大类或部门为单位对企业各类物料进行定额的方法，适用于数量大、价值低的物料或是对生产影响较小的物料的定额，可按材料分类和部门分类这两种方式进行分类。

1. 按材料分类

定额人员将具有相同性质的材料归为一个大类，并对各个大类进行定额，具体分类标准如图 3-3 所示。

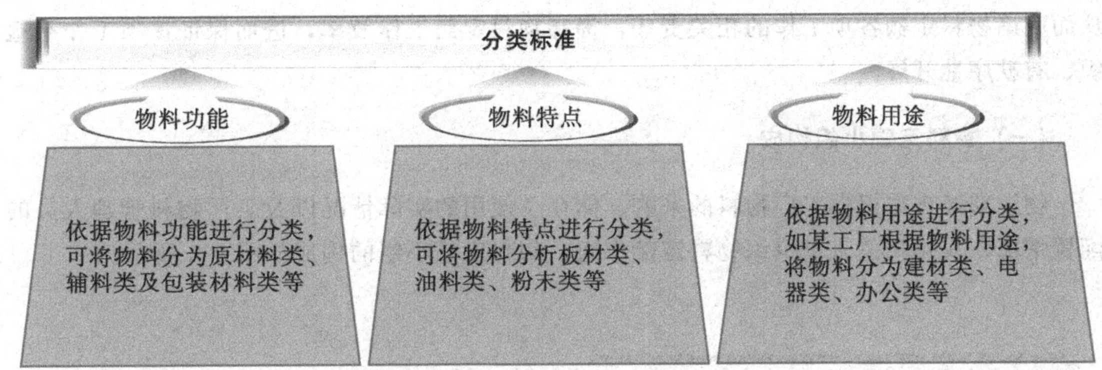

图 3-3　材料定额分类标准示意图

2. 按部门分类

按部门分类就是对某一部门的所有物料进行统一定额，规定部门某一时期的物料耗用总额目标，并根据此目标对各部门物料的使用情况进行控制，具体示例如表 3-1 所示。

表 3-1　某工厂材料定额部门分类控制表

<table>
<tr><td>部门名称</td><td colspan="7">生产部</td></tr>
<tr><td colspan="4">物料名称</td><td colspan="4">生产部物料定额</td></tr>
<tr><td colspan="4">物料一</td><td colspan="4">5 000 吨</td></tr>
<tr><td colspan="4">物料二</td><td colspan="4">3 500 吨</td></tr>
<tr><td colspan="4">物料三</td><td colspan="4">3 000 吨</td></tr>
<tr><td colspan="4">总计</td><td colspan="4">11 500 吨</td></tr>
<tr><td colspan="8">生产部各车间物料分配控制情况</td></tr>
<tr><td rowspan="2">物料名称 / 车间名称</td><td colspan="2">物料一</td><td colspan="2">物料二</td><td colspan="2">物料三</td><td rowspan="2">物料总额</td></tr>
<tr><td>物料比例</td><td>物料定额</td><td>物料比例</td><td>物料定额</td><td>物料比例</td><td>物料定额</td></tr>
<tr><td>车间一</td><td>45%</td><td>2 250 吨</td><td>35%</td><td>1 225 吨</td><td>30%</td><td>900 吨</td><td>4 375 吨</td></tr>
<tr><td>车间二</td><td>35%</td><td>1 750 吨</td><td>55%</td><td>1 925 吨</td><td>30%</td><td>900 吨</td><td>4 575 吨</td></tr>
<tr><td>机修车间</td><td>20%</td><td>1 000 吨</td><td>10%</td><td>350 吨</td><td>40%</td><td>1 200 吨</td><td>2 550 吨</td></tr>
<tr><td>总计</td><td>100%</td><td>5 000 吨</td><td>100%</td><td>3 500 吨</td><td>100%</td><td>3 000 吨</td><td>11 500 吨</td></tr>
</table>

二、成立物料定额小组

工厂推行物料定额是为了提高物料的利用率，最大限度地减少生产过程中的浪费，有效地降低生产成本，而实现这一目的的重要保障是成立物料定额小组并明确小组的职责，从而明确物料定额各项工作的相关责任，提高物料定额工作效率，进而保证该项工作有组织、有秩序地开展。

（一）物料定额小组构成

物控部经理需根据工厂物料的采购、储存、使用的实际情况以及工厂物料管理人员的配置情况，安排相关人员组织物料定额小组，物料定额小组的构成如图 3-4 所示。

图 3-4　物料定额小组构成示例

（二）物料定额小组的职责分工

物料定额小组成立后，物控部需根据物料定额工作的实际需要，明确物料定额小组各岗位的工作职责，避免出现职责不明的情况，保证物料定额工作顺利展开。物料定额小组的职责分工具体如表 3-2 所示。

表 3-2　物料定额小组职责分工一览表

构成		职责分工
组长	物控主管	◎ 加强物料定额管理的教育，提高员工的物料定额理念 ◎ 制订物料定额管理计划，保证物料定额工作的有序进行 ◎ 研究物料定额技术，完善物料定额制度 ◎ 审核《物料定额管理方案》，并组织《物料定额管理方案》的实施
组员	物料计划员	◎ 分析物料需求，确定物料数量 ◎ 编制物料需求计划
	物料仓管员	◎ 负责盘查仓库现有库存，并对物料库存状况进行分析，形成物料库存分析报表
	物料定额员	◎ 收集物料定额信息 ◎ 确定物料定额指标 ◎ 编制《物料定额测试方案》，并进行物料定额测试 ◎ 确定《物料定额测试方案》

三、定额计划制订流程

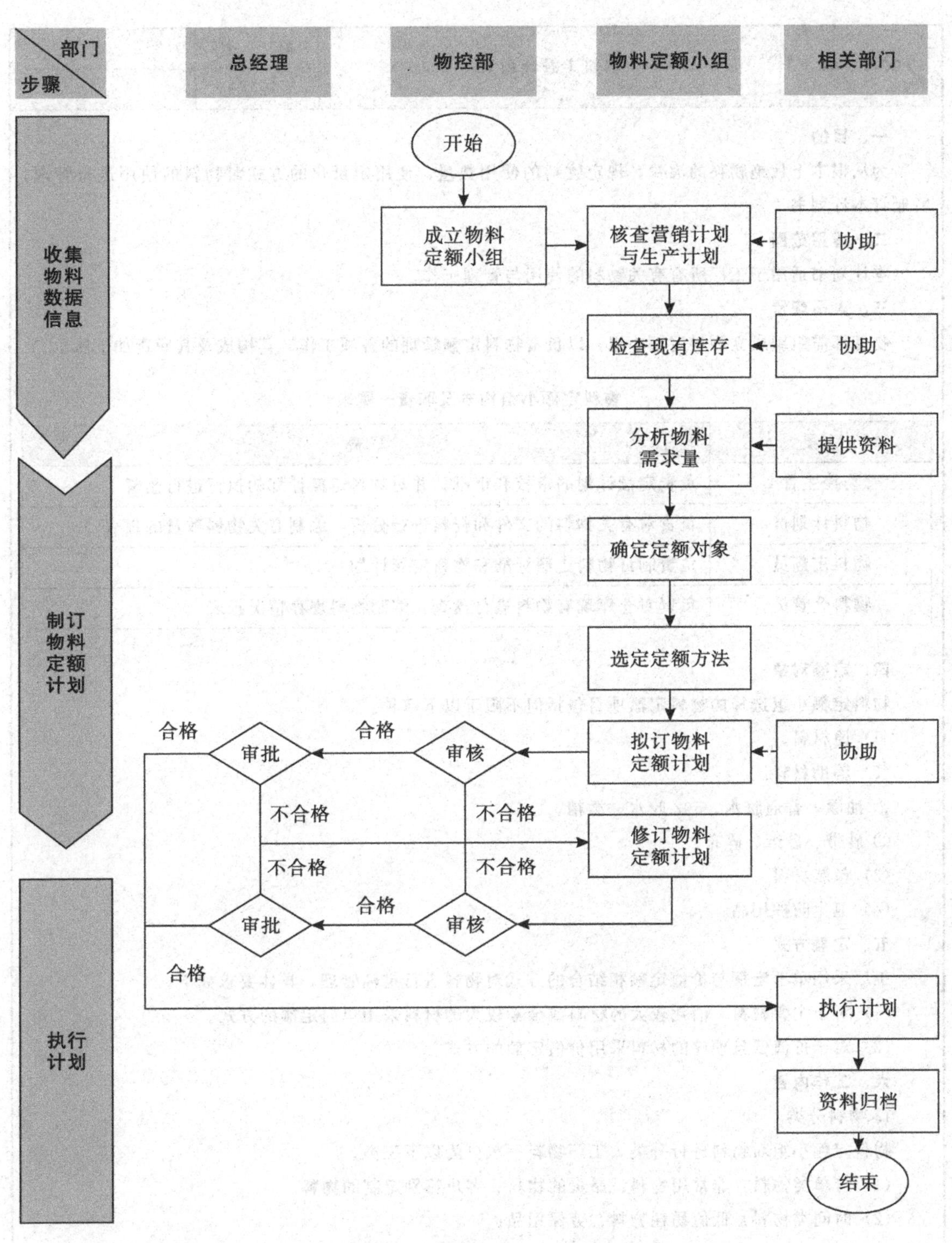
部门
步骤
总经理
物控部
物料定额小组
相关部门
收集物料数据信息
制订物料定额计划
执行计划
开始
成立物料定额小组
核查营销计划与生产计划
协助
检查现有库存
协助
分析物料需求量
提供资料
确定定额对象
选定定额方法
拟订物料定额计划
协助
审核
审批
合格
合格
不合格
不合格
修订物料定额计划
不合格
不合格
审核
审批
合格
合格
执行计划
资料归档
结束

四、物料定额计划书

文书名称	物料定额计划书	编　　号	
		受控状态	

一、目的

为从根本上杜绝物料的浪费，规定物料的使用数量，使用定量化的方式对物料的使用进行管理，特制订本计划书。

二、适用范围

本计划书适用于工厂所有有关物料的使用与管理工作。

三、人员配置

物控部需组织成立物料定额小组，以负责物料定额管理的各项工作，其构成及其职责如下所示。

物料定额小组构成及职责一览表

人员	职责
物控主管	负责定额计划的审核和审批，并对物料定额计划的执行进行监督
物料计划员	负责对有关物料的文件和资料进行分析，编制有关物料数量的报表
物料定额员	负责制订物料定额标准和物料定额计划
物料仓管员	负责对仓库现有物料进行盘查，编制物料现存情况报表

四、定额对象

物料定额小组选择的物料定额项目包括但不限于以下四种。

(1) 原材料。

(2) 辅助材料。

① 油漆、普通胶水、502 胶水、酒精。

② 砂带、砂纸、碎布。

(3) 包装材料。

(4) 卫生防护用品。

五、定额方式

工厂采用单项定额与价值定额相结合的方式对物料进行定额管理，具体要求如下。

(1) 对于主要材料、消耗较大的材料或金额较大的材料采用单向定额的方式。

(2) 对于价值低且琐碎的材料采用价值定额的方式。

六、工作内容

1. 物料分类

物料定额小组对物料进行分类，工厂物料一般分为以下三类。

(1) 订单类物料：非常用物料、昂贵的物料、客户特别定制的物料。

(2) 时间类物料：低值易耗物料、劳保用品。

（续）

（3）部门类物料：不便于按订单进行计算的物料、过于低廉的物料。

2. 编制《物料定额管理方案》

《物料定额管理方案》编制的具体过程如下所示。

（1）物料仓管员盘点工厂现有库存，并对现有物料的数量和质量进行记录，编制库存报表。

（2）物料计划员分析物料相关资料，形成分析报表。

（3）物料定额员根据库存报表及分析报表等资料拟订《物料定额管理方案》，并报物控主管审批。

3.《物料定额管理方案》的实施

（1）物料定额小组需根据工厂物料实际情况，确定《物料定额管理方案实施流程》。

（2）物料定额小组需组织相关人员参加物料定额培训。

（3）物料使用部门负责《物料定额管理方案》的实施，物料定额小组需对物料使用部门进行监督指导。

4. 物料定额考核

（1）物料定额小组每月月末对各部门的《物料定额管理方案》执行情况进行考核。

（2）工厂可根据物料定额小组的考核结果对各部门进行奖惩。

七、工作安排

物料定额管理工作的日程安排如下表所示。

物料定额管理工作日程安排一览表

日期	任务
__月__日～__月__日	组建定额小组
__月__日～__月__日	对小组人员进行培训
__月__日～__月__日	查询相关定额资料
__月__日～__月__日	盘查现有库存
__月__日～__月__日	拟订《物料定额管理方案》
__月__日～__月__日	审核与完善《物料定额管理方案》
__月__日～__月__日	实施《物料定额管理方案》
__月__日～__月__日	评估考核

八、计划实施的注意事项

（1）物料定额小组需对物料使用者进行培训，使其掌握正确的物料使用方法，不能只进行数量上的“管、卡、压”。

（2）物料定额小组需加强过程监控，减少物料浪费。

（3）物料定额小组需与物料定额执行部门加强沟通。

（4）对于超料现象要先行补料，再追查原因，并对相关责任人提出处罚意见。

编制人员		审核人员		审批人员	
编制时间		审核时间		审批时间	

第二节　定额测试

一、定额测试筹备

定额测试是为了取得物料定额指标，对物料耗用的相关数据进行采集的过程。定额测试要求对物料实际耗用量进行统计，剔除因不合理用料导致的物料用量偏高的影响因素，从而得出物料的正常使用标准。为了保证定额测试工作的顺利展开，工厂物料定额人员需在物料定额测试前，做好完善的筹备工作，具体内容如下所示。

（一）人员准备

定额测试工作量大、耗时多、涉及部门多、测试过程繁杂，仅仅依靠物料定额员是难以完成的。因此，在定额测试前，工厂需要做好物料定额测试工作人员的配置工作，以保证物料定额测试的顺利进行，具体要求如图 3-5 所示。

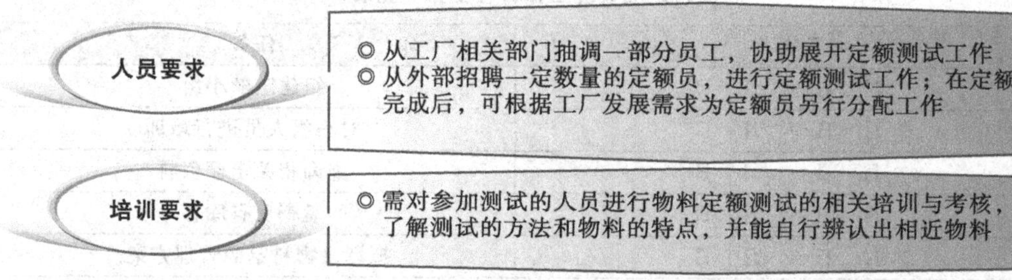

图 3-5　物料定额测试人员准备示意图

（二）工具准备

工具对定额测试工作是必不可少的。物料定额测试人员在筹划定额测试时需对定额测试过程中所涉及的相关工具进行合理计划，保证各类测试工具及时到位，从而确保物料定额测试工作的顺利进行。物料定额测试工作筹备要求如下所示。

（1）物料定额测试人员要根据材料的贵重程度、作业特点、物控政策选择、准备不同精度的工具、仪器仪表。

（2）物料定额测试人员需明确物料定额工具的类别及各自的适用范围，并能够根据测试实际需要，选择测试工具，具体内容如表 3-3 所示。

表 3-3　物料定额测试工具分类表

类别	适用范围
长度测量类	测量材料的体积、规格，如对木材体积、皮料面积等的测量
容积测量类	测量液体的体积，如对油料体积、油漆消耗量等的测量
计数器类	计数大量的小件物料，如对螺钉数目等的测量
重量测量类	测量以重量为单位的物料，如对胶水重量、碎布重量等的测量
质量检验类	物料质量的测量，如对锯材质量等的测量

（三）表单准备

定额测试之前，定额测试人员需做好定额测试相关表单的设计、印刷以及下发工作，以方便定额测试工作的进行。定额测试表单的类别及使用方法如图 3-6 所示。

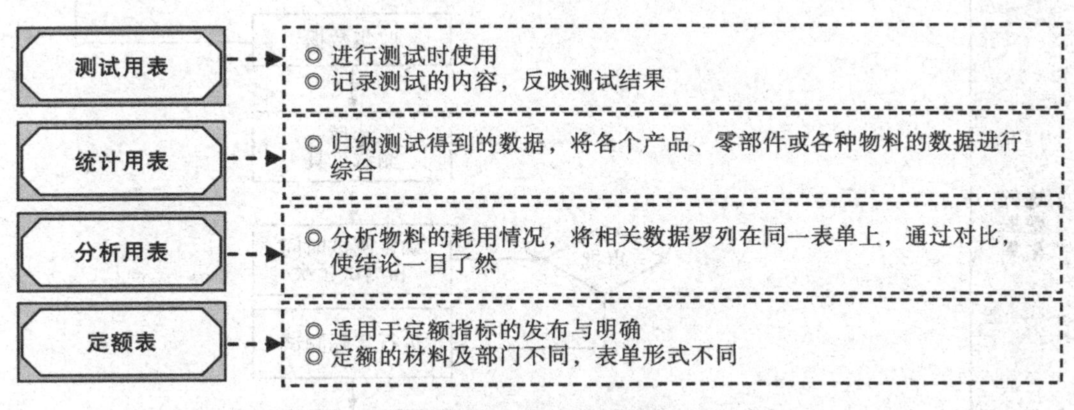

图 3-6　物料定额测试表单的类别及使用方法

（四）工作动员

定额测试人员在物料定额测试前，如未就测试目的、要求等内容向物料相关人员展开解释动员工作，则容易导致物料使用者认为测试就是为了对其物料使用进行“管、卡、压”，从而导致物料使用者在物料的使用上弄虚作假，影响测试的准确性。

因此，在展开物料定额测试工作之前，物料定额测试人员需做好相关动员工作，使物料使用者明白测试目的，消除其对定额测试的误会，保证物料定额测试数据的真实性，从而保证物料定额测试结果的准确性。

二、定额测试流程

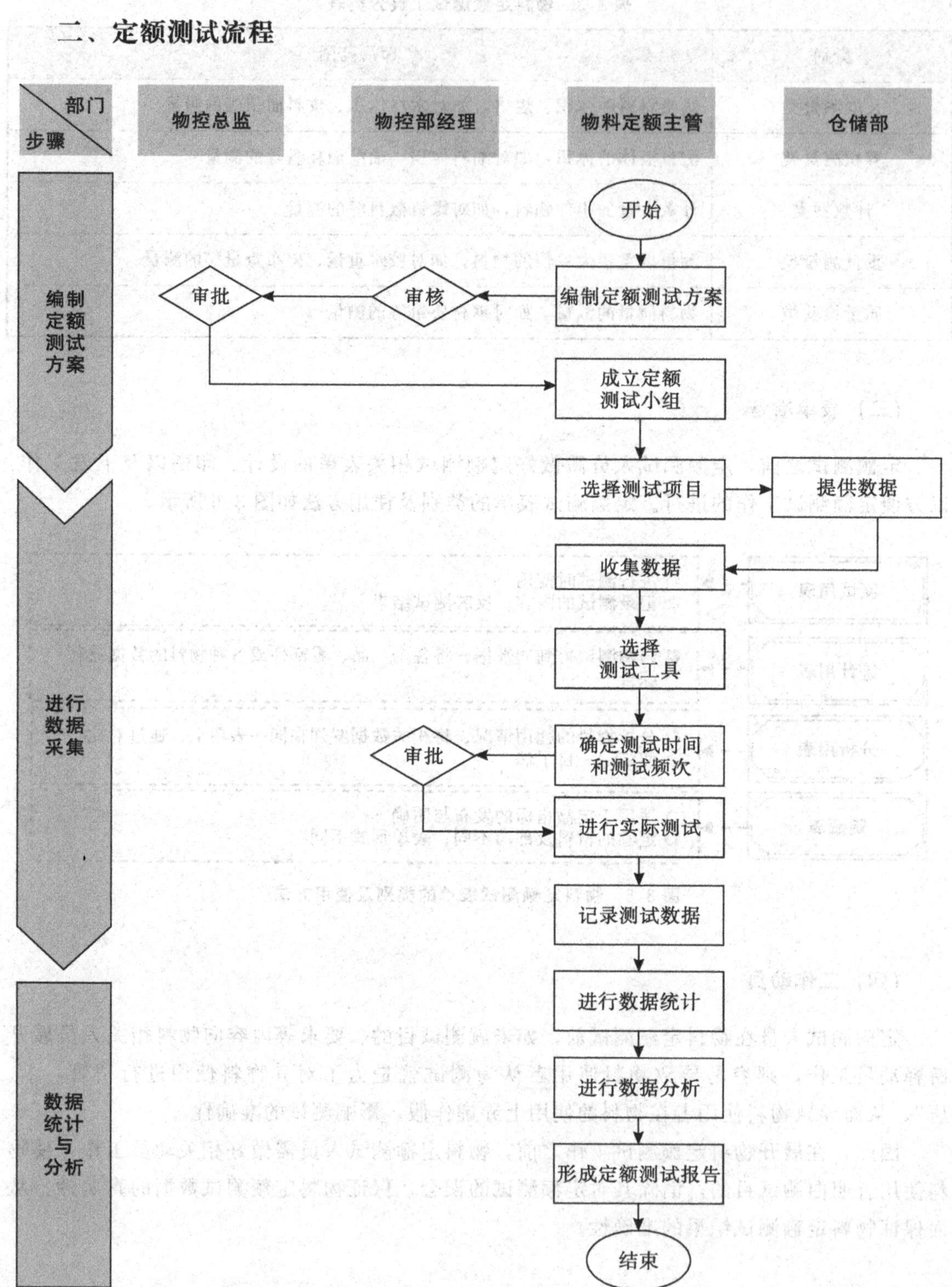
部门
步骤
物控总监
物控部经理
物料定额主管
仓储部
编制定额测试方案
进行数据采集
数据统计与分析
开始
编制定额测试方案
审核
审批
成立定额测试小组
选择测试项目
提供数据
收集数据
选择测试工具
确定测试时间和测试频次
审批
进行实际测试
记录测试数据
进行数据统计
进行数据分析
形成定额测试报告
结束

三、定额测试实施方案

<table>
<tr><td rowspan="2">文书名称</td><td rowspan="2">定额测试实施方案</td><td>编　　号</td><td></td></tr>
<tr><td>受控状态</td><td></td></tr>
</table>

一、目的

为规范物料定额测试的程序，保证数据真实、有效、符合实际，特制定本方案。

二、定额测试人员

物控部物料定额主管组织物控部定额管理专员、生产部定额管理员、生产主管、仓储部定额管理员等组成数据采集小组。

三、定额测试范围

定额测试一般包括物料收发数据、设计数据、历史数据和现场测试数据四种。定额测试范围及具体来源如下表所示。

定额测试范围及来源一览表

定额测试范围	来源
物料接收数据	仓储部的进料单、收料单、台账
物料发出数据	仓储部的发料单、台账
产品设计物料消耗数据	产品设计文件、图纸、工艺路线、标准作业环境下的消耗数据、订单数据
历史数据	实际消耗量数据，历史定额数据，因新工艺、新技术的产生而补充的消耗定额
现场测试数据	定额测试小组现场测试得到的数据

四、进行现场测试

（一）确定现场测试的时间

根据产品生产、操作方式、排班情况、操作工人熟练程度、季节影响、天气变化等因素针对不同物料选择合适的测试时间。

（二）确定现场测试的项目

1. 针对某产品消耗的不同物料消耗数量进行测试

以××型号冰箱为例，其物料消耗测试项目如下图所示。

（续）

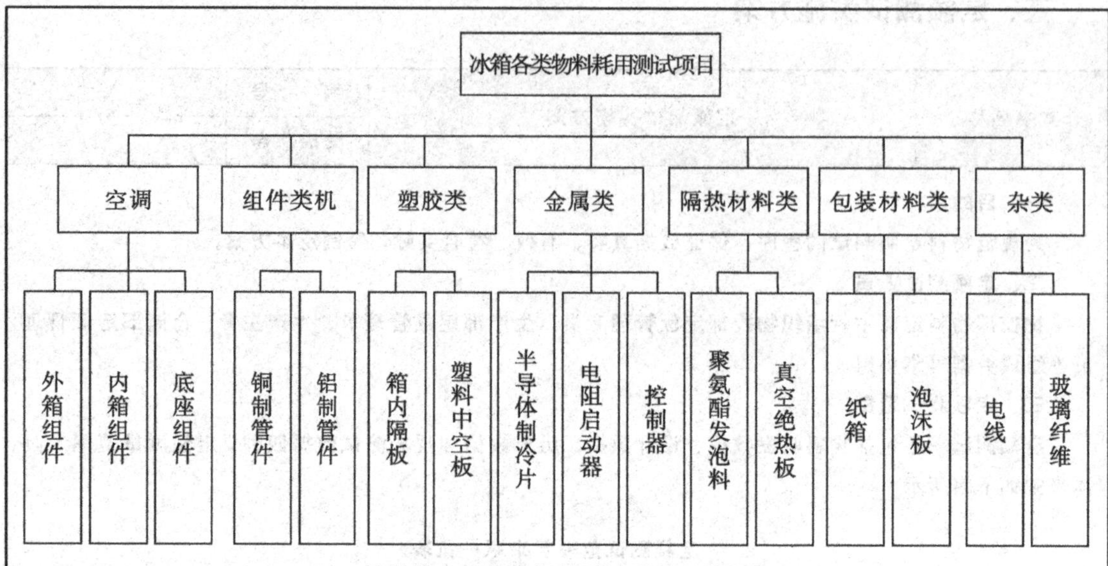

某品牌冰箱物料耗用测试项目一览图

2. 针对某种物料在不同产品上的耗用量进行测试

以××型号半导体制冷片为例，其用于不同产品的消耗量测试项目如下图所示。

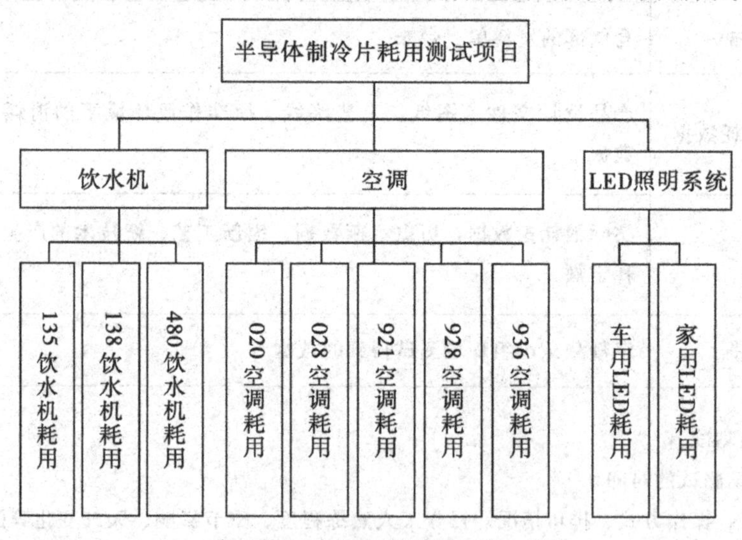

半导体制冷片耗用测试项目一览图

3. 某种物料的月耗用量的测试

物料的月耗用量由该物料在不同产品上的单位耗用量乘以月产量得出。

（续）

五、选择合适的测试工具

测试工具的类型如下表所示。

测试工具类型一览表

测量内容	测量/计算工具
长度	量块、角度量块、多面棱体、正弦规、卡尺、千分尺、百分表、多齿分度台、比较仪、激光干涉仪、工具显微镜、三坐标测量机
重量	磅秤、普通天平、电子天平、电子秤
数量	计数器
容积	通过液位仪计算或按体积计算

六、将测试数据填表

不同的测试内容应填制不同的数据表，测试数据表如下表所示。

物料消耗测试数据表

物料名称		编号	
规格		型号	
产品名称		产品型号	
测试时间		测试地点	
操作工人		测试时长	
测试内容			
测试数据			

操作： **记录：** **复核：** **日期：____年__月__日**

（续）

产品物料消耗测试数据表			
产品名称		规格型号	
测试时间		测试地点	
操作工人		测试时长	
消耗物料			
物料名称		编号	
测试地点		操作工人	
操作方法		使用工具	
测试时间		测试时长	
用量		单位用量	
备注			

操作：　　记录：　　复核：　　日期：____年__月__日

编制人员		审核人员		审批人员	
编制时间		审核时间		审批时间	

四、工艺定额计算方案

文书名称	工艺定额计算方案	编　　号	
		受控状态	

一、定义

工艺定额计算法是指根据产品设计资料和相关工艺资料计算出物料消耗定额的一种方法。

二、特点

（1）计算结果偏理想化或理论化，须经适当修正。

（2）对生产过程中单位产品耗用量较少的物料计算不准确。

（3）计算过程较为复杂。

三、适用情况

工艺定额计算法适用于生产工艺简单、物料种类不多的情况。

四、计算步骤

（1）物控部定额主管确定物料定额项目。

（2）物控部相关人员对设备运行记录、用料记录、废料记录、产品品质记录等历史资料进行收集与汇总。

（续）

（3）根据生产工艺特点对物料在每一阶段的耗用量进行计算。 （4）估计正常的物料损耗量。 （5）计算出物料耗用总量。 （6）物控部定额主管拟订物料消耗定额标准并提交审核、审批。 （7）物控部经理和物控总监审核、审批后下发至各生产车间和部门。 **五、注意事项** （1）应考虑设备的不同运行阶段和设备损耗对物料消耗量的影响。 （2）应考虑不同批次物料对消耗量的影响。					
编制人员		审核人员		审批人员	
编制时间		审核时间		审批时间	

五、物料数据体系管理

定额测试是通过收集物料相关数据，并对其进行分析，确定物料耗用规律的过程。为了保证物料定额测试工作的准确性、有效性，工厂需建立物料数据体系，加强对物料定额测试过程中相关数据的管理。

（一）物料数据体系构成

完整的数据体系是建立定额指标的基础，数据体系一般由五项内容构成，具体构成如表3-4所示。

表3-4 物料数据体系构成一览表

构成	说明
物料基本情况	物料的品质、规格、状态、型号等信息
工艺技术数据	工艺技术数据反映产品的必要消耗，是制订定额指标、采购计划、物控计划的依据，主要包括零部件清单、图纸、尺寸单等
品质要求	物料品质要求是产品品质的重要保障，主要包括物料质量指标、物料合格率等
产品数据	产品数据可为物料利用率和定额标准的制订提供依据，包括产品类别、产品生产数量及单件产品的物料搭配比例等
定额测试数据	定额测试数据以经验的方式，总结出物料非工艺性的耗用规律，主要包括物料使用率、物料损耗率、物料余量控制标准等

（二）物料数据体系建立

生产过程中的物料数据庞大、繁杂，工厂有必要对物料数据进行管理，建立物料数据体系。物料数据体系的建立程序如图 3-7 所示。

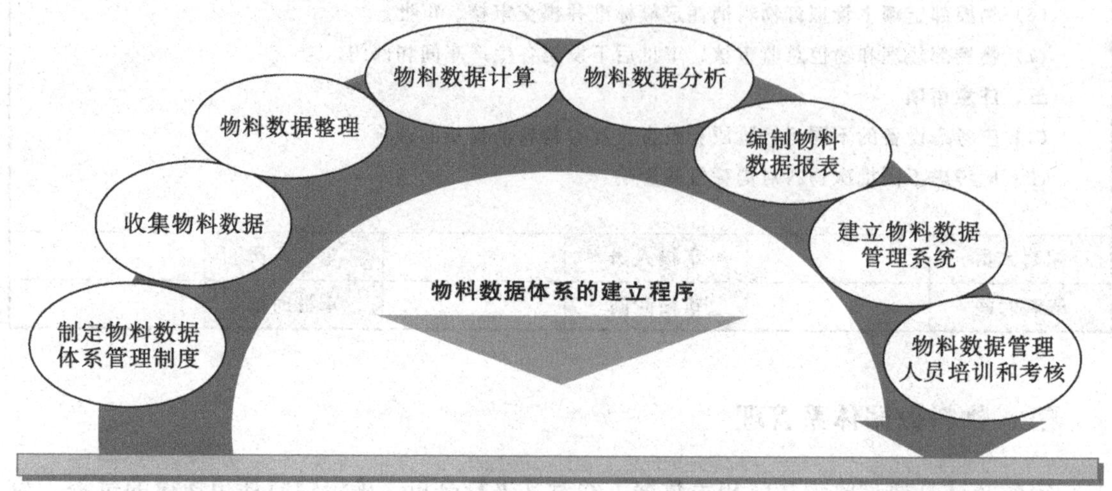

图 3-7　物料数据体系的建立程序图

第三节　编制定额指标

一、定额指标编制方法

物料定额指标是进行物料定量控制的依据，工厂需根据其生产特点及定额实际需要选择、编制定额指标，以保证定额指标的有效可行。工厂常用的定额指标编制方法有六种，具体如表 3-5 所示。

表 3-5　定额指标编制方法一览表

方法名称	方法概述	特点
总量定额法	总量定额法是对工厂各种物料分别进行数量控制以编制物料定额指标的方法	◎ 对物料用量的单纯定额，不考虑其他因素 ◎ 对物料总量进行控制，忽略材料品质变化带来的影响以及部门用料的差别和产品的细节 ◎ 适用于复杂规格材料的定额

（续表）

方法名称	方法概述	特点
订单定量法	订单定量法是依照订单类别编制物料定额指标的方法	◎ 能够清晰地表示订单物料用量，利于订单成本的控制 ◎ 对订单中产品组进行定额，可有效避免单一产品物料定额时产生误差 ◎ 本方法不适用以下三类物料的定额： ⊕ 用途难以分清的物料 ⊕ 其他产品进行套用的物料 ⊕ 计划类产品的物料
部门定量法	部门定量法是按部门物料的使用情况，进行物料定额指标编制的方法	◎ 利于部门物料的核算及对各部门物料控制工作的考核 ◎ 为各部门进行内部的物料协调提供了空间，增强了各部门物料管理工作自主权 ◎ 忽视了因物料差异造成的管理难度，更具操作性 ◎ 不便于进行细致深入的物料管理
时期定量法	时期定量法是对工厂、车间或班组某一时间段的物料消耗编制定额指标的方法	◎ 能够限制某一时期的物料成本，并可根据市场、材料等因素的变化及时调整定额 ◎ 涉及的物料品种多，统计与核算工作复杂
金额包干法	金额包干法是将材料折合成金额，由操作者包干管理的物料定额指标的编制方法	◎ 减少管理难度，操作方便 ◎ 容易助长员工偷工减料心理，产品品质得不到保证 ◎ 不适宜公用性材料的管理
个人承包法	个人承包法是对每个操作者使用的物料实行按量发放，并要求其在此物料数量之下完成任务的定额指标编制方法	◎ 该方法便于管理，适用于低值易耗品定额指标的编制

二、定额指标编制流程

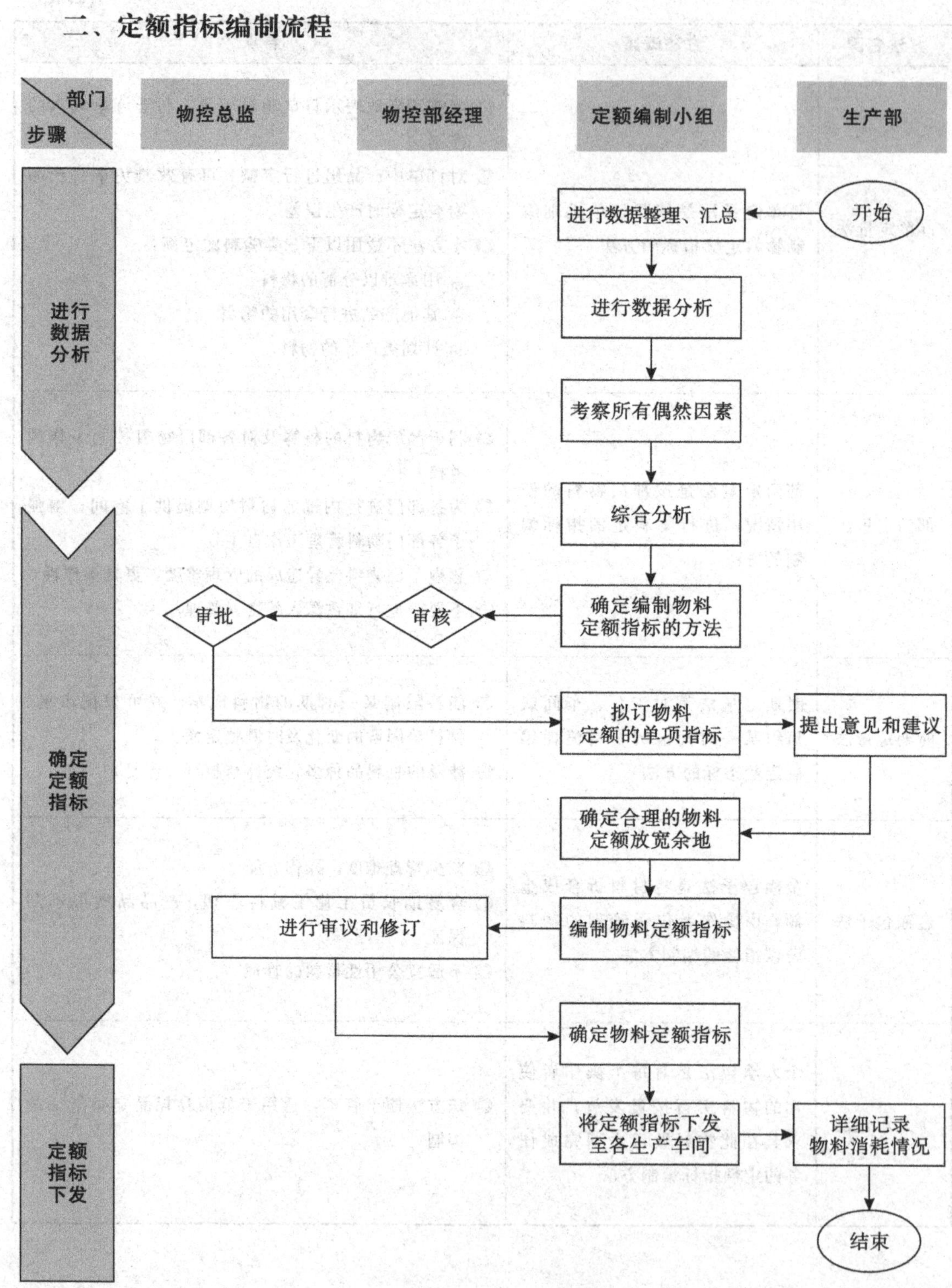

部门
步骤
物控总监
物控部经理
定额编制小组
生产部
进行数据分析
确定定额指标
定额指标下发
开始
进行数据整理、汇总
进行数据分析
考察所有偶然因素
综合分析
确定编制物料定额指标的方法
审核
审批
拟订物料定额的单项指标
提出意见和建议
确定合理的物料定额放宽余地
编制物料定额指标
进行审议和修订
确定物料定额指标
将定额指标下发至各生产车间
详细记录物料消耗情况
结束

三、定额指标编制方案

文书名称	定额指标编制方案	编　　号	
		受控状态	

一、目的

为规范定额指标编制过程，确定有效可行的定额指标，特制定本方案。

二、编制人员

物控部物料定额主管组织相关人员成立定额编制小组，负责定额指标编制事宜。

三、编制步骤

（1）定额编制小组对前期收集和现场测试得到的数据进行整理、汇总。

（2）进行数据分析，考察以下可能影响物料消耗量的各种因素。

① 操作工人性别、年龄、体能、技能、工作年限、培训时长、操作习惯、责任心等的不同造成的物料消耗量的不同。

② 设备产地、进厂时间、运行时长、大修次数、保养状况、技术状况、停机时间等的不同造成的物料消耗量的不同。

③ 物料的采购方式、采购批量、产地、生产日期、原材料品质、制作工艺、价格、质量、供应商服务水平等的不同造成的物料消耗量的不同。

④ 现场管理方式的不同造成的物料消耗量的不同。

（3）进行综合分析，内容包括以下四点。

① 生产过程中存在的浪费是否追究责任。

② 现场工人记录的数据是否真实可靠。

③ 工人是否有足够的定额消耗意识。

④ 物料用量的测量是否准确。

（4）定额编制小组根据生产实际确定编制物料定额指标的方法，并提交物控部经理和物控总监审核、审批，编制物料定额指标的方法如下表所示。

物料定额指标编制方法一览表

物料定额指标编制方法	特点
仅对物料使用总量进行控制	◎ 不对各生产车间物料用量进行限制 ◎ 对规格型号多、类目庞杂的物料较为适用 ◎ 可作为其他定额指标编制方法的基础
按照产品类别对物料用量进行控制	◎ 规定每类产成品耗用各类物料的标准 ◎ 适用于产品类别较少且相互使用不同物料的情况

（续）

物料定额指标编制方法	特点
按照部门对物料用量进行控制	◎ 便于部门对物料成本的核算，利于考核 ◎ 有利于物控工作的开展 ◎ 可能造成部门舞弊现象
按照时间段对物料用量进行控制	◎ 规定某一时间段物料的使用限额 ◎ 不适用于物料品种、规格较多的情况 ◎ 可能影响产成品的数量

（5）定额编制小组初步拟订物料定额的单项指标，应注意以下事项。

① 需要经过数次试用和修订，才能编制出有效可行的指标。

② 定额指标应随季节、设备、工人的不同而有所修改。

③ 应充分考虑成本和利润因素。

④ 不同物料应选用不同的定额指标编制方法。

（6）定额编制小组将初步拟订的材料定额单项指标交生产部探讨，请其提出意见和建议。

（7）定额编制小组根据生产部提出的意见确定合理的物料定额放宽余地。

（8）定额编制小组编制物料定额指标并提交物控部经理和物控总监审议和修订。

（9）定额编制小组将审议和修订后的定额指标下发至各生产车间和部门。

四、后续工作

物控部相关人员应定期收集生产现场人员对物料定额的反馈意见，如发现问题应及时查找原因。

编制人员		审核人员		审批人员	
编制时间		审核时间		审批时间	

第四节 计算物料定额

一、经验判断法计算方案

文书名称	经验判断法计算方案	编　　号	
		受控状态	

一、定义

经验判断法是根据相关人员的经验对物料的消耗量进行确定的一种定性分析和定量分析相结合的方法。

二、特点

（1）简单方便，易于操作。

（2）不适用于单价高的贵重物料。

三、适用情况

本方案适用于缺乏历史资料的情况。

四、计算步骤

（1）物控部定额主管确定物料定额项目。

（2）物控部相关人员对生产环境、生产状况、设备操作方式等进行分析。

（3）物控部相关人员对物料的特性、质量、用料差异等进行分析。

（4）物控部相关人员对设备运行记录、用料记录、废料记录、设备运行记录、产品品质记录等历史资料进行收集、整理、汇总和分析。

（5）对信息进行综合分析。

（6）物控部定额主管拟订《物料消耗定额标准》并提交物控部经理和物控总监审核、审批。

（7）物控部经理和物控总监审核、审批后下发至各生产车间和部门。

五、注意事项

（1）在缺乏历史资料情况下，可以参考其他同类产品厂家的生产资料。

（2）注意生产技术更新换代对物料消耗的影响。

（3）应多借鉴一线工人对物料定额的意见和建议。

（4）判断者应对产品设计、工艺技术、设备操作、物料特性等有深人了解。

编制人员		审核人员		审批人员	
编制时间		审核时间		审批时间	

二、统计分析法计算方案

文书名称	统计分析法计算方案	编　　号	
		受控状态	

一、定义

统计分析法是指对以往的各种生产统计数据进行分析、整理、归纳和总结，以推算出物料消耗定额的方法。

二、特点

（1）应用广泛。

（2）对历史统计数据的完整性和准确性要求高。

（3）如果历史统计数据不可靠、不齐全，运用统计分析法得出的数据，其准确性不高。

三、适用情况

本方案适用于历史资料丰富的情况。

四、计算步骤

（1）物控部定额主管确定物料定额项目。

（2）物控部相关人员对设备运行记录、用料记录、废料记录、设备运行记录、产品品质记录等历史资料进行收集、整理、汇总和分析。

（3）对信息进行推理、计算、分析。

（4）物控部定额主管拟订《物料消耗定额标准》并提交审核、审批。

（5）物控部经理和物控总监审核、审批后下发至各生产车间和部门。

五、注意事项

（1）注意生产技术更新换代对物料消耗的影响。

（2）统计分析过程中应避免将某些项目的数据平均化。

编制人员		审核人员		审批人员	
编制时间		审核时间		审批时间	

三、实际测试法计算方案

文书名称	实际测试法计算方案	编　　号	
		受控状态	

一、定义

实际测试法是指对生产现场物料的耗用量进行测试，根据测试结果确定物料定额指标的一种方法。

（续）

二、特点

（1）掌握第一手资料，可以避免受其他偶然因素的影响。

（2）对测试环境和操作人员的选择要求高。

（3）测试结果可能不符合实际物料耗用量。

三、适用情况

本方案适用于物料投入和产品产出数量容易与非测试阶段的数量分开的设备和工艺。

四、计算步骤

（1）物控部定额主管确定物料定额项目。

（2）物控部相关人员选定测试设备、生产线和物料。

（3）物控部相关人员选定设备或工艺操作人员，并对人员进行培训。

（4）物控部相关人员选定合适时间和场地进行测试。

（5）物控部关人员详细记录设备、生产工艺、产品质量、废料等数据。

（6）测试结束，物控部相关人员对测试数据进行整理、汇总和分析。

（7）物控部定额主管拟订《物料消耗定额标准》并提交审核、审批。

（8）物控部经理和总监审核、审批后下发至各生产车间和部门。

五、注意事项

（1）注意选定的设备、操作人员和物料对测试结果的影响。

（2）应考虑到测试本身的特殊性。

（3）应避免将测试结果作为普遍现象，以偏概全。

编制人员		审核人员		审批人员	
编制时间		审核时间		审批时间	

四、工艺计算法核算方案

文书名称	工艺计算法核算方案	编　　号	
		受控状态	

一、定义

工艺计算法是指根据产品设计资料和相关工艺资料计算出物料消耗定额的一种方法。

二、特点

（1）计算结果偏理想化或理论化，应做适当修正。

（2）对生产过程中单位产品耗用量较少的物料计算不准确。

（3）计算过程较为复杂。

三、适用情况

本方案适用于生产工艺简单、物料种类不多的情况。

（续）

四、计算步骤

（1）物控部定额主管确定物料定额项目。

（2）物控部人员对设备运行记录、用料记录、废料记录、产品品质等历史资料进行收集、整理、汇总。

（3）根据生产工艺特点对物料在每一阶段的耗用量进行计算。

（4）估计正常的物料损耗量。

（5）计算出物料耗用总量。

（6）物控部定额主管拟定物料消耗定额标准并提交审核、审批。

（7）物控部经理和物控总监审核、审批后下发至各生产车间和部门。

五、注意事项

（1）应考虑设备的不同运行阶段和设备损耗对物料消耗量的影响。

（2）应考虑不同批次物料对消耗量的影响。

编制人员		审核人员		审批人员	
编制时间		审核时间		审批时间	

物料供应控制

第四章

第一节　物料采购

一、物料采购流程

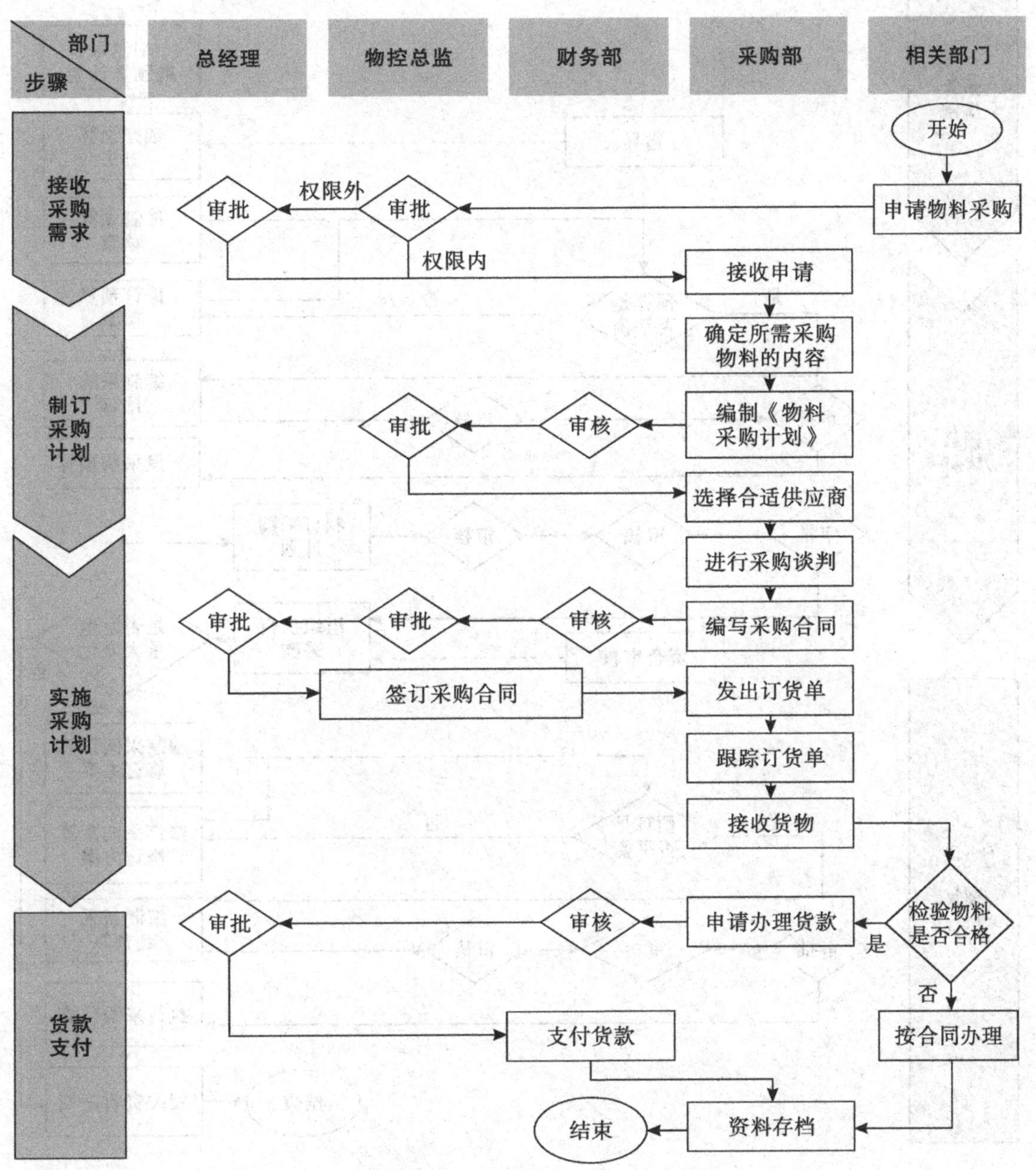

二、物料采购预算编制流程

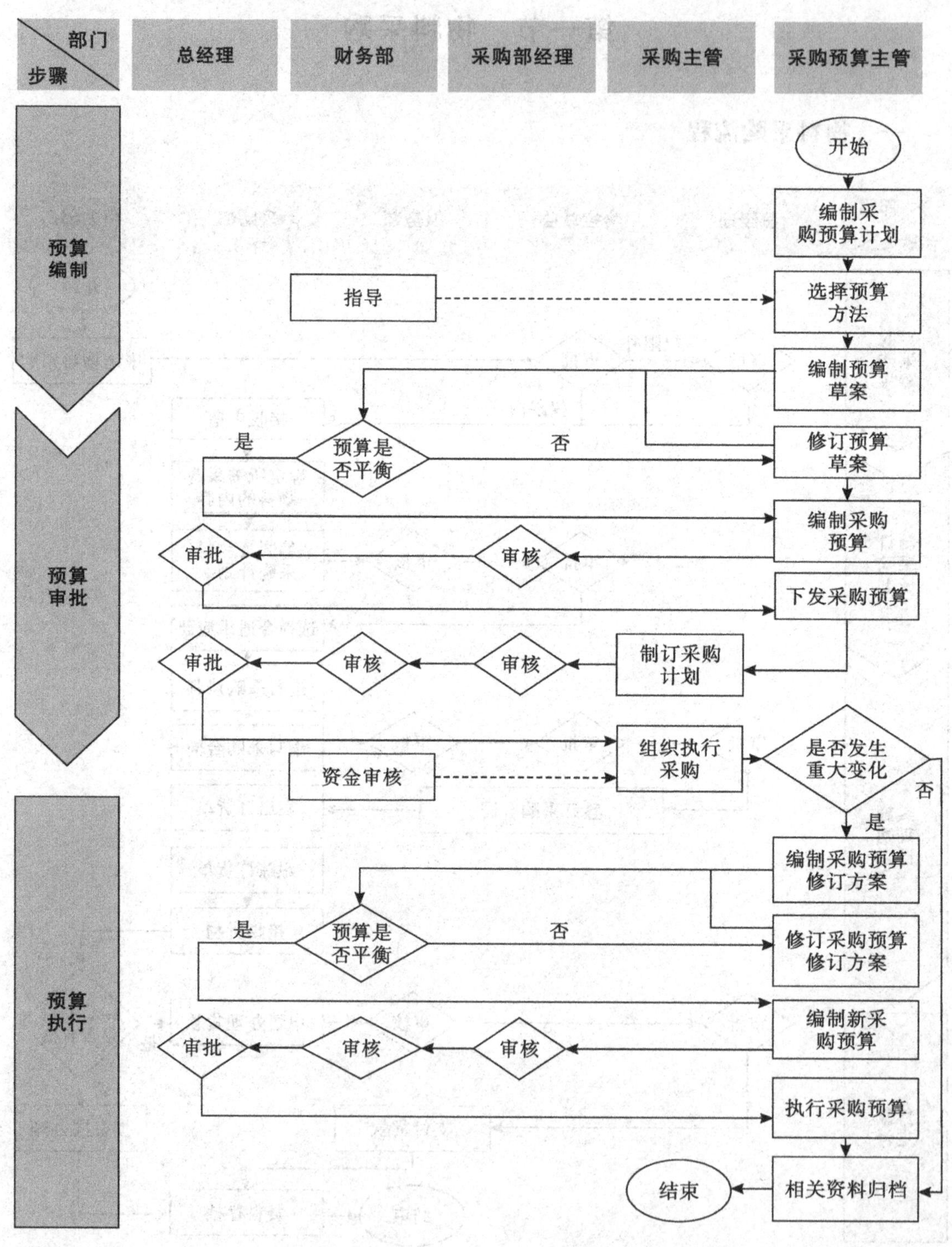

三、物料采购管理制度

制度名称	物料采购管理制度			受控状态	
				编　　号	
执行部门		监督部门		编修部门	

第 1 章　总则

第 1 条　目的。

（1）达成工厂生产目标，保证生产供应。

（2）保证采购物料质量，控制采购成本。

（3）加强工厂采购管理，规范采购工作，保证采购的合法性和规范性。

第 2 条　适用范围。

本制度适用于本工厂生产原材料、辅助材料及零配件等所有物料的采购。

第 3 条　采购工作目标。

（1）根据工厂生产需求做好物料采购工作，保证生产物料的供应。

（2）在保证物料供应的前提下控制采购成本。

（3）处理好与供应商的关系，优化工厂所需物料的供应渠道。

第 2 章　物料请购管理

第 4 条　工厂的各物料请购部门应根据部门本身的职权向采购部提出请购申请，具体职权划分如下。

（1）生产部，请购计划期间的用料或常备用料。

（2）仓储部，请购预备物料或其他物料。

第 5 条　请购单的填写。

（1）请购部门的经办人员应依据存量管理基准、用料预算、库存状况开立“物料请购单”，并注明物料的品名、规格、数量，需要日期，请购部门，对物料的特殊要求及注意事项等，经部门经理签字确认后，送交采购部。“物料请购单”的样式如下表所示。

物料请购单

编号：　　　　　　　　　　　　　　　　　　　　请购日期：____年__月__日

请购项目	物料名称		物料规格	物料编号	请购部门	请购数量
	用途说明		需要日期		预算编号	
			总经理		上级主管	
			物控总监		经办人	
	料别	□ 原材料	□ 辅助材料	□ 燃料	□ 零配件	□ 其他
	交货情况	□ 一次交货	□ 分批			

（续）

<table>
<tr><td>说明</td><td colspan="10"></td></tr>
<tr><td rowspan="8">询价记录</td><td>供应商名称</td><td>单价</td><td>总价</td><td>交货期及品质</td><td>供应商选择</td><td rowspan="5">参考资料</td><td>库存量</td><td></td><td>可用天数</td><td></td></tr>
<tr><td></td><td></td><td></td><td></td><td></td><td>请购量</td><td></td><td>可用天数</td><td></td></tr>
<tr><td></td><td></td><td></td><td></td><td></td><td rowspan="3">前次购买单价</td><td rowspan="3"></td><td rowspan="3">供应商</td><td rowspan="3"></td></tr>
<tr><td></td><td></td><td></td><td></td><td></td></tr>
<tr><td></td><td></td><td></td><td></td><td></td></tr>
<tr><td></td><td></td><td></td><td></td><td></td><td rowspan="2">总经理</td><td rowspan="2" colspan="2"></td><td rowspan="2">采购部经理</td><td rowspan="2"></td></tr>
<tr><td></td><td></td><td></td><td></td><td></td></tr>
<tr><td></td><td></td><td></td><td></td><td></td><td>物控总监</td><td colspan="2"></td><td>采购专员</td><td></td></tr>
</table>

（2）如果“物料请购单”不只一份，应按照需求日期的先后顺序装订成册后送采购部。

（3）重要的物料或由特定供应商供应的物料，物料请购部门应在“物料请购单”上注明或单独进行请购。

（4）需用日期相同，且属同一供应商供应的统购物料时，请购部门应以“一单多品方式”提出请购。

（5）物料紧急请购时，请购部门应在物料请购单的“说明”栏中注明原因，并加盖紧急采购章，以“急件卷宗方式”递交采购部。

（6）物料需要通过精密设备或繁杂的工序检验后方可采用时，请购部门应在“说明”栏中注明物料检验所需要的期限。

第 6 条　请购的审批权限。

（1）请购物料的总金额在 100 000 元以下时，请购部门主管签字确认后，交由物控总监进行审批。

（2）请购物料的总金额在 100 000 元以上时，请购部门主管和物控总监分别签字确认后，交由总经理进行审批。

第 7 条　“物料请购单”的撤销。

（1）因工作失误等原因致使“物料请购单”填写错误并已送到采购部时，请购部门发现后应立即通知采购部，并在已填写好的“物料请购单”上写明撤销原因，加盖撤销章后取回请购单，但其中一联应留存采购部。

（2）若采购部根据错误的采购单已发出订货单，采购部应积极同供应商联系，协商解决，取消订货单或转采别的物资。

（3）若因人为原因造成工作失误，由相关人员承担相应的责任。

（续）

第 3 章 采购作业管理

第 8 条 采购部接到“物料请购单”后应完成以下作业。

（1）进行审核，对越权审批的“物料请购单”直接退回请购部门。

（2）收集所请购物料的仓储资料。

第 9 条 采购部人员根据“物料请购单”与仓储数量等资料计算最经济的物料采购数量等，并根据确定的采购数量、采购对象、采购方式、采购时间等编制采购计划，报财务部审核、物控总监审批。

第 10 条 采购预算的编制。

（1）采购人员根据物料采购计划选用合适的方法编制采购预算。

（2）编制的采购预算必须在考虑工厂的销售计划与资金支付能力的基础上进行平衡。

（3）编制好的采购预算必须得到财务部的审核通过。

第 11 条 供应商的选取。

（1）应从工厂的供应商名单中选取合适的供应商。

（2）若供应商名单中无合适供应商，则由采购人员走访市场进行询价，选择不少于三家正当供应商。

（3）组织质检部、财务部、技术部等相关部门对供应商进行审查，将审查合格的供应商记录在工厂供应商名单中。

第 12 条 采购方式的选择。

（1）工厂所采购的物料总金额超过 100 000 元时，必须采用竞标的方式进行采购。

（2）工厂采购除采用规定的直接采购、间接采购等方法外，还应根据物料的特性与需求量，采用以下方式进行采购。

① 集中采购。具有共同性的物料，集中采购可降低费用时，采购部应根据请购需求定期进行采购。

② 长期采购。凡经常使用且用量比较大的物料，采购部应联合其他部门对供应商进行考核，考核通过后与供应商签订长期供货协议。

第 13 条 与供应商谈判。

与供应商谈判的原则和流程如下表所示。

与供应商谈判的原则和流程表

与供应商谈判的原则	与供应商谈判的流程
合作原则	与供应商联系
认同原则	与供应商谈判
平等原则	与供应商讨价还价
互惠互利原则	与供应商达成协议
坚持客观标准原则	签订合同

（续）

第 14 条　采购合同由采购部人员在法律顾问的指导下拟订，须由财务部进行审核，并根据职权范围交由物控总监或总经理审批。相关人员就合同中的条款提出建议或意见，采购部人员应据此修订合同并与供应商协商。

（1）合同总金额在 300 000 元以下时，经财务部审核后，交由物控总监签订采购合同。

（2）合同总金额在 300 000 元以上时，经财务部审核后，交由总经理签订采购合同。

第 4 章　采购作业控制

第 15 条　采购人员根据采购合同的约定向供应商发出订货单后，必须对订货单进行跟踪。

第 16 条　采购人员按照采购的先后顺序将物料订货单编辑成册，并结合采购进度计划制订每日的跟催计划，防止出现延期供货的情况，从而影响生产的进度。

第 17 条　采购人员未能按采购进度采购时，填写“采购进度异常报告单”，注明异常的原因及预计完成日期，经采购部经理审核后转送请购部门，根据请购部门的意见拟订对策进行处理。

第 18 条　采购的物料到达工厂后，采购人员应办理相应的接收手续，并配合相关部门对采购的物料进行验收。

（1）物料验收合格，即物料规格、质量等符合合同要求，则由采购部办理货款支付手续。

（2）物料验收不合格，则按合同约定方式办理。

第 19 条　货款的支付。

（1）采购部将质检部、仓储部签字盖章的“物料验收单”与“物料进库单”收集整理后，交财务部进行核算、付款。

（2）若采购来的物料数量有缺失，则按照实际数量付款。

第 20 条　采购部将本次采购的所有相关资料进行整理存档。

第 5 章　紧急请购管理

第 21 条　紧急请购定义。

紧急请购是指工厂在生产经营紧急的情况下，来不及纳入正常请购计划而必须立即进行物资采购的行为。

第 22 条　当出现以下五种情形之一时，工厂需进行紧急请购。

（1）生产部即将停工待料。

（2）事故紧急抢险。

（3）市场出现急剧变化。

（4）工厂临时决定变更产品工艺。

（5）影响工厂生产和经营的其他情况。

第 23 条　工厂紧急请购实施分为一般紧急请购实施和特殊紧急请购实施，具体实施步骤参考工厂《紧急请购实施方案》。

（续）

<table>
<tr><td colspan="6">第6章 附则
第24条 本制度由采购部制定，其解释权、修改权归采购部所有。
第25条 本制度经总经理办公会议审议后，自下发之日起执行。</td></tr>
<tr><td rowspan="3">修订记录</td><td>修订标记</td><td>修订处数</td><td>修订日期</td><td>修订执行人</td><td>审批人签字</td></tr>
<tr><td></td><td></td><td></td><td></td><td></td></tr>
<tr><td></td><td></td><td></td><td></td><td></td></tr>
</table>

四、物料采购计划编制方案

<table>
<tr><td rowspan="2">文书名称</td><td rowspan="2">物料采购计划编制方案</td><td>编　　号</td><td></td></tr>
<tr><td>受控状态</td><td></td></tr>
<tr><td colspan="4">一、目的
为确保工厂采购人员能够制订出科学、合理的物料采购计划，确保所采购物料能够满足工厂的生产需求，降低采购的成本与费用，特制定本方案。
二、采购计划编制人员职责
（1）采购部经理负责采购计划的审批及采购计划人员的指导。
（2）采购计划人员负责物料采购计划的制订工作。
（3）物控部、生产部等相关人员负责辅助物料采购计划的制订工作。
三、编制物料采购计划
（一）物料采购计划的编制依据
物料采购计划人员应按以下依据编制物料采购计划。
（1）采购范围说明，包括生产计划书、销售计划书等。
（2）需购物料的说明。
（3）采购所需资源。
（4）需购物料的市场状况。
（5）相关的计划结果。
（6）采购时的制约条件与基本假设。
（二）物料采购计划的编制程序
（1）采购计划人员需收集需购物料的规格、品质要求等信息。
（2）采购计划人员需分析需购物料的库存情况并确定采购数量。
（3）采购计划人员根据需购物料信息和库存情况等确定采购方式。
（4）采购方式确定后，采购计划人员需预测采购成本与费用。</td></tr>
</table>

（续）

（5）采购计划人员预测采购成本与费用后，编制正式的采购计划并报审。

（6）采购计划人员需根据物料分析结果，编制《物料采购计划书》。《物料采购计划书》需包括但不限于下图所示的五项内容。

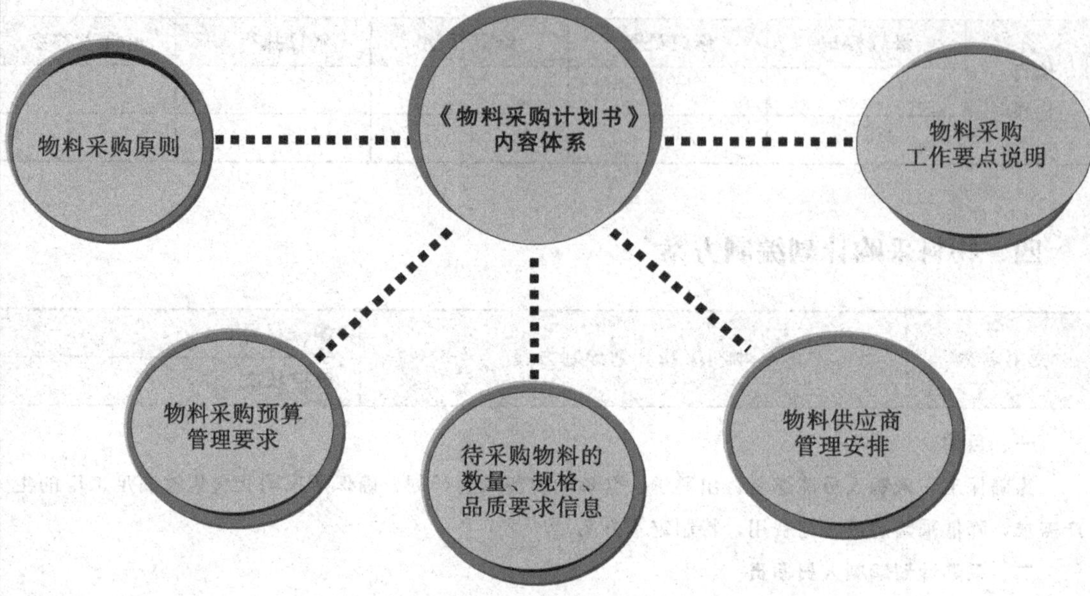

《物料采购计划书》的内容一览图

四、编制物料采购预算

采购部预算人员根据采购计划，编制“物料采购预算表”，如下表所示。

物料采购预算表

物料类别	物料名称	采购数量	单价	采购周期	物料成本	人工成本	总成本
总计	物料总预算		人工总预算		物料采购总预算		

（续）

五、采购计划文件管理

采购计划人员负责编制“物料采购计划表”、“物料采购作业计划表”、“物料采购说明表”及采购工作文件等文件，并需根据工厂的相关规定对其进行管理。

（1）“物料采购计划表”如下表所示。

物料采购计划表

编号：　　　　　　　　　　　　　　　　　　　　　　　　日期：____年__月__日

物料名称	规格	经济定量	采购方式	交货期	采购等级	责任人

（2）“物料采购作业计划表”如下表所示。

物料采购作业计划表

采购阶段	实施项目	开始时间	结束时间	责任人	备注
采购准备阶段	收集采购资料				
	确定采购需求				
	确定需购物料并分类				
	选择供应商				
	执行招标计划				
采购实施阶段	向供应商询价并确定价格				
	进行采购招标				
	与供应商签订采购合同				
	执行采购合同				
物料验收阶段	验收需购物料				
	完成采购扫尾工作				

（续）

（3）“物料采购说明表”如下表所示。

物料采购说明表

物料类别	包含内容				关键指标	预算总额
	编号	名称	数量	单价		
					1.	
					2.	
					1.	
					2.	
总预算金额						

（4）采购工作文件

采购工作文件包括《招标书》、“询价单”、《谈判邀请书》、《初步合作意见书》、“供应商调查表”等。此类文书可参考工厂的相关资料，使用时注意不得随意修改已有格式（具体格式略）。

编制人员		审核人员		审批人员	
编制时间		审核时间		审批时间	

五、紧急请购实施方案

文书名称	紧急请购实施方案	编　　号	
		受控状态	

一、目的

为达到以下两点目的，特制定本方案。

（1）明确紧急请购实施的范围、权限、责任和相关控制措施，确保工厂生产的顺利进行。

（2）确保紧急请购行为的规范性和实施的高效率。

二、适用范围

本方案适用于本工厂所有需要的生产原材料、辅助材料及零配件等物料的紧急请购。

三、部门职责

（1）生产部经理根据实际生产情况，对生产用料提出紧急请购申请。

（2）仓储部负责根据库存量向采购部提供短缺物料存货信息。

（3）采购部的具体职责如下所示。

① 采购部根据仓储部物料库存信息、过往物料需求状况以及市场现状，对由市场等其他原因导致的紧急请购提出申请。

（续）

② 采购部对已审批的紧急请购，迅速组织购买，并尽快向相关部门提供紧急请购的物料。

四、紧急请购发生原因

紧急请购发生的原因如下表所示。

紧急请购原因一览表

原因	说明
生产计划不当	1. 销售预测发生偏差，追加销售数量或插入紧急订单时，原材料没有足够库存 2. 制订生产计划时，只依据外售数量安排物料需求量，忽略自用数量
存货管制失误	1. 实际库存数量少于账面数量，领用时才发现短料 2. 库存物料品质不符合要求，无法使用
请购时间拖延	1. 物控系统或人员失误，未及时开出“物料请购单”，库存耗尽时才发现 2. 预算不足或请购规格无法确认，磋商或拖延时间太长
采购时机延误	1. 供应商未依约交货，需紧急转向其他来源采购 2. 由于市场原因，物料来源渐趋短缺，需紧急增加请购数量，以备不时之需 3. 采购人员与供应商议价耗时过长，致使后续环节时间不足

五、紧急请购实施的条件

当出现以下情况之一时可以实施紧急请购。

（1）目前生产急需，且如果按正常请购程序请购，将不能及时满足生产所需。

（2）市场短期内会有大的变化，并直接导致物料价格大幅上涨。

（3）由于特殊原因，可以预测短期内某项物料需求会大幅上涨，而库存不够，但按正常请购程序请购会延误时机。

六、紧急请购实施步骤

（一）一般紧急请购实施步骤

（1）相关部门填写“物料请购单”，在“说明”栏内标注紧急请购的原因，加盖紧急采购章，提出紧急请购申请。

（2）报总经理审批后送交采购部。

（3）采购部设专员办理。

（续）

<table>
<tr><td colspan="6">

（4）采购专员根据“从速从优”的原则购买所需物料。

（二）特殊情况的紧急请购实施步骤

特殊情况可由总经理通过电话、传真、邮件等形式通知采购部先行办理采购事宜，但相关部门必须在三个工作日内补齐相关手续，其具体步骤如下所示。

（1）相关部门经理通过电话、传真、邮件等形式上报总经理。

（2）总经理通过电话、传真、邮件等形式通知采购部经理。

（3）采购部经理指定专员迅速安排购买事宜。

（4）相关部门补填“物料请购单”，在“说明”栏内标注紧急请购的原因，并注明是特殊情况下的紧急请购，加盖紧急采购章，送交总经理审批。

（5）总经理审批后送交采购部。

七、紧急请购应对策略

（一）针对市场变化

关注市场变化，及时把握采购时机。

（二）针对供应商管理

（1）供货渠道多元化，拥有不少于两家供应商。

（2）定期关注物料供应市场，储备至少五家供应商信息。

（3）及时掌握约定供应商的状况，做好供应商评估，选择恰当的供货渠道，确保供应商交货时间。

（三）针对本工厂物料管理

（1）跟踪订货单，做好物料跟踪，及时掌握物料信息。

（2）做好存货管理、生产计划等，及时掌握本工厂物料需求及库存状况。

（3）建立紧急请购绿色通道，使紧急请购申请能尽快审批和下达，尽可能争取充足的采购时间。

</td></tr>
<tr><td>编制人员</td><td></td><td>审核人员</td><td></td><td>审批人员</td><td></td></tr>
<tr><td>编制时间</td><td></td><td>审核时间</td><td></td><td>审批时间</td><td></td></tr>
</table>

第二节　供应商管理

一、供应商开发流程

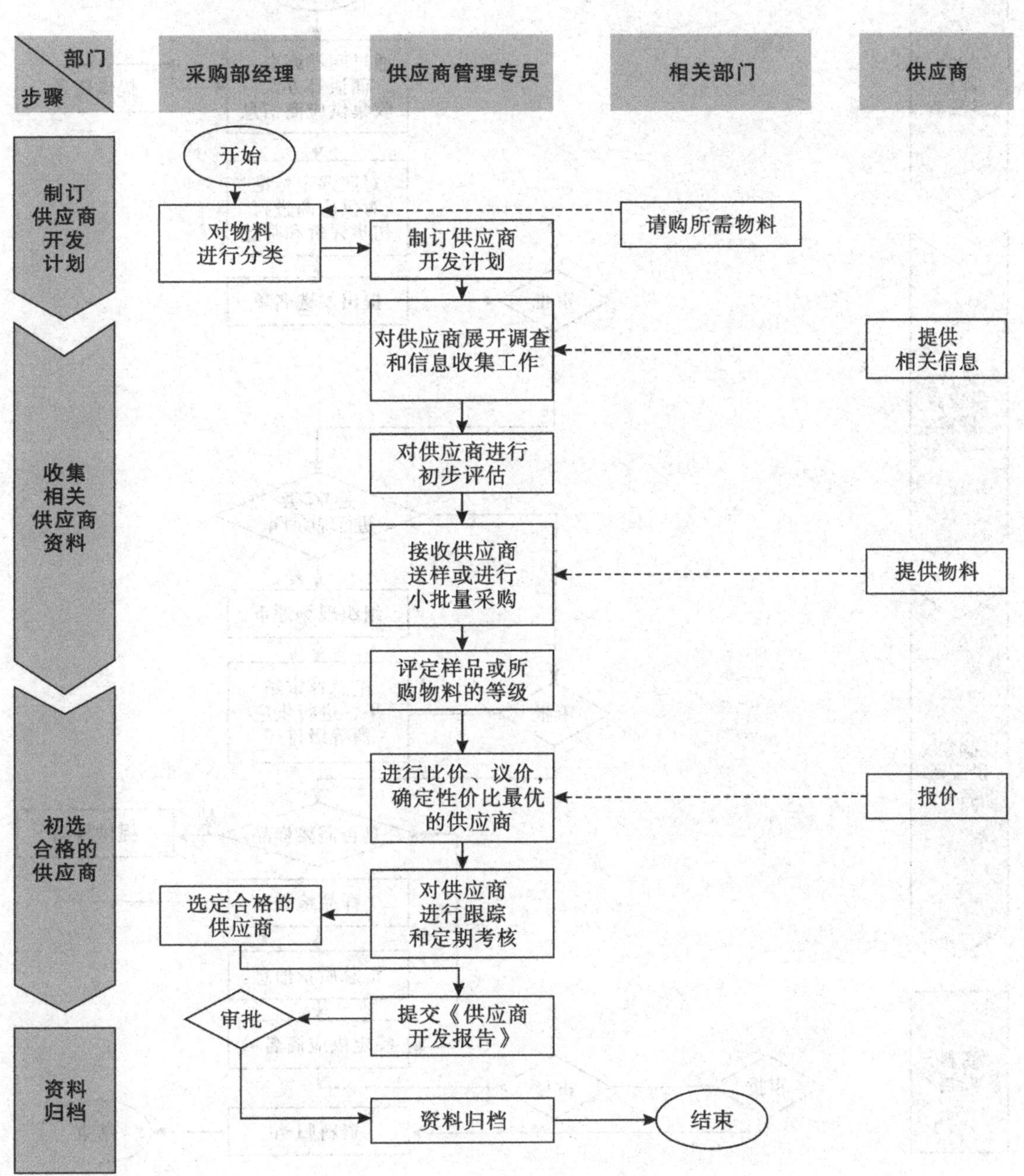

二、供应商选择流程

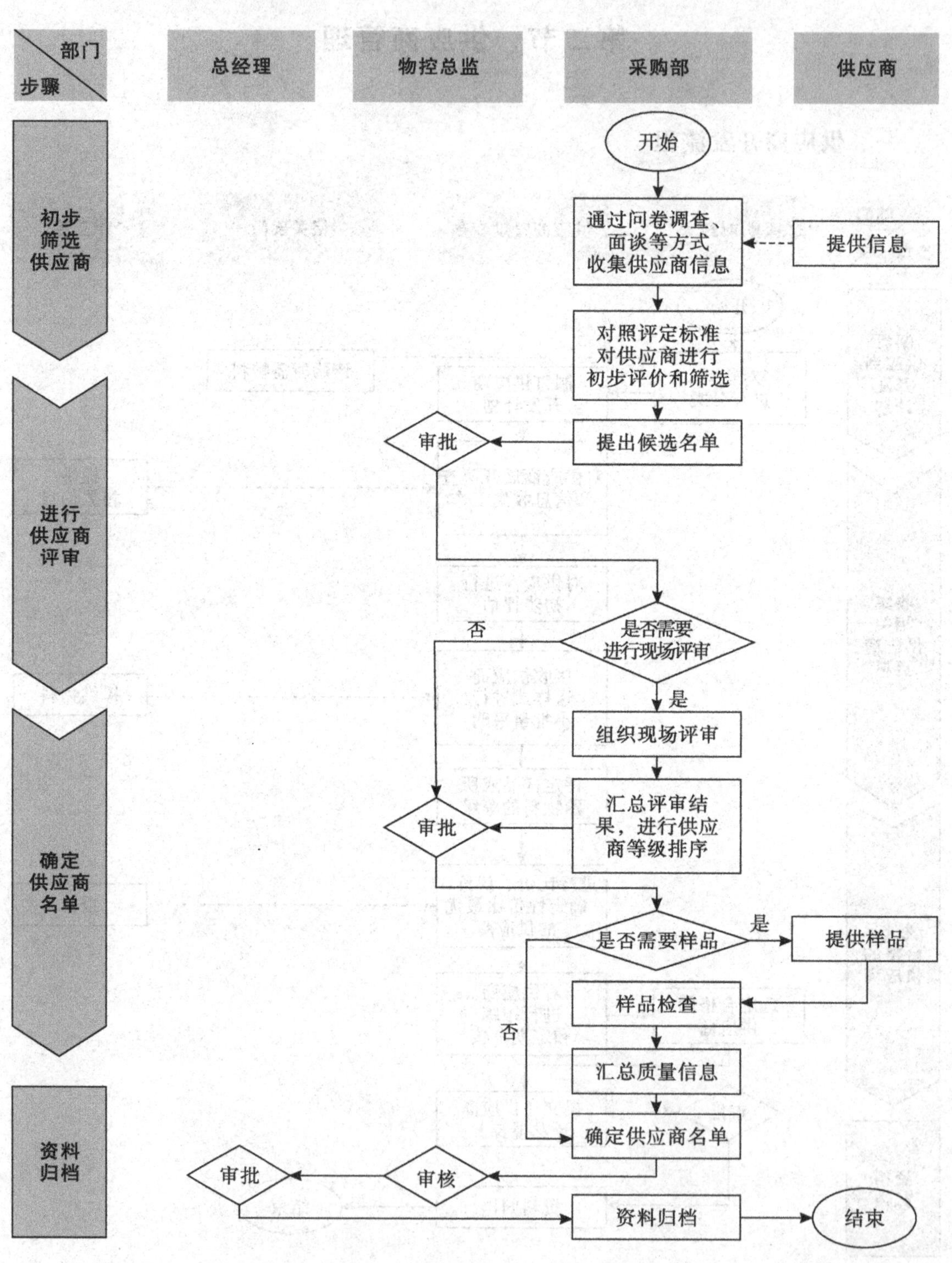
部门
步骤
总经理
物控总监
采购部
供应商
初步筛选供应商
进行供应商评审
确定供应商名单
资料归档
开始
通过问卷调查、面谈等方式收集供应商信息
提供信息
对照评定标准对供应商进行初步评价和筛选
提出候选名单
审批
是否需要进行现场评审
否
是
组织现场评审
汇总评审结果，进行供应商等级排序
审批
是否需要样品
是
提供样品
否
样品检查
汇总质量信息
确定供应商名单
审核
审批
资料归档
结束

三、供应商评估流程

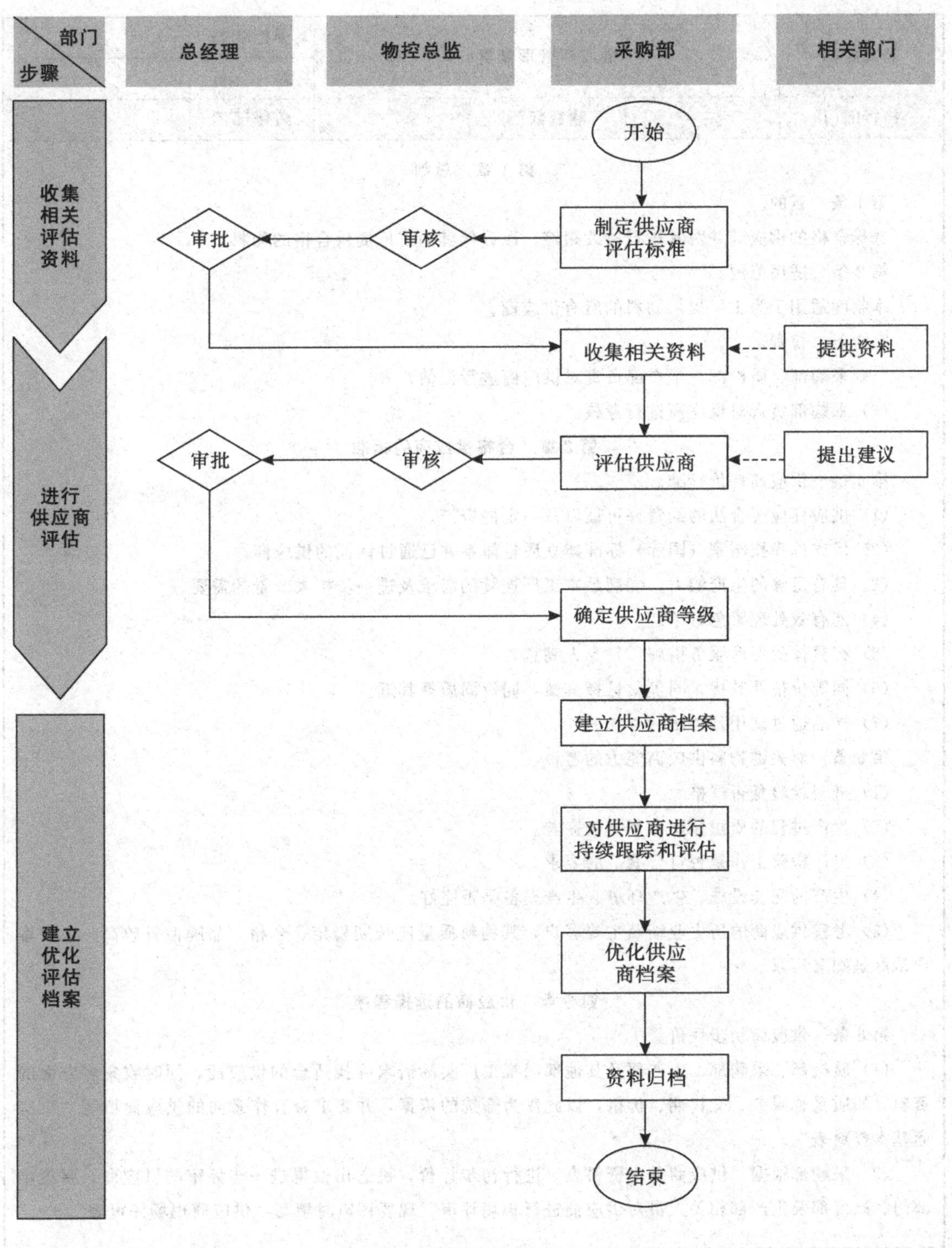

部门
步骤
总经理
物控总监
采购部
相关部门
收集相关评估资料
进行供应商评估
建立优化评估档案
开始
制定供应商评估标准
审核
审批
收集相关资料
提供资料
评估供应商
提出建议
审核
审批
确定供应商等级
建立供应商档案
对供应商进行持续跟踪和评估
优化供应商档案
资料归档
结束

四、供应商管理制度

<table>
<tr><td rowspan="2">制度名称</td><td colspan="3" rowspan="2">供应商管理制度</td><td>受控状态</td><td></td></tr>
<tr><td>编　号</td><td></td></tr>
<tr><td>执行部门</td><td></td><td>监督部门</td><td></td><td>编修部门</td><td></td></tr>
</table>

第1章　总则

第1条　目的。

选择合格的供应商并对其进行持续跟踪，以确保其为工厂提供合格的物料。

第2条　适用范围。

本制度适用于为工厂提供物料的所有供应商。

第3条　权责。

（1）采购部、质检部、生产部负责对供应商进行评估。

（2）采购部负责对供应商进行考核。

第2章　合格供应商的标准

第4条　供应商评价标准。

（1）供应商应有合法的经营许可证以及一定的资产。

（2）优先选择按国家（国际）标准建立质量体系并已通过认证的供应商。

（3）具有足够的生产能力，能满足本工厂连续的需求及进一步扩大产量的需要。

（4）能有效处理紧急订单。

（5）有具体的售后服务措施，且令人满意。

（6）同等价格择其优，同等质量择其廉，同价同质择其近。

（7）样品通过试用且合格。

第5条　对关键物料供应商能力的考核。

（1）进料检验是否严格。

（2）生产过程的质量保证体系是否完善。

（3）出厂检验工作是否符合我厂的要求。

（4）生产的配套设施、生产环境、生产设备是否完好。

（5）考察供应商的历史业绩及主要客户，其物料质量应长期稳定、合格、品牌信誉较高，主要客户最好是知名厂家。

第3章　供应商的选择程序

第6条　供应商初步评价。

（1）质检部、采购部、生产部及其他部门视工厂实际需求寻找适合的供应商，同时收集多方面的资料，如质量、服务、交货期、价格，以此作为筛选的依据，并要求有合作意向的供应商填写“供应商基本资料表”。

（2）采购部根据“供应商基本资料表”进行初步评价，挑选出值得进一步评审的供应商，召集本部门、质检部及生产部相关人员对供应商进行现场评审。现场评审时填写“供应商现场评审表”。

（续）

（3）在对供应商进行初步评审时，采购部需确定所采购的物料是否符合政府法律法规的要求和安全要求，对于有毒品、危险品，应要求供应商提供相关证明文件。

第7条　供应商的现场评审。

（1）根据所采购物料对产品质量的影响程序，将采购的物料分为关键、重要、普通物料三个级别，不同级别实行不同的控制等级。

（2）对提供关键与重要物料的供应商，采购部、质检部、生产部应进行现场评审，并由采购部填写“供应商现场评审表”，质检部、生产部签署意见，供应商现场评审的合格分数须达到70分。

（3）对提供普通物料的供应商，无需进行现场评审。

第8条　《供应商质量保证协议》的签订。

（1）采购部负责与审批合格的供应商签订《供应商质量保证协议》，其范例如下所示。

供应商质量保证协议

____供应商：

感谢贵工厂多年来的大力支持。为确保购销合同能够顺利执行，双方的合作不受影响，我工厂（简称为甲方）对从供应商（简称为乙方）处所采购或委托加工的物料做如下规定。

一、目的

为明确甲方对乙方的质量要求，并在乙方所供应的物料不合格时，作为处理和索赔的依据，特制定本协议。

二、签订合同

（1）采购或委托加工以双方签订《××物料购销合同》形式确认，乙方需在收到甲方合同三天内对合同进行签字确认，合同一经签订即具有法律约束力，必须严格履行。

（2）甲方提供的合同号需在乙方提交的所有交货资料（装箱单、质量证明资料）上标明。

三、质量要求

（1）乙方为甲方提供的物料，其质量、性能必须符合甲方的物料技术标准或外协品内控标准。

（2）乙方每次送货时，必须提供物料合格证或自检报告等证明物料合格的材料。

（3）乙方的产品包装必须符合甲方的要求，包装必须注明生产日期、生产批号、有效期、重量等。

（4）当甲方的客户需要到乙方处进行验证时，乙方应给予安排并配合验证工作。

（5）乙方必须保证百分之百地及时供货。

四、质量记录

如外购、外协物料的质量直接影响甲方产品的质量，乙方必须采取切实可行的生产工艺和控制方法对其物料的质量进行有效控制，并保存必要的质量记录资料（如工艺卡、原材料证明、检验记录、加工过程参数记录等），以便甲方进行现场审核。

五、物料标识

提供外协加工物料的乙方，需在图纸规定位置或非加工表面明显位置，用钢印或其他不易消失的方法，清楚地标刻上供应商的代号、零件号（按合同所规定使用的图纸或物料清单）、合同号。

（续）

六、交货期及包装

（1）乙方应按合同签订日期或甲方提前通知交货期（传真）按时交货至甲方。如延期交货，乙方需予以书面说明，并承担由此所造成的一切责任。

（2）物料需按合同号装箱，“装箱单”上需注明合同号、货号、物料名称、包装件数、数量、检验人员。乙方需提供适当包装箱和包装物，以确保所有物料在运输途中不会受损；如有影响到物料质量的损坏，甲方将按不合格物料退回。

七、质量证明资料

乙方在物料出厂前需对所供物料实施全部的检验，以及必需的化学成分及其他方面的测试，并在送货时随“装箱单”提交检验报告和有关材质证明、材质化验报告等。

八、入厂检验及不合格品处理

（1）甲方质检部将对进厂的物料进行 100%全检或抽样检验，发现不合格品时将出具“进料异常报告单”，乙方需对不合格品进行原因分析并制定纠正措施，在生产中加以改进，确保同类缺陷不再发生。

（2）“进料异常报告单”需传回甲方采购部，以方便甲方对乙方的纠正措施实施效果进行验证。

（3）同时，检验不合格的物料将退回给乙方，并由乙方负担甲方实际发生的运输费及试验费。

（4）如在生产过程中出现属乙方原因的不合格品，也将退回给供应商。乙方需理解上述要求，签字并将此协议作为合同附件。本协议与所签订的合同具有同等效力，未尽事宜双方友好协商解决。

备注：虽然甲方对关键物料、重要物料、普通物料进行性能试验或检验，但在使用过程中如出现质量问题，乙方不能推卸责任，应负担全部损失。

本工厂（甲方）代表（盖章）： 供应商（乙方）代表（盖章）：

签订日期：____年__月__日 签订日期：____年__月__日

（2）《供应商质量保证协议》一式两份，双方各执一份，作为供应商提供合格物料的一种契约。

第 9 条 提出样品需求。

（1）如果工厂有样品需求，采购部采购人员通知供应商送交样品，质检部相关人员需对样品提出详细的技术质量要求，如品名、规格、包装方式等。

（2）样品应为供应商正常生产情况下的代表性产品，数量应多于两件。

第 10 条 样品的质检。

（1）样品在送达工厂后，由质检部、生产部共同完成对样件的材质、性能、尺寸、外观质量等方面的检验，并填写“样品检验确认表”。

（2）经确认合格的样件，需在样件上贴“样件”标签，并注明合格，标识检验状态。

（3）合格的样件至少为两件，一件返还供应商，作为供应商进行生产的依据，一件留在质检部作为今后检验的依据。

（续）

第 11 条　确定合格供应商的名单。

(1) 在“供应商基本资料表”、“供应商现场评审表”、《供应商质量保证协议》和“样件检验确认表”四份资料完成后，采购部将供应商列入“合格供应商名单”，交总经理批准。

(2) 原则上，一种物料需储备两家或两家以上的合格供应商，以供采购时选择。

(3) 对于唯一供应商或独占市场的供应商，可直接列入“合格供应商名单”。

(4) 接单生产时，如果客户指定供应商名单，采购人员必须按客户提供的供应商名单进行采购。客户提供的供应商名单直接列入“合格供应商名单”，如需从非客户提供的供应商处采购，必须事先得到客户的书面同意。

(5)“合格供应商名单”在每次的供应商考核结果得出后进行修订，删除不合格供应商，修订后的“合格供应商名单”由总经理批准后生效。

第 4 章　供应商的监督与考核

第 12 条　考核对象。

供应商考核对象为列入“合格供应商名单”的所有供应商。

第 13 条　考核方法。

工厂对供应商实行评分分级制度。供应商的考核项目包括质量、交期、服务、价格水平等方面的内容。

第 14 条　考核频率。

关键、重要物料的供应商每月考核一次，普通物料的供应商每季度考核一次。

第 15 条　考核结果的处理。

(1) 考核结果在 90 分以上的供应商，优先采购。

(2) 考核结果在 80～89 分的供应商，要求其对不足部分进行整改，并将整改结果以书面形式提交。供应商评价小组对其提交的纠正措施和整改结果进行确认。

(3) 考核结果在 70～79 分的供应商，要求其对不足部分进行整改，并将整改结果以书面形式提交。供应商评价小组对其提交的纠正措施和整改结果进行确认，并决定是继续向其采购还是停止采购或减少采购量。

(4) 对考核结果在 69 分以下的供应商，需从“合格供应商名单”中删除，并终止向其采购。

(5) 考核标准和考核结果由采购人员书面通知供应商。

第 16 条　对合格供应商的交期监督。

采购人员应要求供应商准时交货，同时应记录由于供应商原因引起分批发运造成的超额费用。

第 17 条　对合格供应商的质量监督。

(1) 质检部和采购部应保存合格供应商的供货质量记录。如批量物料不合格，应及时通知供应商，对供应商提出警告；如连续两批物料不合格，则暂停采购，另选供应商或待其提高物料质量后再行采购。

(2) 对不合格的供应商，应取消其供货资格，并修订“合格供应商名单”。

（续）

第5章　供应商政策的执行与反馈

第18条　供应商管理部门的执行职责。

供应商管理部门在接到“供应商政策执行通知书”后，按规定的执行日期执行，并严格执行保密制度；在政策执行的过程中，若发现任何问题，应立即反馈给采购部。

第19条　供应商政策的临时性变更。

（1）出现下列情况时，经工厂物控总监书面同意后，可对某些供应商的政策做临时性调整。

① 某供应商的发展战略或地域销售政策发生对工厂有利或不利的重大调整。

② 某供应商决定把我厂作为重要客户。

③ 重要供应商出现临时性的重大经营危机。

④ 市场供应价格发生剧烈震荡，使供应风险骤然加大，供需双方需要相应做出重大的政策调整。

⑤ 其他需做出临时性调整的情况。

（2）临时性供应商等级调整同样应填写“供应商等级变动申请表”，并在表格右上方注明“临时”字样和调整时限。

（3）一旦调整结束，应立即恢复其原有等级，如仍需继续保留临时等级，需报总经理特批，并于该季度在供应商评审会议上通过。

第6章　供应商质量体系

第20条　对供应商质量体系的要求。

每年由采购部组织供应商学习质量体系标准，并要求供应商制订质量体系推行计划，原则上要求供应商通过质量体系认证，并逐步符合质量体系要求。

第21条　供应商质量体系的评定。

（1）重要、关键物料的供应商每年评定一次，普通物料的供应商每两年评定一次。

（2）质检部制订评定计划，采取评定小组（物控、开发、质量）现场评定，或供应商自我评定的办法。

（3）评定内容主要是按质量体系制定的“供应商质量体系评定表”。

（4）如果供应商通过了质量体系的第二方或第三方认证，由采购人员索取供应商的认证证明资料（证书或报告）后，可免除评定。

第7章　附则

第22条　本制度由采购部制定、解释和修订。

第23条　本制度报总经理审批后，自颁布之日起执行。

修订记录	修订标记	修订处数	修订日期	修订执行人	审批人签字

五、供应商考核方案

文书名称	供应商考核方案	编　　号	
		受控状态	

一、目的

为保证工厂与供应商有效合作，鼓励供应商在品质、交货期、价格、优惠条件等多方面进行改善，提高采购质量，降低采购成本，工厂需对供应商的各项指标进行阶段性的评估与考核，特制定本方案。

二、职责划分

（1）采购部负责制订供应商考核标准、考核文件与考核计划，组织开展供应商考核工作，并根据考核结果编制相应的评估报告，指导采购作业。

（2）质检部、技术部参与供应商考核工作。

（3）总经理负责供应商考核结果的审批。

三、考核实施细则

（一）考核类别

供应商考核分为月度考核与季度考核两类。

（二）考核项目及评分标准

工厂需从物料质量状况、物料交付情况、物料价格水平、服务质量与管理能力五个方面对供应商进行考核，其具体考核标准如下表所示。

供应商考核项目及标准

考核内容及权重		考核标准		考核得分
考核内容	权重	评分说明	得分	
物料质量状况	60%	◎ 主要从进料检验合格率与现场生产不良退货率两方面考核（各占30%） ◎ 进料检验合格率达到____%，得____分；每低____%，减____分 ◎ 现场生产不合格率不高于____%，得____分；每高出____%，减____分		
交付情况	15%	准时交货率达到____%，得____分；每低____%，减____分		
价格水平	10%	与同类物料采购价格市场平均水平相比较，划分为偏高（____分）、居中（____分）、偏低（____分）三个等级		
服务质量	10%	满意度评价达到____分，得____分；每低____分，减____分		
管理能力	5%	主要从管理人员流动率、员工培训状况、工厂发展前景等方面进行考核，具体考核标准参照工厂相关规定确定		

（续）

四、考核实施程序

（1）采购部在对供应商进行考核时，需收集供应商的相关信息。信息的具体内容包括供应商的经营管理水平、物料品质与工序控制情况、设备配置情况、人员构成和专业技术能力水平、财务及信用状况等。

（2）采购部需根据《供应商考核项目及标准》的相关要求对供应商进行考核，并依照工厂的相关规定做好考核记录。

（3）采购部需对考核记录的相关内容进行分析，并根据考核结果对供应商进行等级划分。供应商等级分为四个级别，具体如下所示。

① 一级供应商：考核得分为 90～100 分。

② 二级供应商：考核得分为 80～89 分。

③ 三级供应商：考核得分为 70～79 分。

④ 四级供应商：考核得分为 69 分以下。

（4）采购部需根据分析结果，编制《供应商考核分析报告》及“供应商选择计划表”，并报采购总监、总经理审批。

（5）采购部需根据采购总监及总经理的审批意见，对供应商进行奖惩。

五、供应商的奖惩

针对不同级别的供应商，工厂需采取不同的供应商管理政策，具体内容如下所示。

（1）一级供应商：优先采购此供应商的物料，并酌情增加采购量，货款优先支付。

（2）二级供应商：继续合作，但要求其对不足之处进行调整，采购策略维持不变。

（3）三级供应商：减少采购量，并要求其对不足之处进行整改。采购部对整改结果进行确认后决定是否继续正常采购。

（4）从“合格供应商名单”中删除，终止采购供应关系。

编制人员		审核人员		审批人员	
编制时间		审核时间		审批时间	

第三节　采购谈判管理

一、采购价格管理

采购价格管理是采购部对物料价格进行调查、询问、评估、确定、审核的过程。通过控制采购价格，采购部可在保证所购物料质量的前提下，有效降低采购成本，以实现工厂效益的最大化，因此，工厂需加强对采购价格的管理，其具体过程如下所示。

（一）采购价格调查

工厂在进行采购前应通过调查，确定所需采购供应商物料和服务的大致价格范围。采购价格调查的工作内容具体如下。

1. 明确采购价格种类

工厂进行采购调查前，需要明确供应商所报价格的类别，以便为与供应商进行价格谈判做好准备。工厂采购价格的种类主要包括送达价、出厂价、现金价、期票价、净价、毛价、现货价、合约价、定价、实价十种。

2. 确定调查物料的范围

采购部需根据工厂的实际需要及历史经验，确定物料调查的范围。一般情况下，物料调查的范围需包括 ABC 法确定的 A 类物料、大量采购的常用物料、价格波动性大的物料、性能比较特殊的物料、突发时间紧急采购的物料、对工厂经济效益有重大影响的物料等。

3. 编制物料价格调查方案

采购部需根据物料价格调查要求，编制物料价格调查方案，以明确物料价格的调查目的、调查项目、调查程序、调查人员及职责等内容。

4. 组织物料价格调查实施

采购部需安排相关人员根据“物料价格调查方案”，展开物料价格调查工作，需从同类物料的市场价格、品牌知名度及销售量等方面入手，了解价格的具体成因，并对收集到的数据进行详细记录，填写“采购价格汇总表”。

（二）采购询价

采购专员通过采购调查专员提供的资料和数据，选择符合条件的供应商进行采购询价，以掌握供应市场的动态。其具体工作程序如下所示。

1. 采购询价准备

采购专员需根据工厂采购的实际需要，完成采购询价方法确定、采购询价文件制作、询价供应商名单确定等工作，为采购询价做好准备。

2. 采购询价实施

采购专员需在规定的询价截止日期前收集所有需要询价的供应商报价信息，并将报价信息汇总整理后对询价供应商的报价进行核实与比较，然后选择合适的供应商进行议价。

（三）采购价格评估与确定

对于供应商针对“询价单”的报价，工厂需要比较各供应商的价格差异，并对供应商的报价进行合理性分析，并根据分析结果，同供应商进行议价，以确定最终的采购价格。工厂常见的采购价格评估与确定方法如表 4-1 所示。

表 4-1　采购价格评估与确定方法一览表

方法	概述
固定成本分析与变动成本分析法	工厂将物料成本分为固定成本和变动成本两部分，并收集物料在不同采购数量下的供应商报价，根据物料成本的构成对供应商的报价进行分析，最后，根据分析结果确定物料的采购价格
数量折扣分析法	物料价格随着采购量的变化而变化，工厂根据物料需求计划、物料采购预算及供应商的报价标准，对各采购量下的价格进行评估，确定最优采购数量，进而确定物料的采购价格

（四）采购价格的审查

在采购价格确定之后，采购核价人员需对采购价格进行审核、监督和评价，以判断确定的采购低价是否符合工厂采购的需求。工厂需明确审查时机，确定审查内容，以加强对采购价格的审查管理，其具体要求如图 4-1 所示。

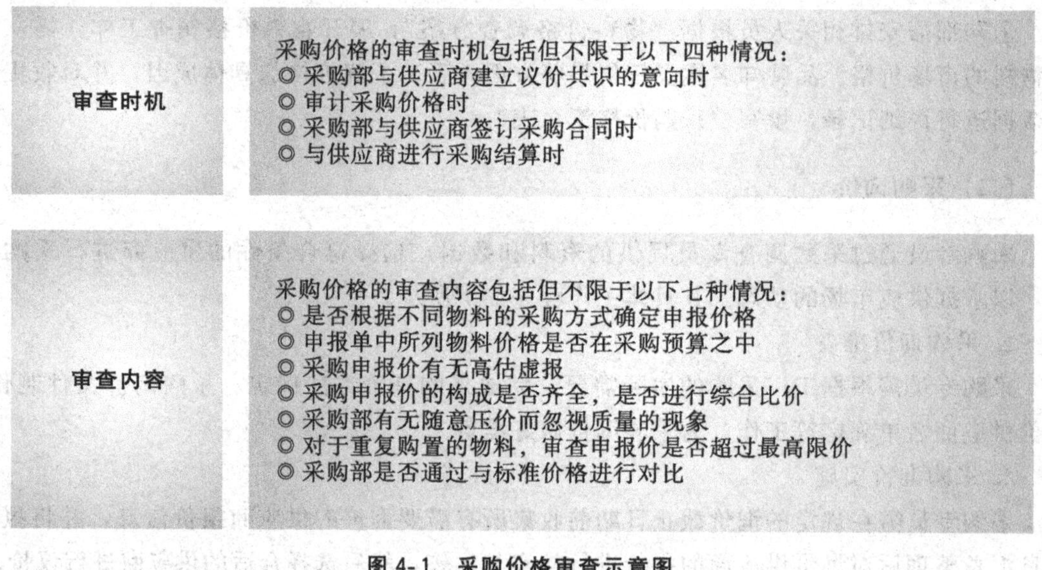

图 4-1　采购价格审查示意图

二、采购谈判准备

采购谈判准备是在进行采购谈判前，工厂采购人员进行各项准备的过程，其工作内容包括成立采购谈判小组、收集谈判信息、确定谈判议程、明确谈判内容、确定谈判目标与底线等，具体如下所示。

（一）成立采购谈判小组

采购部经理需组织成立采购谈判小组，负责供应商谈判的各项相关工作。采购谈判小组由采购部、财务部、质检部、法务部等部门抽调部分人员组成，并由采购部经理担任组长。

（二）收集谈判信息

采购谈判小组在进行谈判前，需对谈判涉及的相关信息进行全面调查与分析，使采购谈判人员能够了解供应商及其提供的商品，进而能够使谈判人员在谈判过程中取得优势，实现采购谈判目标。

采购谈判小组需根据工厂的实际情况及采购谈判需要，选择适合的收集方法进行采购谈判信息的收集，以保证信息的全面、有效。采购谈判信息的收集方法具体如表 4-2 所示。

表 4-2　采购谈判信息收集方法一览表

方法	概述	信息来源
检索调研法	检索调研法是根据现有资料和数据进行调查、整理、分析的方法	◎ 统计资料 ◎ 报纸、杂志 ◎ 专门机构提供的资料 ◎ 谈判供应商提供的相关资料
专题询问法	专题询问法是通过某一个专题向被调查者征询意见，以收集资料的一种信息收集方法	◎ 向供应商企业内部知情人员进行了解 ◎ 向与供应商有过贸易往来的人进行了解 ◎ 向供应商的有关人员进行了解
直接观察法	直接观察法是调查者在调查现场对被调查者的行为与特点进行观察测度的一种信息资料调查方法	◎ 参观供应商的生产经营基地 ◎ 安排非正式的初步洽谈 ◎ 购买供应商的产品进行研究 ◎ 供应商关于设计、生产、计划、销售方面的资料

（三）确定谈判议程

采购谈判议程的确定是关于谈判议题、谈判时间安排等内容确定的过程。在采购谈判初期，采购谈判小组需明确采购谈判议程，以便为采购谈判的后续工作提供有效指导。采购谈判议程的具体内容如表 4-3 所示。

表 4-3　采购谈判议程内容一览表

内容	具体说明
确定谈判主题	◎ 凡是与本次谈判相关的、需双方进行讨论的，都可作为谈判主题 ◎ 采购谈判议题需针对采购原材料的质量、数量、价格水平、运输等方面进行确定
安排谈判时间	◎ 谈判时间的安排，就是确定谈判何时举行，持续多长时间，并对谈判的各个阶段的时间进行安排的过程 ◎ 在安排谈判时间时，需为谈判人员留有充分的准备时间，并要考虑谈判对方的情况，不要把谈判安排在对对方明显不利的时间
制定备选方案	◎ 需对整个谈判过程中双方可能做出的一切行动做正确的估计，并依此设计出可行性的备选方案 ◎ 在制定谈判方案时，要注明在何种情况下使用何种备选方案，以及备选方案的详细内容、操作说明等
安排谈判队伍角色	◎ 采购谈判的角色安排是指在对谈判对手的情况以及谈判环境等因素进行分析研究的基础上，根据谈判的内容、难易程度选择谈判人员，组织高效精干的谈判小组，使其在谈判中扮演各自的角色

（四）明确谈判内容

采购议程确定后，采购谈判小组需明确采购谈判内容。一般情况下，采购谈判的内容分为三个部分。

1. 质量方面

质量方面的谈判内容包括产品的名称、规格和图纸，产品所用物料的规格、标准，模具的寿命和产能，包装材料的要求，采购方进货检验的标准，每批交货允许的次品率，产品拒收的条件和程序等。

2. 交货方面

交货方面的谈判内容包括订单的交货周期、订单周期、最小订单量、标准包装量、允许的订单数量的变动幅度、运输方式、产品的交货时间和地点等。

3. 价格方面

价格方面的谈判内容包括产品单价货币种类、允许的汇率浮动幅度或汇率换算比例、折扣比例、价格条款、运输费用、保险费用、进口关税、付款条款等。

（五）确定谈判目标和谈判底线

谈判目标是指谈判人员与供应商进行谈判的目的。一般谈判的目的都是为了探索双方利益所在、寻找共同获利的可能性、达成原则协议或解决争议性的问题。谈判目标的确定程序如图 4-2 所示。

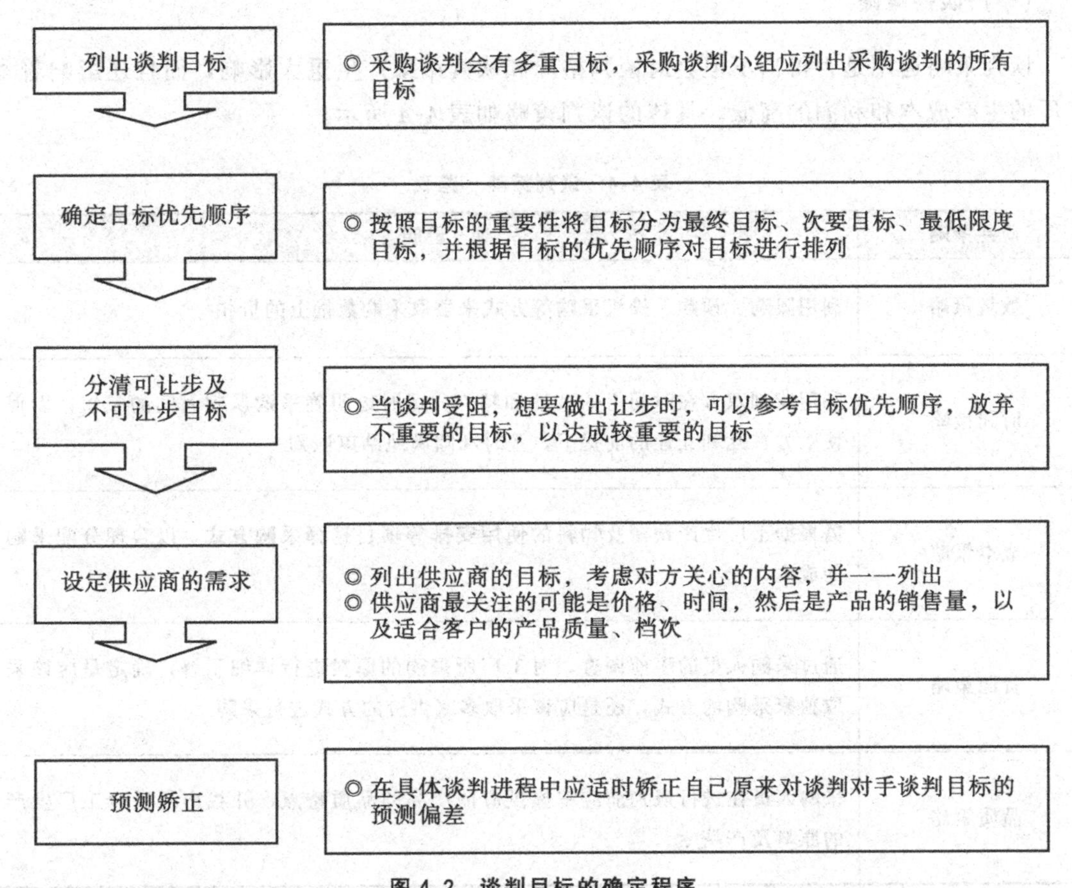

图 4-2　谈判目标的确定程序

工厂在谈判目标确定后，需根据谈判目标，确定工厂在采购物料时愿意支付的物料价格最高值，即谈判底线，并围绕谈判底线展开价格谈判工作。工厂在确定采购谈判底线时应遵循以下原则。

1. 成本最小利益最大原则。

2. 考虑供应商可接受范围。

3. 尽可能地坚持底线。在确保底线设置合理的前提下，无论供应商提出怎样的条件，采购谈判人员都要尽可能地坚持底线。

三、采购谈判策略与技巧

采购谈判的双方为了确保争取本方利益的最大化，在谈判过程中都会运用一些策略和技巧，具体如下所示。

（一）谈判策略

谈判策略运用是否得当不但会对谈判格局和谈判结果产生重大影响，而且还影响着本工厂的生产成本和利润的高低。具体的谈判策略如表 4-4 所示。

表 4-4　谈判策略一览表

谈判策略	说明
数量策略	利用限购、预购、投机采购等方式来争取采购数量上的折扣
时间策略	利用谈判双方在时间上的共性和特点，适时地明确采购谈判时间的长短，以促使双方在互利互让的前提下，及时和圆满地结束谈判
成本策略	需根据工厂生产预期及物料的使用安排等项目选择采购方式，以合理分配采购的成本
货源策略	通过采购人员的事前调查，对工厂所采购的原料进行详细了解，确定是应该采取独家采购的方式，还是应该采取多家供应的方式进行采购
品质策略	采购人员在进行谈判前应掌握供应商产品的品质特点，并找出最适合工厂生产的原料及产品

（二）谈判技巧

采购谈判技巧是在采购谈判过程中，采购谈判人员总结形成的规律性、技巧性的经验。对于工厂采购谈判人员而言，不仅需要掌握己方的还价技巧，还需要掌握对方的报价技巧。

1. 对方的报价技巧

谈判双方需通过报价来表明自己的立场和要求，而在报价时，谈判双方需运用一定技巧，以争取本方的利益最大化。具体的报价技巧如图 4-3 所示。

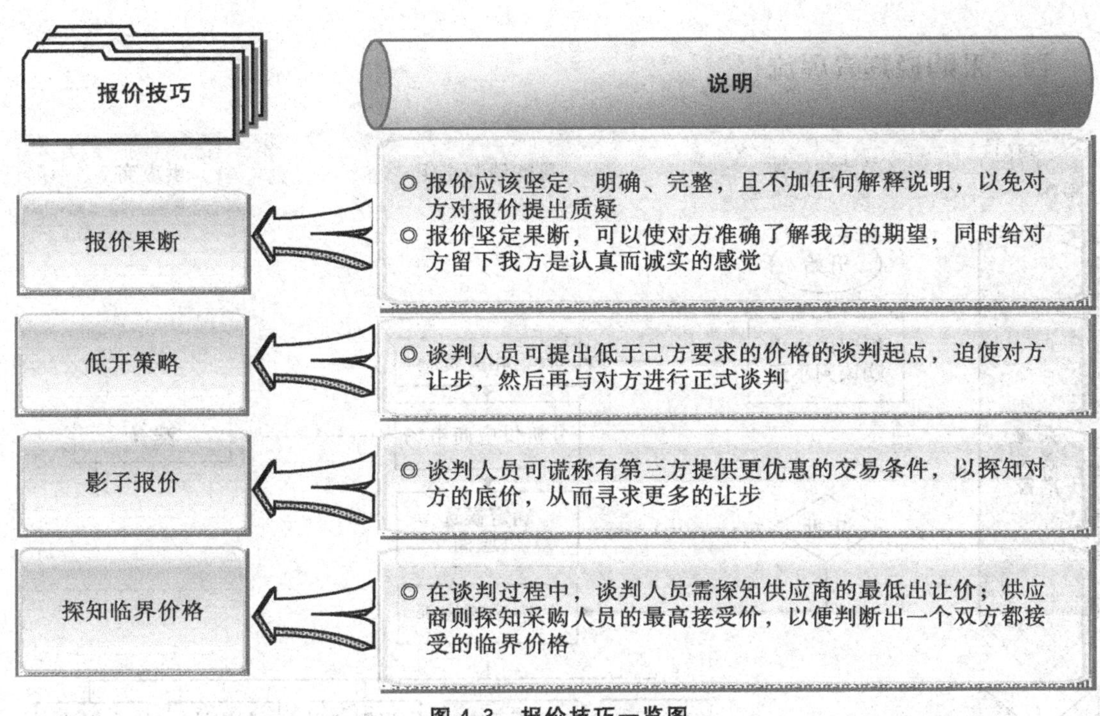

图 4-3　报价技巧一览图

2. 己方的还价技巧

在报价结束之后，双方就会进入还价阶段，谈判人员必须保持谈判的热情和冷静的头脑，并且要掌握相应的还价技巧。常用的还价技巧如图 4-4 所示。

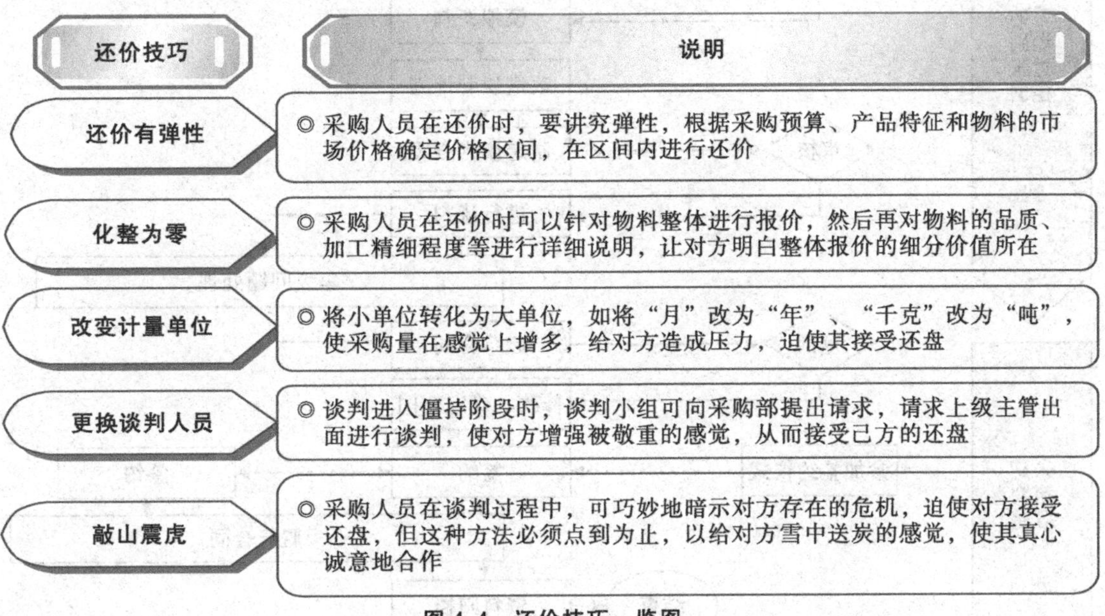

图 4-4　还价技巧一览图

四、采购谈判管理流程

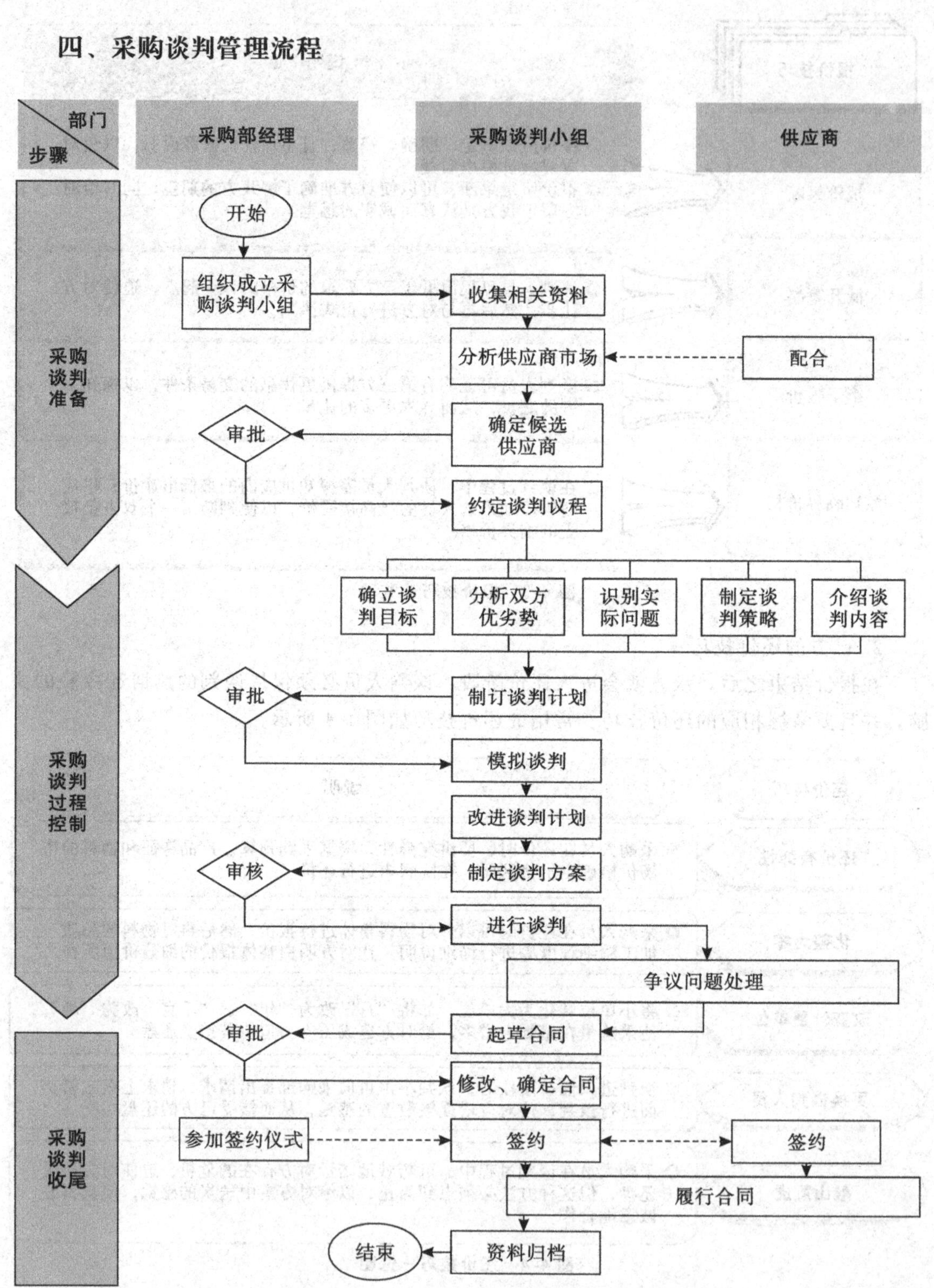
部门
步骤
采购部经理
采购谈判小组
供应商
采购谈判准备
开始
组织成立采购谈判小组
收集相关资料
分析供应商市场
配合
审批
确定候选供应商
约定谈判议程
确立谈判目标
分析双方优劣势
识别实际问题
制定谈判策略
介绍谈判内容
采购谈判过程控制
审批
制订谈判计划
模拟谈判
改进谈判计划
审核
制定谈判方案
进行谈判
争议问题处理
采购谈判收尾
审批
起草合同
修改、确定合同
参加签约仪式
签约
签约
履行合同
结束
资料归档

第四节　采购合同管理

一、采购合同类型

采购合同是工厂与供应商在正式交易前经过双方谈判协商一致而签订的保证双方利益的法律性文件。采购合同是经济合同，采购双方均受经济合同法的保护。根据交货时间、买卖价格和销售方式的不同，采购合同一般分为如表 4-5 所示的几类。

表 4-5　采购合同类型一览表

分类依据	类型	说明
交货时间	定期合同	◎ 一次性交货的合同，通常为整批量订货，适合于经常使用且质量稳定的物料的订购
	定期分批交货合同	◎ 一次订货而分批交货，根据供应商的生产能力安排合同或配合工厂的库存进行控制，适用于采购量较大的物料的订购 ◎ 供应商必须在合同约定的供货期限内交付货物，如不交付其中一批物料或者交付不符合约定的物料，致使该批物料不能实现合同目的的，工厂可以就该批物料与供应商解除合同关系
买卖价格	固定价格合同	◎ 为明确规定采购价格，且不得进行价格修改的合同类型，主要包括固定单价合同和固定总价合同两种 ◎ 在签订此类价格合同前，工厂与供应商需在专用条款内约定合同价款包含的风险范围、风险费用的计算方法以及风险范围以外的合同价款调整方法等 ◎ 在固定价格合同中，采购价格一经双方协商确定后，任何人不得以任何原因进行修改
	浮动价格合同	◎ 浮动价格合同又称成本补偿合同，即以协议时的各项成本因素、市价作为基准价格，在交货结算时，再依结算时的市价与基准价核算涨跌的比率加以调整的合同类型，适用于采购金额较大或交货期较长的物料的采购 ◎ 在浮动价格合同内，双方要约定调价的方法、可调整的内容和基价等内容，需合理分担市场价格浮动变化对物料成本的影响
销售方式	销售合同	◎ 销售合同是工厂与供应商之间设立、变更、终止物料买卖关系的协议，多依生产或供应物料的供应商的要求而订立

（续表）

分类依据	类型	说明
销售方式	销售合同	◎ 销售合同应包括物料的名称、数量、质量、价格、履行期限、履行方式和违约责任等主要条款
	承揽合同	◎ 承揽合同是承揽人按照工厂的要求完成物料的供应、工厂给付承揽人报酬的合同 ◎ 承揽合同是为了满足工厂特殊要求而订立的，因而工厂对工作质量、规格、形状等的特定要求使承揽标的物具有特定化的特点，使它与市场上的其他物品具有很多区别
	代理合同	◎ 代理合同是用以明确工厂和代理人之间权利与义务的法律文件 ◎ 代理合同的形式有书面和口头两种。工厂在实际使用过程中，既可使用书面形式也可使用口头形式，但法律法规规定的需使用书面形式的应使用书面形式的代理合同 ◎ 代理人不履行代理职责，给工厂带来损失的，工厂可追究其相关责任

二、采购合同条款构成

采购合同条款是采购供需双方履行合同的基本依据，具体明确了采购双方的权利与义务，其构成如表 4-6 所示。

表 4-6　采购合同条款构成一览表

合同条款	概述
质量条款	质量条款应列明商品名称、规格或等级、标准等
价格条款	价格条款中需规定结算使用的币种、结算方式、物料金额、包装运输保险费、装卸费等
数量条款	数量条款需规定物料的计量标准、计量单位、计量方法和溢短条款等
包装条款	包装条款包括包装标识、包装方法、包装材料要求、包装容量、包装质量、包装成本等
装运条款	装运条款包括物料装运方式、装运地点与目的地等
到货期条款	到货期条款包括交货期限、交货提前期和逾期交货处理要求等
检验条款	检验条款包括检验时间、检验机构、检验工具、检验标准与方法等
付款条款	付款条款包括支付工具、支付时间、支付地点等
保险条款	保险条款包括保险类别、保险金额以及投保人等
仲裁条款	仲裁条款包括仲裁机构、仲裁程序、仲裁地点及裁决效力等
不可抗力条款	不可抗力条款包括不可抗力的界定、适用范围、法律后果、双方权利与义务等

三、采购合同管理流程

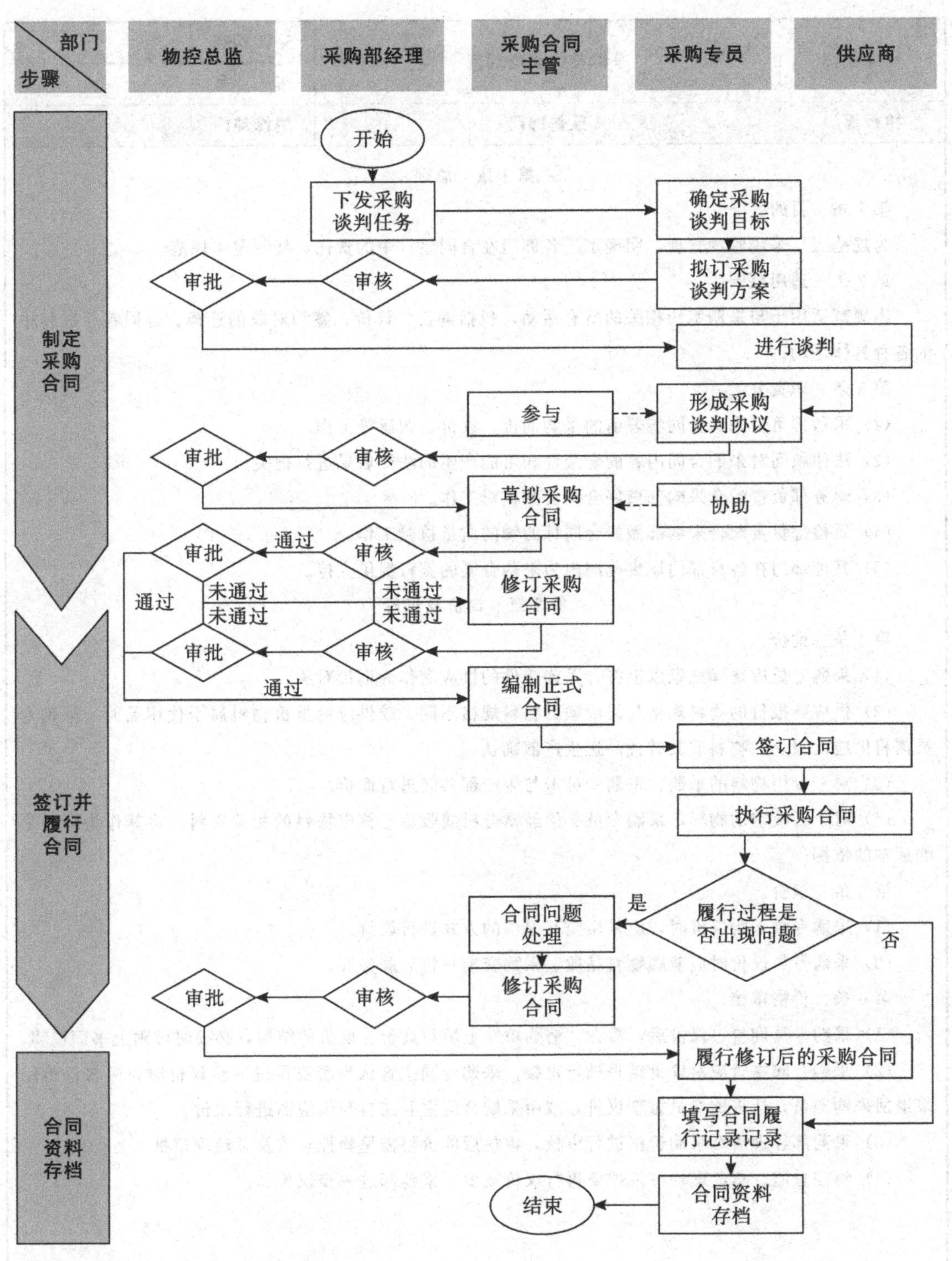
部门
步骤
物控总监
采购部经理
采购合同主管
采购专员
供应商
制定采购合同
签订并履行合同
合同资料存档
开始
下发采购谈判任务
确定采购谈判目标
拟订采购谈判方案
审核
审批
进行谈判
参与
形成采购谈判协议
审核
审批
草拟采购合同
协助
审核
通过
审批
修订采购合同
未通过
未通过
未通过
未通过
通过
审核
审批
通过
编制正式合同
签订合同
执行采购合同
履行过程是否出现问题
是
否
合同问题处理
修订采购合同
审核
审批
履行修订后的采购合同
填写合同履行记录记录
合同资料存档
结束

四、采购签约管理规范

<table>
<tr><td rowspan="2">制度名称</td><td rowspan="2" colspan="3">采购签约管理规范</td><td>受控状态</td><td></td></tr>
<tr><td>编　　号</td><td></td></tr>
<tr><td>执行部门</td><td></td><td>监督部门</td><td></td><td>编修部门</td><td></td></tr>
</table>

第 1 章　总则

第 1 条　目的。

为规范工厂采购签约管理，明确工厂各部门在合同签订中的责任，特制定本规范。

第 2 条　适用范围。

本规范适用于与采购签约相关的所有活动，包括询价、议价、签约对象的选择、合同签订过程中的各种具体活动。

第 3 条　职责分工。

（1）采购部负责采购合同签署前的采购询价、议价、调研等工作。

（2）法律顾问对采购合同内容的合法性和可能产生的法律后果进行把关。

（3）财务部负责配合采购部做好合同货款核对工作。

（4）质检部负责配合采购部做好合同标的物的质量检验工作。

（5）其他部门在各自部门职责范围内为采购合同的签订提供支持。

第 2 章　询价及议价

第 4 条　询价。

（1）采购专员应选择三家以上符合采购条件的供应商作为询价对象。

（2）供应商报价的物料规格与需请购的物料规格不同，或供应商报价物料属于代用品时，采购专员需将供应商报价的物料或其替代品送生产部确认。

（3）对于专用物料的采购，采购专员需与生产部共同进行询价。

（4）对于已核定的物料，采购专员必须经常分析或收集已核定物料的相关资料，将其作为降低采购成本的依据。

第 5 条　议价。

（1）采购专员采购议价时，应采用交互议价的方式进行议价。

（2）采购专员议价时应兼顾物料品质、采购交期和售后服务等。

第 6 条　价格审核。

（1）采购专员询价、议价后，需在“请购单”上填写询价、议价的结果，必要时可附上书面说明。

（2）采购合同主管应对议价结果进行审核。采购合同主管认为需要再进一步议价时，应将议价结果退回采购专员，让采购专员重新议价，或由采购合同主管亲自与供应商进行议价。

（3）采购部经理需对采购价格进行审核，审核后的价格需呈物控总监及总经理审批。

（4）物控总监、总经理均可视需要再行议价或要求采购部进一步议价。

（续）

(5) 根据工厂采购核准权限规定，不论采购金额多少，均应先经采购部经理审核后，再呈物控总监与总经理核准。

第 3 章　选择签约对象

第 7 条　采购招标。

(1) 采购人员应根据国家与工厂相关规定，对于大宗物料（单价不低于____元或批量不低于____的物料）的采购，需实行公开招标。

(2) 对于实施招标采购的物料，工厂应成立由采购部、财务部、生产部等部门参加的招标小组，负责招标事宜。

第 8 条　供应商调查。

(1) 采购人员在签订采购合同前，应对供应商的信用（包含供应商的经营范围、银行资金、履约管理、物料技术和质量等级、法人资格、签约人是否是法人代表或经法人代表授权的委托代理人等）情况开展全面调查。

(2) 对于标的总价在____元以上的合同，采购人员应当编写供应商调查书面报告，组织对供应商资信情况进行会审，并形成会审意见。

(3) 采购合同主管或采购招标小组根据供应商的资信情况、谈判情况起草采购合同。

第 4 章　签订采购合同

第 9 条　采购签约权限。

工厂采购签约权限的具体规定如下图所示。

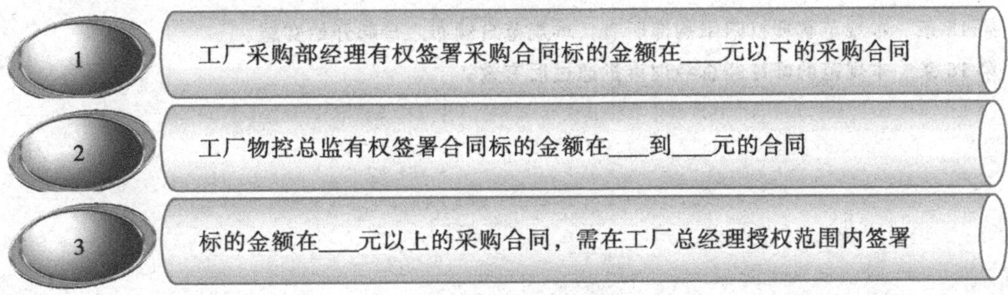

采购签约权限的规定

第 10 条　采购合同拟订。

(1) 采购合同主管或采购招标小组在拟订采购合同时，需确保各项条款内容明确具体，文字表达严谨。

(2) 采购合同主管或采购招标小组在拟订采购合同时应尽可能采取统一的合同格式和条款，以便于供应商的管理。

(3) 物料采购合同中可只确定定价原则与方法、交货数量的原则与方法，具体的价格等细节用合同附件进行约束，这样可为定期评审价格及日常交货付款提供方便。

（续）

第 11 条　采购合同文本的要求。

采购合同文本原则上不得对工厂所立项目及有效的“招标会签表”中所确定的重要内容，如标的、数量、质量、价款或报酬、中标单位等做出变更。如遇特殊情况，合同拟定人员需采用书面形式加以说明，再按工厂有关规定重新审查确认。

第 12 条　采购合同的审查。

采购合同签署前，有关负责人应当对采购合同所涉及的内容进行全面审查。采购合同审查的具体分工和流程如下。

（1）财务部主要负责对合同价款的形成依据、款项收取或支付条件等条款进行审查并提出审查意见。

（2）法律顾问主要对合同内容的合法性进行审查并提出审查意见。

（3）物控总监负责对合同涉及的内容进行全面审查并提出审查意见。

（4）总经理根据相关部门所提意见、合同审核程序与规范等对采购合同进行审阅并签署意见。

（5）采购部应根据总经理的审查意见修改合同，并将总经理审查意见、合同签署相关附件等文件再次报送审查，审查通过后由总经理或受总经理委托的合同签署代理人正式与供应商签署采购合同。

第 13 条　采购合同的签订。

采购部根据合同审查后的合同定稿与供应商签订采购合同。

第 14 条　合同保管。

采购部、财务部、行政部各留一份采购合同原件，法律顾问留一份采购合同复印件。

第 5 章　附则

第 15 条　本规范解释权归采购部所有，本规范自颁布之日起开始实施。

第 16 条　本规范的修订经总经理审批通过后有效。

修订记录	修订标记	修订处数	修订日期	修订执行人	审批人签字

第五节　采购交期控制

一、采购交期控制流程

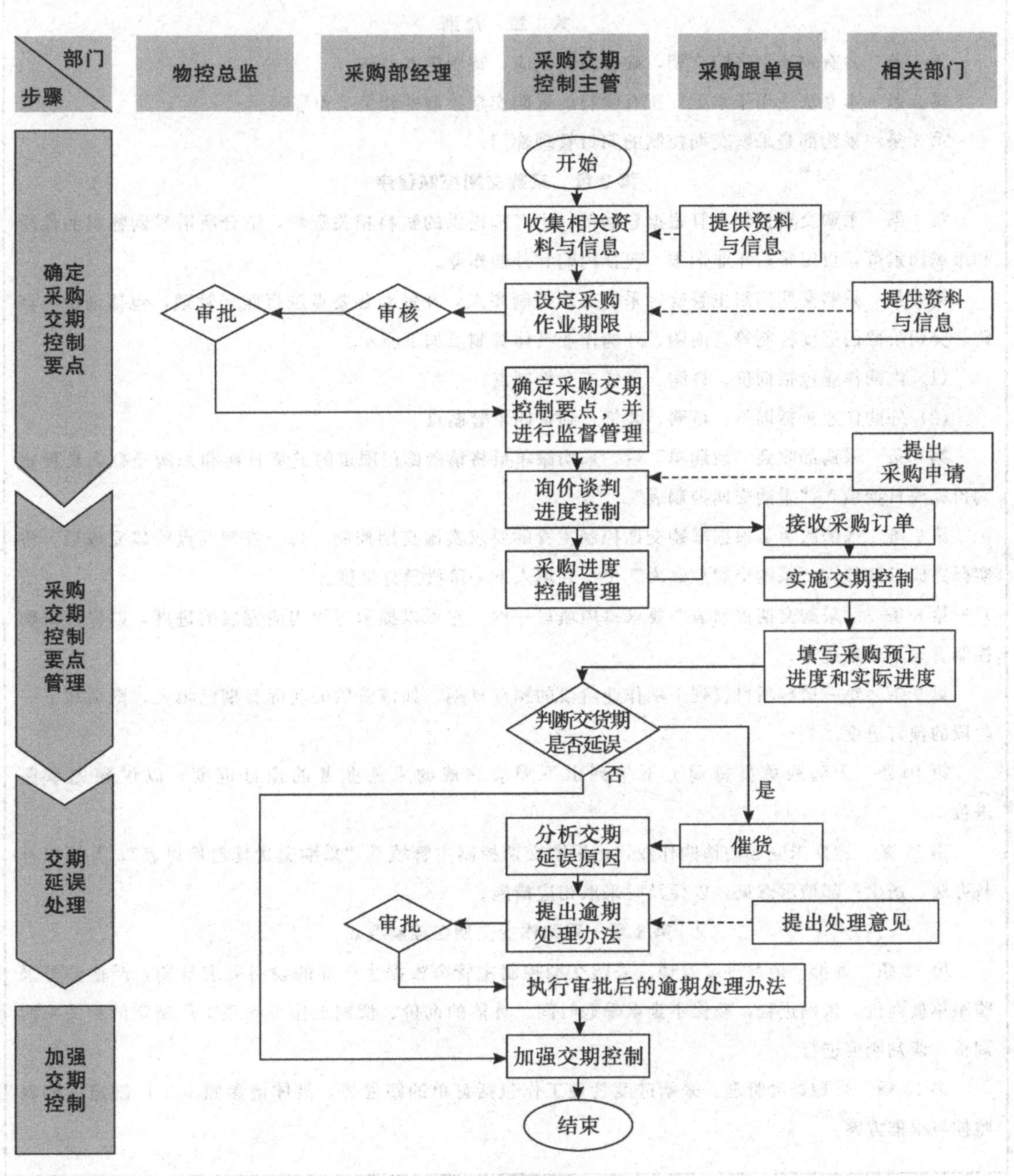

二、采购交期控制办法

<table>
<tr><td rowspan="2">制度名称</td><td colspan="3" rowspan="2">采购交期控制办法</td><td>受控状态</td><td></td></tr>
<tr><td>编　　号</td><td></td></tr>
<tr><td>执行部门</td><td></td><td>监督部门</td><td></td><td>编修部门</td><td></td></tr>
<tr><td colspan="6">

第 1 章　总则

第 1 条　为有效控制采购交期，确保物料供应，特制定本办法。

第 2 条　本办法适用于本工厂所有物料的采购交期控制的相关工作事项。

第 3 条　采购部是采购交期控制的归口管理部门。

第 2 章　采购交期控制程序

第 4 条　采购交期控制主管根据仓储部、生产部提供的物料相关资料，结合所需采购物料的性质和市场因素等，设定采购作业期限，包括内购和外购作业。

第 5 条　采购交期控制主管确定采购交期控制要点，并针对各要点进行监督管理，包括询价、订购、交期阶段的进度控制等。内购、外购作业具体管制点如下所示。

（1）内购作业包括询价、订购、交货三个管制点。

（2）外购作业包括询价、订购、装货、到货四个管制点。

第 6 条　采购部收到“请购单”后，采购跟单员将请购部门限定的进货日期和采购经办人员预定询价完成日期填入“采购交期控制表”。

第 7 条　采购跟单员根据采购交期控制主管的要求实施交期控制，每一控制要点阶段完成后，将实际完成日期填入“采购交期控制表”中，并填入下一阶段预订进度。

第 8 条　“采购交期控制表”要求每周填写一次。它可以提示每周内应完成的进度，以保证采购控制有条不紊地进行。

第 9 条　每一请购项目仅列一项作业阶段的预订日期，如该阶段的实际日期已填入，则填写下一阶段的预订进度。

第 10 条　采购跟单员每周五下午列出下周应完成的采购业务的预订进度，以供预先掌握进度。

第 11 条　逾期未完成的请购作业，由采购交期控制主管填具“采购交货延迟检讨表”，并提出补救办法，送生产部请示意见，以便及时采取相应措施。

第 3 章　采购作业交期各控制要点

第 12 条　询价、谈判进度管理。采购交期控制主管需根据生产部的物料需求日期，严格监督采购跟单员询价、谈判进程，确保不延误采购时间。具体的询价、谈判工作可参照工厂制定的相关采购询价、谈判制度进行。

第 13 条　采购进度管理。采购进度管理工作包括订单的跟催等，具体请参照本工厂制定的购料监控与跟催方案。

</td></tr>
</table>

（续）

第4章　附则					
第14条　本办法由采购部制定，解释权归采购部所有。 第15条　本办法呈总经理核准后实施，修订时亦同。					
修订记录	修订标记	修订处数	修订日期	修订执行人	审批人签字

三、购料监控与跟催方案

文书名称	购料监控与跟催方案	编　　号	
		受控状态	

一、总则

（一）目的

为保证合同或订单正常执行，满足工厂物料需求，保持合理的库存量，确保工厂生产经营活动正常进行，特制定本方案。

（二）购料监控与跟催的基本要求

（1）适当的交货时间。

（2）适当的交货质量。

（3）适当的交货地点。

（4）适当的交货数量。

（5）适当的交货价格。

二、购料监控与跟催的规划

为确保供应商能按时按质交货，可以采取以下四种措施。

（1）加强与生产部、供应商的联系，及时了解最新的购料信息，以便迅速反应，及早准备。

（2）要求供应商提供其生产计划和工作日程安排，便于交货前稽查进度，对某些重要物料还可以派人驻厂查验。

（3）预备替代供应商，以备不时之需。

（4）充分运用奖惩措施，一方面加大对供应商违约的惩罚力度，另一方面对如期交货或提早交货的供应商给予适当奖励。

三、选择购料监控与跟催的方法

采购跟单员在购料监控与跟催作业时，可采用以下五种方法。

（1）按订单监控和跟催。按订单预定的到货日期提前一定时间进行监控和跟催。

（2）联单法。将订单按日期顺序排列好，提前一定时间进行监控和跟催。

（续）

(3) 将订单统计成报表，提前一定时间进行监控和跟催。

(4) 定期监控和跟催。每周固定时间将要跟催的订单整理好，定期统一监控和跟催。

(5) 供应商生产现场监控和跟催。对于重要或紧急的物料，为了能将风险降至最低，采购跟单员可以亲自到生产现场监控和跟催。

四、购料监控与跟催的实施

购料监控和跟催可以分为三个阶段进行，具体实施要点如下所示。

（一）下订单阶段

采购跟单员需将审核无误的订单发给供应商，并要求供应商签字回传，其监控和跟催要点如下表所示。

下订单阶段监控和跟催要点一览表

对象	监控和跟催要点
供应商的相关情况	◎ 确认该订单的联络人 ◎ 对设备、机械、能力等的调查 ◎ 确认对该订单的生产是否有困难之处 ◎ 确认对该订单的交货期是否有勉强之处
作业图纸、指导要求等文件	◎ 确认有关作业图纸、指导要求等文件的有无 ◎ 确认有无按规定及时发到供应商手中 ◎ 确认供应商对文件理解无误无疑问；供应商对文件理解有疑问时，与生产部联系并予以追踪，直至无疑问
免费提供给供应商的材料（器具、设备、工具等）	◎ 确认提供材料的预定日期 ◎ 确认提供材料的预定日期与供应商生产能力是否相符 ◎ 如有异常及时调整提供材料的预定日期、提供批次等，使之有利于订单按时按质的完成
模、治、工具	◎ 与生产部沟通，确认是自制或交由其他工厂制造 ◎ 确认进货预订日期与货期、供应商生产能力是否相符

（二）供应商生产阶段

供应商生产阶段，采购跟单员需要进行监控和跟催的要点如下表所示。

（续）

供应商生产阶段监控和跟催要点一览表

对象	监控和跟催实施要点
作业图纸、指导要求等文件	◎ 确认作业图纸、指导要求等文件是否齐全 ◎ 出现修订时，及时通知供应商并予以确认 ◎ 确认试制图纸与正式发行图纸无差异 ◎ 对不清楚的地方予以解答 ◎ 如有疑问或异议，仔细调查，多方沟通，尽快解决
免费提供给供应商的材料（器具、设备、工具等）	◎ 确认提供的材料是否按时、按量送到供应商的手中 ◎ 出现延迟时要调整货期 ◎ 出现不足、不良、疏漏等情况时，及时补足并视情况调整货期 ◎ 按要求提供但仍出现不足时，调查详细原因 ◎ 取消订货时，确认足额回收提供的材料，不足部分办理清偿手续并予追查
模、治、工具	◎ 确认是否按时送达，未按时送达的及时解决并调整货期 ◎ 确认质量、数量符合要求，如有问题及时沟通解决，并调整交货期 ◎ 出现损坏时，及时补齐 ◎ 确认供应商对其功能、使用方法等无疑问 ◎ 生产完成时，根据要求办理回收等相关事宜
生产用原料	◎ 确认是否按计划入库 ◎ 对未入库部分予以追查并协助供应商解决
其他特殊事件	及时关注供应商生产过程中的意外情况，如出现以下情况，及时协调解决 ◎ 由于伤病等原因造成的供应商保有员工数量的大幅减少 ◎ 火灾、风灾、水灾等自然灾害 ◎ 供应商破产或被迫停产等

（三）供应商交货阶段

供应商交货阶段，采购跟单员确认到货日期，通知质检部进行物料检查，如有问题，需及时与供应商联系并协调处理。在此过程中，采购跟单员监控和跟催要点如下表所示。

（续）

供应商交货阶段监控和跟催要点一览表					
对象	监控和跟催实施要点				
存在数量差异的合格品	◎ 确认交货数量是否符合要求 ◎ 未收货物，确认货期，催促交货，如已无需要，办理取消手续 ◎ 对于数量过剩的物料，追查原因，并办理调换或退货手续等 ◎ 对不足部分追查原因，并与生产部协商处理				
搬运	确认已收物料是否及时通过质检并搬运至下一部门				
质检	◎ 确定已收物料是否按计划进行质检，并能够按计划完成 ◎ 对于紧急物料，督促质检部迅速完成质检工作				
不合格品的处理	◎ 确认不合格品不合格部分的内容 ◎ 调查导致不合格品不合格的原因 ◎ 根据实际情况采取调整货期、特采、改由其他工厂生产等措施				
编制人员		审核人员		审批人员	
编制时间		审核时间		审批时间	

四、交期延误处理方案

文书名称	交期延误处理方案	编　　号	
		受控状态	

一、目的

为指导采购部人员妥善处理供应商交期延误的违约行为，尽量避免造成工厂损失，确保本工厂的合法利益，特制定本方案。

二、交期延误的四种情况

（1）供应商未按照合同约定的时间、地点准时交货。

（2）供应商在交货期限届满以后的一段合理时间内，经催告后仍未交货。

（3）供应商在交货期限届满以后的一段合理时间内虽然交货，但所交货物与所交“提单证”上记载的货物根本不同或实质上有别于采购合同约定的物料，且拒不交付替代物或替代单证。

（4）因为各种不可抗力因素导致供应商不能及时交货。

三、特别说明

因各种不可抗力因素导致供应商不能及时交货的，不属于违约情况。采购跟单员应及时与供应商沟通联络，及时采取相应补救措施，尽量减少工厂损失。以下主要就交期延误的其他情况提出处理方案。

（续）

四、交期延误的处理

（一）沟通、了解原因

若供应商在合同的有效期内未能按时交货，采购跟单员应积极与供应商沟通协调，了解供应商延迟交货的真正原因，以便及时采取有效的方法处理。

（二）分析原因

采购跟单员要对供应商交期延误的原因进行分析，主要应从以下两个方面进行。

（1）己方原因，如因预测不准确、技术或工程配置差错、仓库管理混乱造成短缺、紧急交货或货款未及时支付等。

（2）供应商原因，如承诺超出自身能力范围、管理效率低、生产工艺或技术达不到标准等。

（三）提出解决方案

（1）如果交期延误属己方产品要求的技术问题，采购跟单员可同工厂工程师一起到供应商处，协助供应商尽快解决技术问题，尽量协助供应商，以保证交货期。

（2）如果是供应商的原因导致交期延误的，采购跟单员经过分析后，可通过以下四种方式解决问题，具体如下表所示。

供应商延迟交货的解决方式

解决方式	具体操作
沟通解决	与供应商高层取得联系，通过沟通解决，尽快达成交货
继续履行	与供应商协调，要求供应商继续履行合同，重新设定交货期限
解除合同、赔偿损失	依照法律规定或合同约定，通知供应商解除采购合同，并要求供应商按合同约定赔偿经济损失，同时寻找新的供应商或进行替代品的采购
采取补救措施	主要是指修理、更换、重做、退货、减少价款等方式，通常是在供应商履行义务不符合约定时采用

备注：

以上四种方式可结合使用，以本工厂经济损失最小化为原则，同时使问题得到尽快解决。

（四）与供应商沟通解决方案

采购跟单员经过认真分析原因后，会同采购交期控制主管协商，提出切实可行的解决方案，经采购部经理审批通过后与供应商沟通具体解决方案，尽快达成共识。

（五）延误交货处理实施

（1）在与供应商沟通的基础上，若供应商拒不配合交货，则采购跟单员应积极调查市场价格，找出准备替换的新供应商，同时按照解决方案进行处理。

（2）若需要诉诸法律，则采购跟单员应收集齐全有关资料，咨询法律顾问，由专业律师诉讼解决。

（续）

<table>
<tr><td colspan="6">五、预防供应商延误交货的办法
（1）采购订单发出后，采购跟单员应定期打电话或抽时间拜访供应商，向其询问进度，及时了解物料的生产情况，以便及时发现问题并处理。
（2）在与供应商沟通的过程中，若发现供应商有诚信问题，采购跟单员应尽快与供应商的负责人取得联系，并上报工厂领导。
（3）采购跟单员通过电话方式提醒供应商的交期责任，确保供应商的生产不因人为因素造成交期延误。
（4）尽量拓展采购渠道，既可避免因供应商供应不及时而造成生产或经营停滞，还可以在采购时比价、比质，获得最佳的采购价格，但需注意质量检验，以保证本工厂产品质量的稳定性与正常的经营活动。
（5）采用集中采购的方式，及时编制采购计划，变中小采购为大宗采购，变小客户为主要客户，从而获得采购的主动权，赢得供应商的重视。</td></tr>
<tr><td>编制人员</td><td></td><td>审核人员</td><td></td><td>审批人员</td><td></td></tr>
<tr><td>编制时间</td><td></td><td>审核时间</td><td></td><td>审批时间</td><td></td></tr>
</table>

第六节　采购结算管理

一、采购结算方式

采购结算是指因物料采购，对与供应商建立起的货款收付关系进行清偿的过程。在采购结算过程中，工厂需根据国家有关支付结算的规定及工厂生产经营的实际情况，选择合适的结算付款方式，防范因结算付款不当带来的法律风险，从而保证本厂的资金安全。

一般来说，工厂常采用的物料采购结算付款方式可分为国内结算和国际结算两大类，具体如表4-7所示。

表4-7　采购结算方式一览表

采购类别	结算方式	概述
国内采购结算	现金结算	◎ 现金结算是工厂通过现金结算起点（1 000元）以下的采购货款的结算方式
	转账结算	◎ 转账结算是工厂通过银行等金融机构将货款从银行账户直接划转到供应商银行账户的采购结算方式

（续表）

采购类别	结算方式	概述
国际采购结算	信用证结算	◎ 信用证是银行应工厂的要求向供应商开立的具有一定金额的，并在期限内凭相关单据进行付款的书面保证文件 ◎ 信用证结算是工厂通过信用证支付货款的结算方式，是国际贸易中最常用的结算方式
	电汇结算	◎ 电汇结算是工厂通过电报或电传形式进行货款结算的结算方式 ◎ 电汇结算分为前电汇结算和后电汇结算两种，具体说明如下： ⊕ 前电汇结算是合同签订后，先支付一部分订金，在供应商生产完毕后通知付款，工厂付清余款后供应商发货，并交付全套单证 ⊕ 后电汇结算是供应商收到订金后安全生产并出货，工厂收到单证复印件后付清余款，供应商收到余款后寄送全套单证
	付款交单	◎ 付款交单是供应商在委托银行收款时，指示银行只有在进口方付清货款时，才能向其交出货运单据的结算方式
	承兑交单	◎ 承兑交单是供应商在发运货物后开具远期汇票，连同货运单据委托银行办理托收，并指示银行，进口方在汇票上承兑后即可领取全套货运单据，并在货款到期日再付清货款的结算方式

二、采购结算管理流程

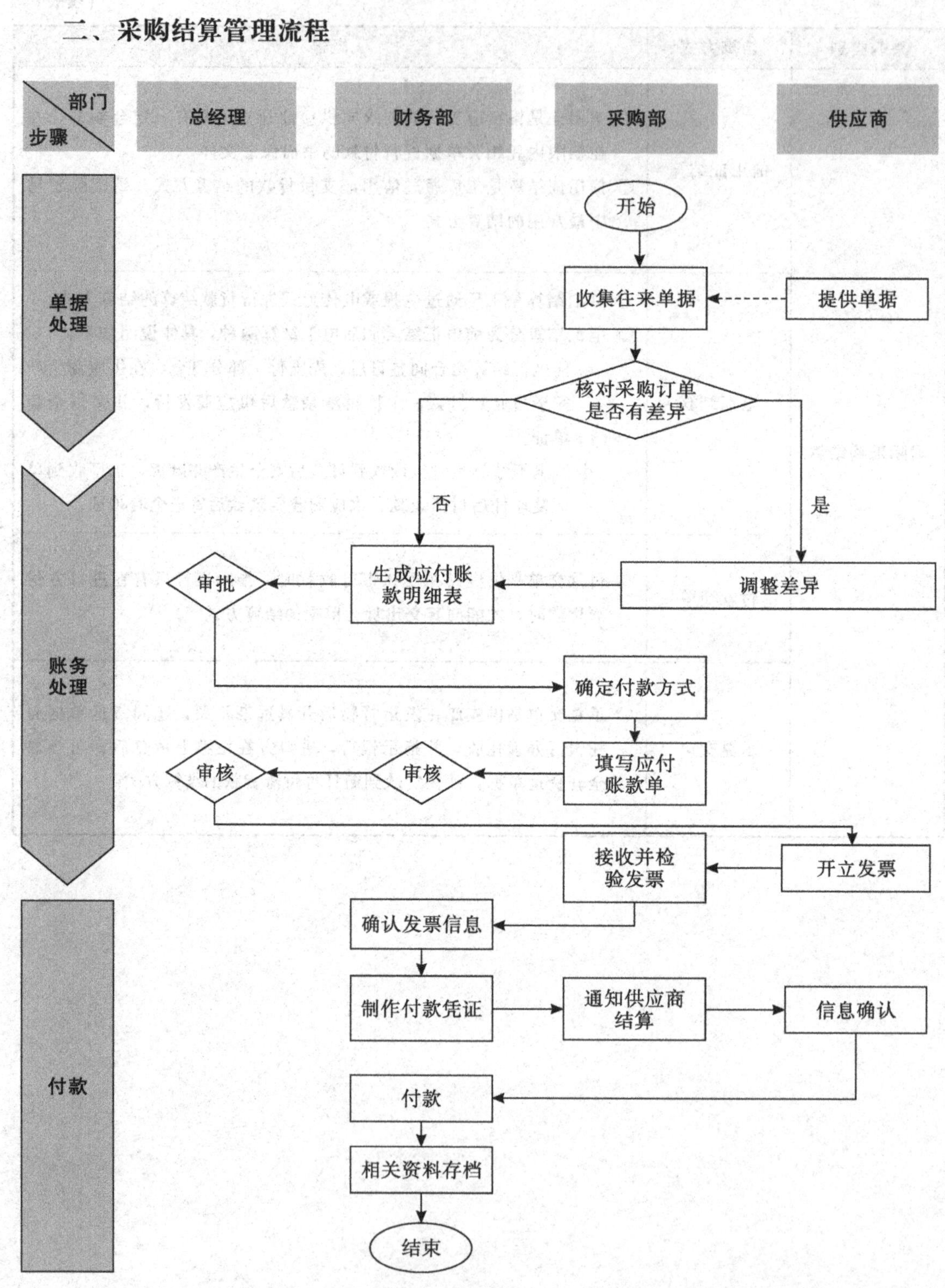
部门
步骤
总经理
财务部
采购部
供应商
单据处理
账务处理
付款
开始
收集往来单据
提供单据
核对采购订单是否有差异
否
是
生成应付账款明细表
调整差异
审批
确定付款方式
填写应付账款单
审核
审核
接收并检验发票
开立发票
确认发票信息
制作付款凭证
通知供应商结算
信息确认
付款
相关资料存档
结束

三、采购结算管理办法

制度名称	采购结算管理办法			受控状态	
				编　号	
执行部门		监督部门		编修部门	

第 1 章　总则

第 1 条　目的。

为规范采购付款的结算流程，加强采购订购、付款管理，做好采购结算工作，确保按采购合同付款，维护本厂的利益，特制定本办法。

第 2 条　适用范围。

本办法适用于工厂物料采购的结算管理工作。

第 3 条　职责分工。

（1）采购部负责采购订购、采购单据汇总、付款方式的确定及采购结算手续办理等相关工作。

（2）财务部负责按合同要求付款、建立台账及报销等工作。

第 2 章　结算依据

第 4 条　结算单据。

结算单据是采购部申请付款和财务部审核付款业务的原始凭据。采购人员在申请付款时，必须提供以下七种单据。

（1）“付款申请单”。“付款申请单”是办理申请付款业务的基本依据，由采购部办理结算申请付款时填制。“付款申请单”主要包括以下四项内容。

① 收款单位名称（全称），收款单位开户行名称（全称）、地址及银行账户的账号。

② 物料的名称、规格、型号、数量、单价、金额和入库时间等。

③ 申请付款日期、付款方式、大小写金额等。

④ 经办人及相关负责人的签字等。

（2）采购订单。采购订单是采购的物料是否经过审批的依据。

（3）采购合同。采购合同是采购结算的重要依据，其复印件需交财务部备案，以便财务部审核时查阅。

（4）“物料验收单”。“物料验收单”是开具“物料入库单”的重要依据，也是财务部审核采购的物料是否合格入库的证明。“物料验收单”必须有指定授权验收人的签字或盖章。

（5）货运单据。货运单据是供应商送货时随车送交工厂作为收货的依据，是采购结算的重要依据之一。货运单据必须盖有供货商公章或发货专用章等。

（6）“过磅单”。购回非定额包装类物料时，必须由物流专员和责任保管员联合监督过磅并在本工厂自制过的“磅单”上签字。

（7）“物料入库单”。“物料入库单”上所载信息应与相对应的货运单据、发票信息保持一致，且必须有物流专员和责任保管员的签字。

（续）

第5条　发票。

（1）发票是记载和证明交易行为最根本的凭证。所有采购人员必须根据采购合同和采购订单分批次地按采购物料的类别和规格索要发票。

（2）本工厂所有生产用物料的采购必须取得税率为17%的增值税专用发票。

第3章　结算实施

第6条　选择付款方式。

采购人员应根据工厂结算的相关规章制度与供应商协商确定合适的付款方式。本工厂常见的付款方式有三种，如下表所示。

付款方式一览表

付款方式	说明
网银支付	◎ 由出纳支付，同时，另指定一名财务人员并对其授权，允许其办理支付手续
承兑汇票	◎ 供应商要求邮递承兑汇票的，财务部应先出具《承兑汇票邮递风险免责证明》，声明在邮递过程中发生的一切损失本工厂概不负责 ◎ 供应商收到汇票后应及时给本工厂开具盖有收票方公章的收据。此收据可作为本厂的入账凭据
现金支付	◎ 现金支付适用于经集团采购部授权批准的，各分厂可自行采购的少量辅助性物料的结算，这部分物料的结算可经分厂总经理审批后使用现金支付的方式进行支付 ◎ ____元以上的物料款支付时应尽量通过银行转账

第7条　制订结算计划。

（1）采购部根据“收货清单”、“结算单”、“订货合同”对应付账款进行核对，核对无误后，统一制订结算计划。

（2）结算计划由采购部结算专员根据采购合同的时间要求、供应商的重要性、物料采购时间、工厂现有资金情况等制订。

（3）结算计划需经采购部经理审核，物控总监审批后确定。

第8条　申请付款。

采购部凭借“请购单”、“订购单”、“订货合同”、“应付账款单”、采购发票等向财务部申请付款，财务部对申请款项进行审核。

第9条　付款审批。

（1）付款凭证审核。付款凭证审核要求如下。

（续）

① 结算单据必须由指定授权人员签字后交财务部审核。工厂应制作授权人员名单及其签字样本交财务部门备案。

② 结算单据所载内容需一致，物料名称、规格、分类、计量单位、数量、金额等信息必须统一。

③ 结算单据是一式多联的，必须用复写纸复写，不得用笔直接写在非第一联上；如单据不是最后一联，必须双面复写。

（2）开票审核。一般情况下，供应商开票信息应包括以下四个方面的内容。

① 单位名称（全称）及住所。

② 单位开户行名称（全称）及地址、账号（指收款账户）、税号。

③ 发票专用章预留印签。

④ 收款人姓名及联系方式、收件人姓名及联系方式、邮编（寄承兑汇票使用）等。

第 10 条　进行结算。

（1）采购款项需按采购合同规定或“订购单”所约定的时间，由财务部统一支付。

（2）采购部应在每批物资收货后一周内及每月月底与供应商核对账务，防止出现差错。

（3）财务部应依据采购合同规定与供应商结款，在向供应商支付货款时，财务部需仔细复核采购合同及“收货清单”等。预付货款及应收账款等债权应一起清理结算，防止出现重复付款现象。

（4）支付货款后，采购结算专员必须在五日内向供应商索要发票等有关票据或证明资料。

（5）部分紧急需求物料或供应商坚决要求先付款后发货时，所需货款需经采购部、财务部、物控总监和总经理严格审查及批准后方可办理。

（6）确实需要直接交付支票的，应由采购结算专员带正式、合法的发票到财务部办理相关手续。

第 11 条　建立台账。

采购部和财务部应根据每天的“入库单”或“收货清单”分别建立应付账款台账。

第 12 条　财务报销。

采购人员预先垫付的差旅费、招待费及部分小额采购款项，应根据财务部规定的报销程序每半个月办理一次报销手续。办理报销手续时，报销单据应附上相关发票、“采购计划单”、“订购单”、“验收入库单”等，且有采购部经理的签字。

第 4 章　应付账款管理

第 13 条　建立应付账款台账。

采购部需进行采购应付账款的管理工作，建立应付账款台账。

第 14 条　对账单编制与核对。

采购部往来会计应定期编制供应商往来对账单，并发送给供应商。采购部与供应商应每月核对一次对账单并妥善保存对账记录。

第 15 条　建立供应商应付款档案。

采购部需为以下供应商建立应付款档案，以记录供应商付款信息。

（1）长期合作的供应商。

（2）重点供应商。

（3）订购金额在____万元以上的供应商。

（续）

第 16 条　应付账款相关票据保管。

采购人员应归档保管相关的采购合同、提货凭证、收付款凭证，并设置备查登记簿，逐笔记录预付款、已付款、余款等。

第 5 章　附则

第 17 条　本办法由采购部负责制定、修订和解释。

第 18 条　本办法报总经理审批后实施。

修订记录	修订标记	修订处数	修订日期	修订执行人	审批人签字

第五章

物料仓储管理

第一节　物料接收

一、物料接收流程

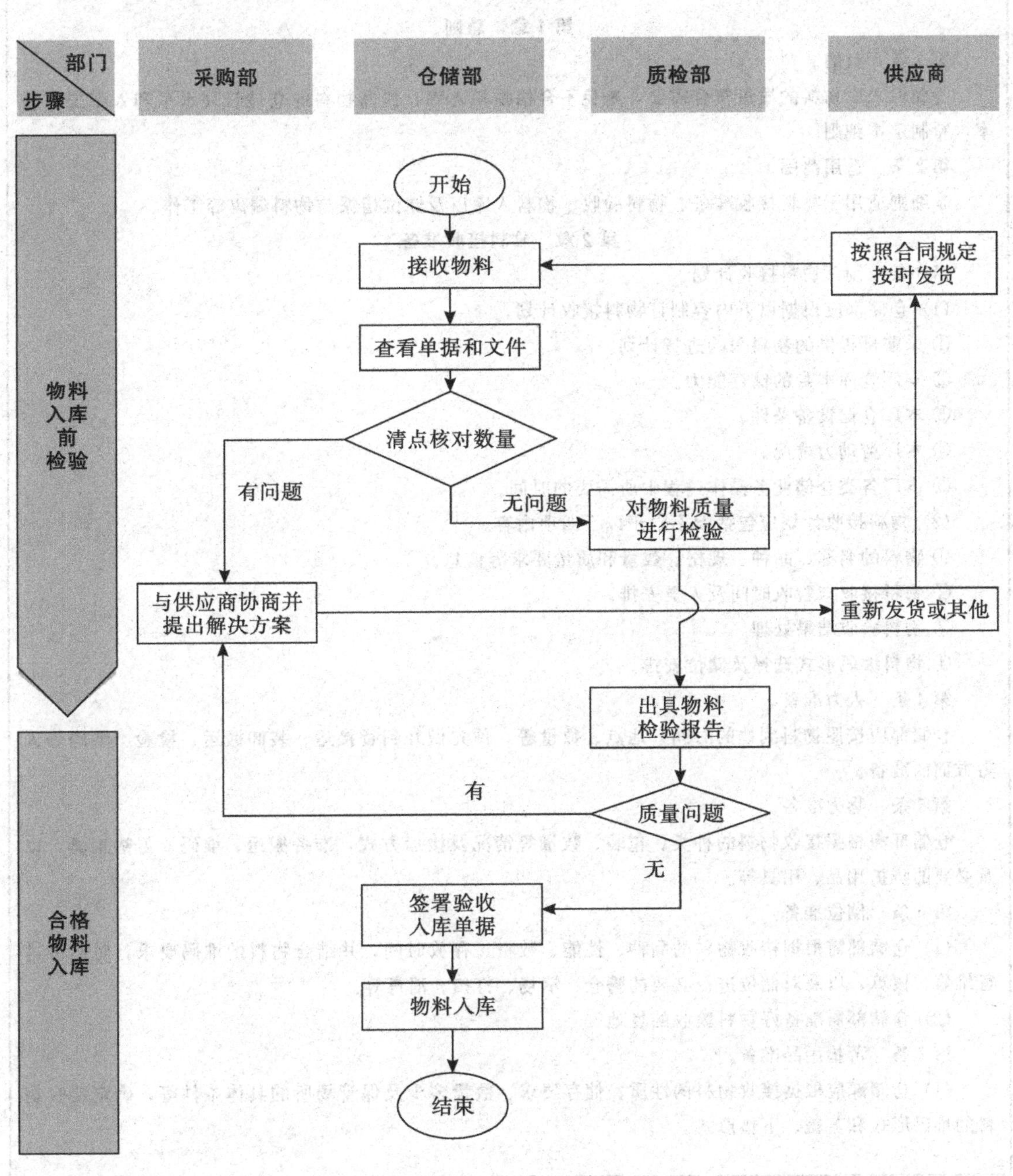

二、物料接收细则

制度名称	物料接收细则			受控状态	
				编　　号	
执行部门		监督部门		编修部门	

第 1 章　总则

第 1 条　目的。

为确保入库物料的质量符合需要，避免不合格物料入库，提高物料的仓储管理水平和入库工作效率，特制定本细则。

第 2 条　适用范围。

本细则适用于物料接收准备、物料验收、物料入库以及储位指派与物料编码等工作。

第 2 章　物料接收准备

第 3 条　制订物料接收计划。

（1）仓储部应根据以下内容制订物料接收计划。

① 采购部提供的物料采购进货计划。

② 本厂仓库本身的储存能力。

③ 本厂仓储设备条件。

④ 本厂劳动力情况。

⑤ 本厂各类仓储业务操作过程中所需要的时间。

（2）物料接收计划应包括但不限于以下四项内容。

① 物料的名称、品种、规格、数量和质量要求等信息。

② 物料接收与验收时间及人员安排。

③ 物料验收结果处理。

④ 物料编码形式选择及储位安排。

第 4 条　人力准备。

仓储部应按照物料到达的时间、地点、数量等，预先做好到货接运、装卸搬运、检验、堆码等人力方面的准备。

第 5 条　物力准备。

仓储部需根据接收物料的种类、包装、数量等情况及接运方式，准备搬运、堆码、苫垫工具，以及必要的防护用品、用具等。

第 6 条　储位准备。

（1）仓储部需根据接收物料的品种、性能、数量、存放时间，并结合物料的堆码要求，对储位进行维修、核算，以及对储位进行必要的腾仓、清场、打扫、消毒等。

（2）仓储部需准备好物料验收的场地。

第 7 条　苫垫用品准备。

（1）仓储部应根据接收物料的性质、储存要求、数量多少及保管场所的具体条件等，确定接收物料的堆码形式和苫盖、下垫形式。

（续）

(2) 仓储部应准备好苫垫物料，做到物料的堆放与苫垫工作同时完成，以确保物料安全，避免重复工作。

第3章　物料验收

第8条　验收内容。

物料到货后，仓储部需对物料进行验收。物料验收内容如下。

(1) 检查物料的包装是否牢固、标志标签是否符合要求。

(2) 开包检查物料有无损坏。

(3) 物料的分装是否符合要求。

(4) 物料的数量、大小、重量、体积、颜色、气味等是否符合要求。

第9条　验收程序。

(1) 物料到货后，仓储部核对"订货单"和供应商的"发货清单"等单据和文件。

(2) 仓储部物料验收人员根据物料的性质和工厂的需要对物料的数量、重量、规格、包装和外观等进行验收。

(3) 仓储部验收人员发现物料有破损、变质、受潮情况或外观、数量等不符合要求时，应及时通知采购部相关人员协调解决。

(4) 仓储部验收人员验收通过后通知质检部对物料进行质量检验。

(5) 质检部采用抽检方式对大批量物料的质量进行检验，一般按照5%～15%的比例抽检，特殊情况应加大抽检比例。

(6) 质检部检验结束后应填制"物料验收报告单"，如下表所示。

物料验收报告单

物料名称		规格型号	
数量		单价	
到库时间		验收人员	
抽检数量		抽检方式	
验收记录			
检验项目			
检验标准			
检验结果			
不良品数量			
是否合格			
质检主管意见	签字：	日期：____年__月__日	
质检部经理意见	签字：	日期：____年__月__日	

（续）

(7) 当检验出物料质量存在问题时，质检部应及时通知采购部办理退货事宜。

(8) 物料质量检验合格，仓储部入库主管在收货单据上签字盖章，并安排入库。

第 4 章　物料入库

第 10 条　建立“物料明细卡”。

物料入库后仓储部应及时建立“物料明细卡”。“物料明细卡”建立要求如下。

(1)“物料明细卡”应能直接反映该垛物料的品名、型号、规格、数量、单位及进出动态和积存数。

(2) 物料入库堆码完毕后，仓管员应立即建立卡片，一垛一卡。

第 11 条　建立物料台账。

仓储部应建立物料台账，详细记录物料入库、出库、结存的情况。仓管员应按照物料的品名、型号、规格、单价、设备名称等分别建立台账。

第 12 条　入库单据传送。

仓储部应及时将物料入库单据传送至生产部、财务部等相关部门。

第 5 章　储位指派与物料编码

第 13 条　储位指派。

(1) 仓储主管应及时为入库物料指派储位。

(2) 仓储主管应遵守以下原则为物料指派储位。

① 根据物料的周转率指派储位。周转率高的物料应安排在出入口附近，周转率低的物料则应安排远离出入口的地方。

② 根据物料的相关性指派储位。相关性大的物料，通常会同时出库，应安排在同一储区或相近储区。

③ 根据物料特性确定储位。性质相同或保管条件相近的物料应集中存放。

④ 根据物料的体积、重量特性确定储位。体积大、重量大的物料应存放于地上或底层的储位上。

⑤ 根据物料“先进先出”的原则指派储位。

第 14 条　物料编码。

(1) 仓储部仓管员应在物料入库后按照物料编码规定的相关要求对物料进行编码。

(2) 对物料进行编码后，仓管员应及时将编码结果输入电脑以备查询。

第 6 章　物料接收注意事项

第 15 条　物料清点注意事项。

(1) 仓储部若在清点中发现单货不符、差错损失或质量问题，入库专员应当立即与相关部门联系，并在“随货同行联”上加以注明，做好记录。

(2) 仓储部若在清点中发现同种物料不同包装或使用代用品包装时，应问明情况，在入库单上注明后，才能办理入库手续。

第 16 条　物料拒收情况。

当出现下列情况之一时，仓储部可以拒收物料。

(1)“入库通知单”字迹模糊、有涂改等。

（续）

（2）错送，即“入库通知单”上所列收货仓库非本仓库。 （3）单货不符。 （4）物料严重残损。 （5）包装不符合规定。 **第7章　附则** 第17条　本细则由仓储部负责制定、解释，报总经理批准后执行，修改时亦同。 第18条　本细则自颁布之日起执行。

修订记录	修订标记	修订处数	修订日期	修订执行人	审批人签字

三、物料验收实施方案

文书名称	物料验收实施方案	编　　号	
		受控状态	

一、目的

为规范物料验收的实施工作，确保物料验收工作有序进行，特制定本方案。

二、验收准备

（一）确定验收标准

在物料验收前，仓储部需根据以下三项内容确定物料验收标准。

（1）工厂与供应商约定的物料质量标准。

（2）采购合同或订单所规定的具体要求和条件。

（3）同类物料的国家标准或行业标准等。

（二）确定验收方式

物料验收前，仓储部可根据待验收物料的性质与工厂实际需要确定合适的验收方式。通常仓储部采用数量核对、外观检查和合格证检查等方式进行物料验收工作。

（三）准备验收文件

仓储部需收集并熟悉待验物料的有关文件，包括技术标准、采购合同或订单等。

（四）准备验收工具

仓储部需准备好计量器具等验收工具并校验准确。

（五）确定储位

仓储部需根据预计接收的物料的特性、体积、数量、质量和到货时间等信息，结合物料分区、分类和储位管理的要求，计算储位，预先确定物料的理货场所和储存位置。

（续）

（六）设备准备

仓储部在验收大批量物料时，需使用专门的装卸搬运设备，并做好设备的申请、调用等工作。

（七）人员准备

仓储部在物料验收前需安排好接运、装卸、检验、搬运物料的作业人员。

（八）防护用品的准备

仓储部在验收特殊物料前，比如毒害品、放射品等，需准备好相应的安全防护用品。

三、验收实施

（一）物料验收内容

验收人员需根据工厂的相关规定及物料特点确定物料验收内容，具体如下所示。

（1）采购订单和供应商发货订单是否相符。

（2）物料包装是否牢固。

（3）物料标识是否符合要求。

（4）物料有无损坏、变质。

（5）检查物料的数量、规格、重量和质量等是否符合要求。

（二）物料验收程序

验收人员应按以下程序对接收的物料进行验收。

（1）物料到货后，验收人员需对“入库通知单”、采购合同及供应商提供的单据等进行核对。

（2）核对无误后，验收人员应根据运送凭单或订单要求对物料数量进行清点，判断实际交料数量与订单要求是否相符。验收人员发现验收物料数量与订单要求不符时，应上报采购部由其进行处理。

（3）数量验收无误后，验收人员应对物料外观进行检验。外观检验要点如下。

① 有包装的物料，验收人员对其包装进行检查；无包装的物料，验收人员应检验物料的表面状况。

② 物料外观检验的具体内容包括：物料或包装器皿上是否贴有标签；标签是否注明了物料名称、物料编号、生产日期、生产厂家和物料数量等信息。

（4）验收人员对物料外观进行检查后，应对物料质量进行检验，并填制“物料验收报告单”。

四、验收结果处理

（1）合格品处理。验收人员经检验确定物料合格后，需要在物料外包装上贴“合格”标签，并办理合格物料入库手续。

（2）不合格品处理。不合格品处理要点如下。

① 验收人员经检验确定物料不合格后，应在物料外包装上贴“不合格”标签，并于“物资验收报告单”上注明不合格的原因。

② 验收人员应向相关主管请示不合格品的处理办法，然后通知采购部对不合格品进行处理。

（3）验收人员应根据验收结果，填写验收单据，并进行妥善保管。

（4）验收人员需根据验收结果，对已经验收的物料必须加以标识，以便区别于未验收的同类物料。

（续）

<table>
<tr><td colspan="6">

五、物料验收注意事项

（1）仓储部人员在核点商品时，如果发现物料有多余或者少量的情况，需及时通知发货方或者货主，不能自行处理。

（2）对于急需使用、来不及检验的物料，仓储部需在物料使用部门负责人或其授权人签字确定后对此类物料进行紧急放行，但需对放行部分做出明确标识，对未放行部分按常规进行检验。

</td></tr>
<tr><td>编制人员</td><td></td><td>审核人员</td><td></td><td>审批人员</td><td></td></tr>
<tr><td>编制时间</td><td></td><td>审核时间</td><td></td><td>审批时间</td><td></td></tr>
</table>

四、物料偏差处理办法

<table>
<tr><td rowspan="2">制度名称</td><td colspan="3" rowspan="2">物料偏差处理办法</td><td>受控状态</td><td></td></tr>
<tr><td>编　　号</td><td></td></tr>
<tr><td>执行部门</td><td></td><td>监督部门</td><td></td><td>编修部门</td><td></td></tr>
<tr><td colspan="6">

第 1 条　目的。

为规范物料偏差处理工作，及时处理有偏差的物料，保证物料质量，特制定本办法。

第 2 条　适用范围。

本办法适用于本厂物料偏差的处理工作。

第 3 条　职责分工。

（1）质检部负责物料偏差的调查、分析和偏差处理意见的提出。

（2）各相关部门负责偏差处理意见的执行。

第 4 条　术语届定。

本办法所指物料偏差是指物料验收过程中发现物料的数量、质量、规格和型号等与物料采购计划与要求不符合的情形。

第 5 条　偏差识别与上报。

（1）物料验收人员验收物料时，发现验收的物料出现以下情况时，应于____分钟内向质检部经理进行口头汇报。

① 物料损坏和变质。

② 物料的质量、数量、规格和型号等与物料采购计划与要求不符合。

（2）偏差汇报完成后，验收人员应于____分钟内填好“物料偏差处理单”，详细记录发生偏差的物料的品名、规格、批号和数量等信息。

（3）验收人员填写完“物料偏差处理单”，应将其提交给质检部经理审阅。

第 6 条　偏差调查与分析。

（1）质检部经理应对偏差进行初步审核，初步分析偏差发生原因，并安排相关人员进行调查。

</td></tr>
</table>

（续）

(2) 质检部经理应至少安排两名偏差调查人，对偏差产生的原因进行全面调查。

(3) 偏差调查人应立即开展偏差调查，并做好记录。调查人员在调查过程中，需明确以下四项内容。

① 偏差物料的采购时间、采购人员、接收时间、接收人员、供应商及供应商基本信息等。

② 偏差的具体情况。

③ 偏差的原因，包括物料偏差发生的主要原因、次要原因、直接原因、间接原因。

④ 应该采取的修正或预防措施。

(4) 偏差调查结束后，调查人员应将“物料偏差处理单”交质检部经理审核。如果调查的信息较多，调查人员可以将相关内容以附件的方式单独列出后附入“物料偏差处理单”中。

第 7 条　偏差处理。

(1) 在合理范围之内的物料偏差处理要求如下所示。

① 对合理范围之内的物料偏差，调查人员需编制《合理偏差报告》，并将其报质检部经理审批。

② 对于人为原因造成的偏差，相关人员可采取修正有关物料资料或数据的措施对偏差进行纠正。

③ 对于物料自然损耗造成的偏差，相关人员可采取修正补救措施或特别采用的方式对物料进行处理。

(2) 超出合理范围的物料偏差处理要求如下所示。

① 对于超出合理范围的物料偏差，质检部应通知采购部与供应商协商退换货等事宜。

② 在调查过程中，调查人员应分清责任部门与责任人，并根据责任大小，依照工厂的相关规定对相关责任部门与责任人进行处惩。

(3) 质检人员需将物料偏差处理情况填写在涉及的相关物料批采购记录备注栏内，以备查验。

(4) 在紧急情况下，偏差所涉及相关部门可在质检部经理同意后，在“物料偏差处理单”填写前，制定偏差处理应急措施，并在“物料偏差处理单”填写完成后，按照终审意见给予完善。

(5) 物料偏差处理结束后，“物料偏差处理单”由质检专员存档。质检专员应填写“偏差处理登记台账”，并将此台账作为物料质量分析的重要资料归档保存。

第 8 条　本办法由质检部制定，解释权、修改权归质检部所有。

第 9 条　本办法自颁布之日起执行。

修订记录	修订标记	修订处数	修订日期	修订执行人	审批人签字

第二节　物料编码

一、物料编码方法

物料入库前，仓储人员需对物料进行编码，以对物料进行有效的标识，从而易于管理。工厂常用的物料编码方法包括数字法、字母法、暗示法和混合法四种，具体如表 5-1 所示。

表 5-1　物料编码方法一览表

编码方法	概述	特点
数字法	将某类物料用一个或一组特定的数表示的方法	◎ 方法简单，易于操作 ◎ 在使用过程中，编码人员需准备物料项目和数字对照表，且需记忆各对照项目
字母法	将某类物料用一个或一组特定的字母表示的方法	◎ 此方法要求编码人员记忆各字母代表的类别 ◎ 在使用字母法编码的过程中，编码人员需尽量避免使用字母“I、O、Q、Z”，以防止同阿拉伯数字“1、0、9、2”混淆，产生错误
暗示法	编码人员自编码本身联想出是哪一种或哪一类物料的方法	◎ 可从字母、数字中得到暗示，无需记忆且不易被外人知晓 ◎ 适用于重要物料的编码
混合法	将数字法、字母法和暗示法同时使用的一种方法	◎ 方便标识，可较全面地对物料进行编码 ◎ 编码人员需准备“物料项目与编码对照明细表”，以备编码需要

二、物料编码流程

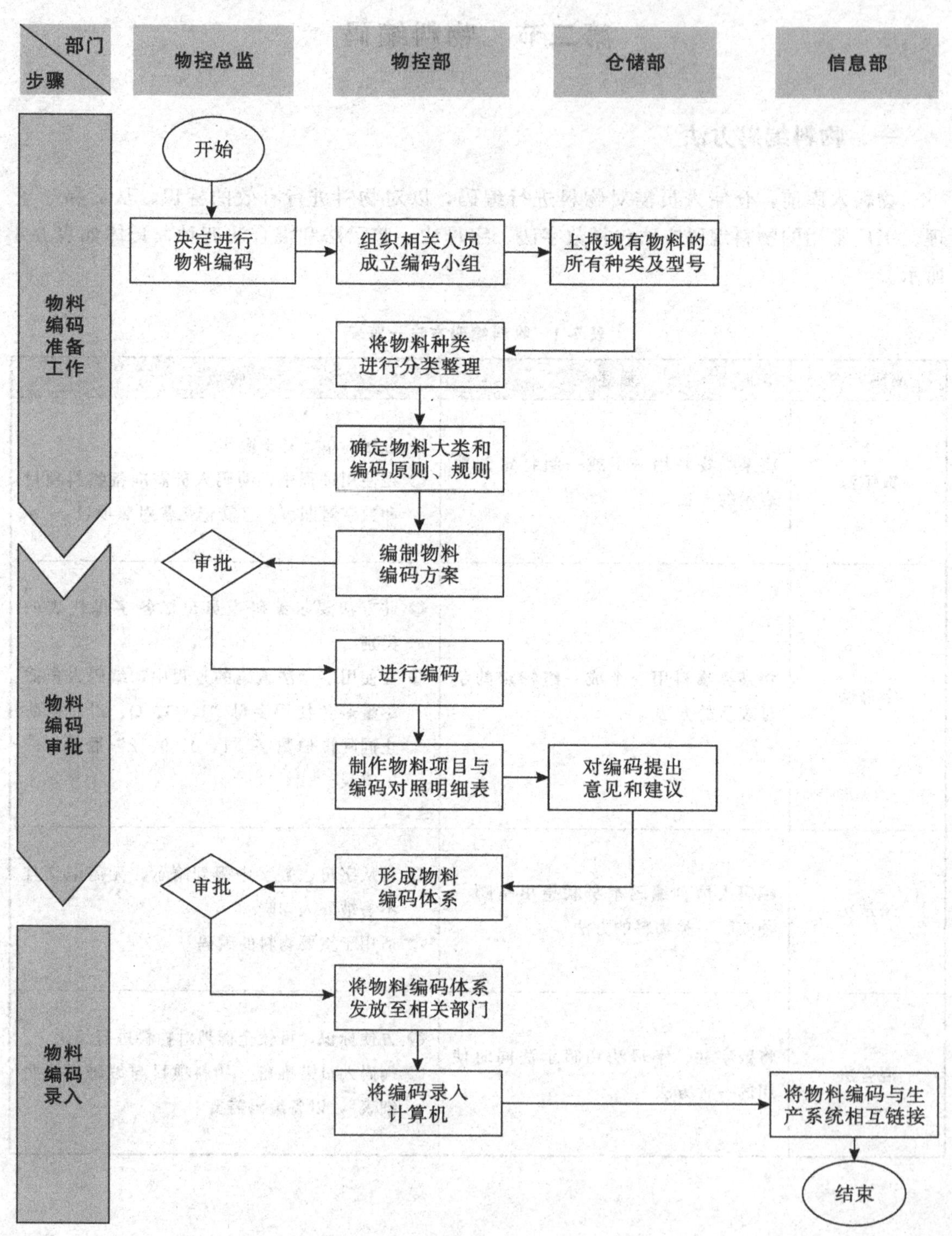
部门
步骤
物控总监
物控部
仓储部
信息部
物料编码准备工作
物料编码审批
物料编码录入
开始
决定进行物料编码
组织相关人员成立编码小组
上报现有物料的所有种类及型号
将物料种类进行分类整理
确定物料大类和编码原则、规则
编制物料编码方案
审批
进行编码
制作物料项目与编码对照明细表
对编码提出意见和建议
形成物料编码体系
审批
将物料编码体系发放至相关部门
将编码录入计算机
将物料编码与生产系统相互链接
结束

三、物料编码规定

制度名称	物料编码规定			受控状态	
				编　　号	
执行部门		监督部门		编修部门	

第 1 条　目的。

为增强物料资料的正确性和可追溯性，简化物料仓储管理工作，方便物料领用，提高仓储工作效率，防止物料舞弊现象发生，特制定本规定。

第 2 条　适用范围。

本规定适用于原材料、辅助材料、辅助用品、零部件、半成品和成品等的编码工作。

第 3 条　物料编码原则。

（1）唯一性。确保一种物料对应唯一一个编码，不能有所交叉，以便于计算机识别。

（2）可扩展性。编码应考虑到未来物料规格的增加而发生扩展或变动的情形，预留编码的扩展余地。

（3）编码长度适中。在编码过程中，编码的位数在满足扩展性的基础上需尽量少，且仓储部需根据物料特点，为不同种类物料设置不同的编码长度，但需保证同一类物料的编码长度一致。

（4）易于与其他系统接口。仓储部人员应事先了解工厂其他财务、采购、生产计划等系统的编码体系，在进行物料编码时应与其保持统一，方便系统间进行数据交换。

第 4 条　工厂物料按照大类分为六类，其对应编码为 01—原材料、02—辅助材料、03—燃料、04—工具器具、05—零部件和备件、06—半成品和成品。

（1）原材料物料编码结构如下图所示。

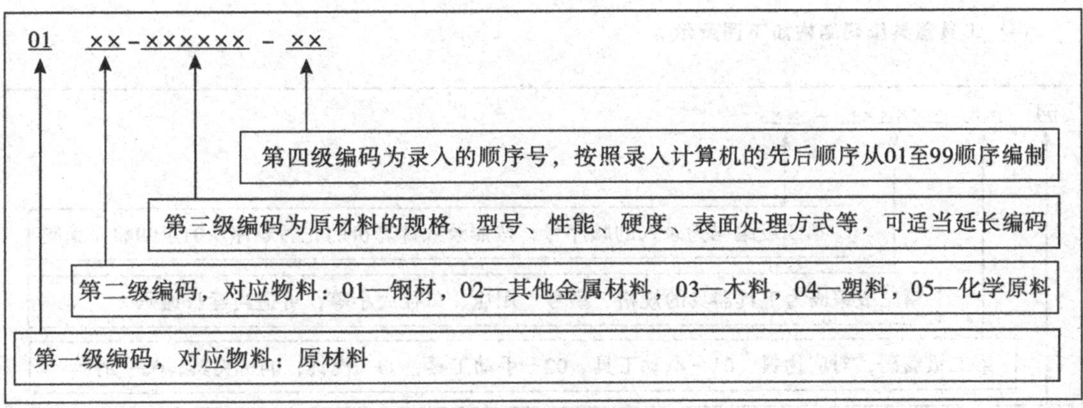

原材料物料编码结构示意图

（续）

（2）辅助材料物料编码结构如下图所示。

02 ×× - ××××

第三级编码为物料录入的顺序号，按照录入计算机的先后顺序从01至99顺序编制

第二级编码，对应物料：01—润滑材料，02—柴油，03—水泥，04—包装材料，05—线路板

第一级编码，对应物料：辅助材料

辅助材料物料编码结构示意图

（3）燃料物料编码结构如下图所示。

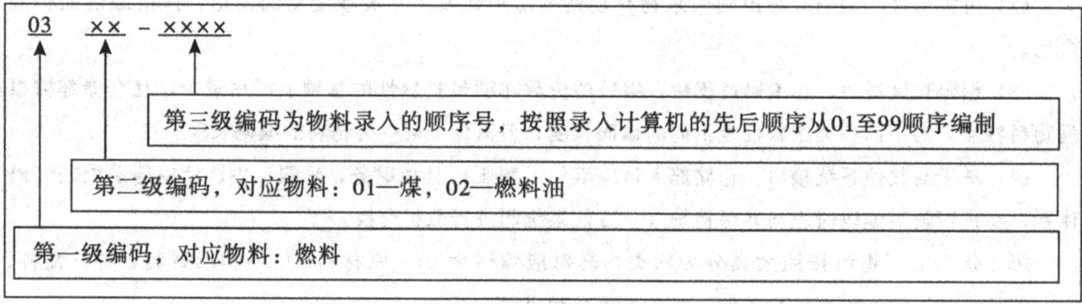

燃料物料编码结构示意图

（4）工具器具编码结构如下图所示。

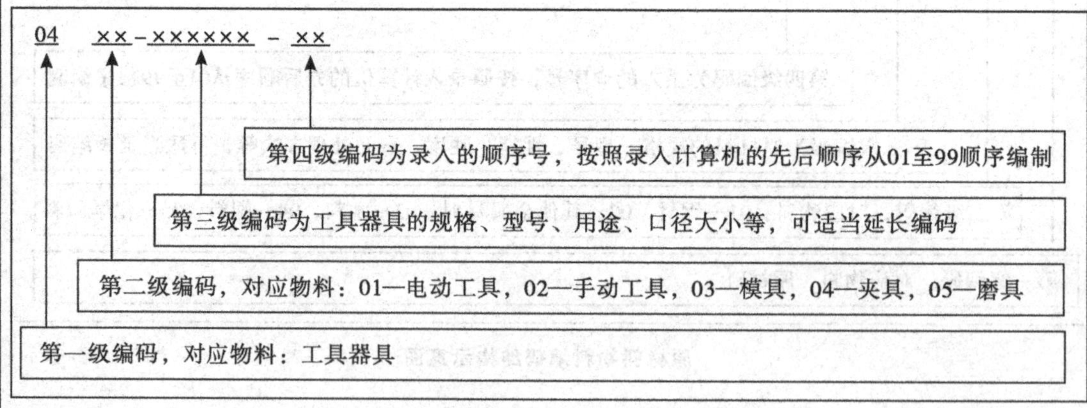

工具器具编码结构示意图

（续）

（5）零部件和备件编码结构如下图所示。

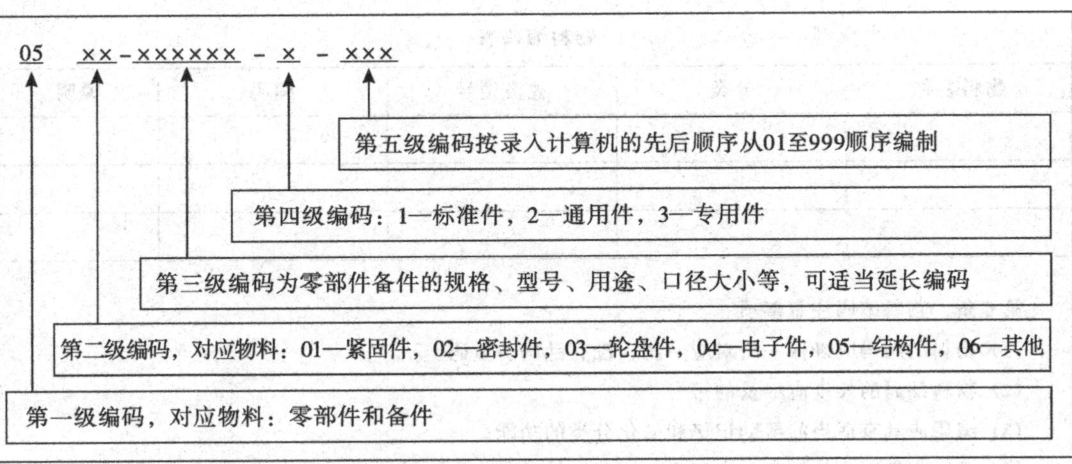

零部件和备件编码结构示意图

（6）半成品和成品编码结构如下图所示。

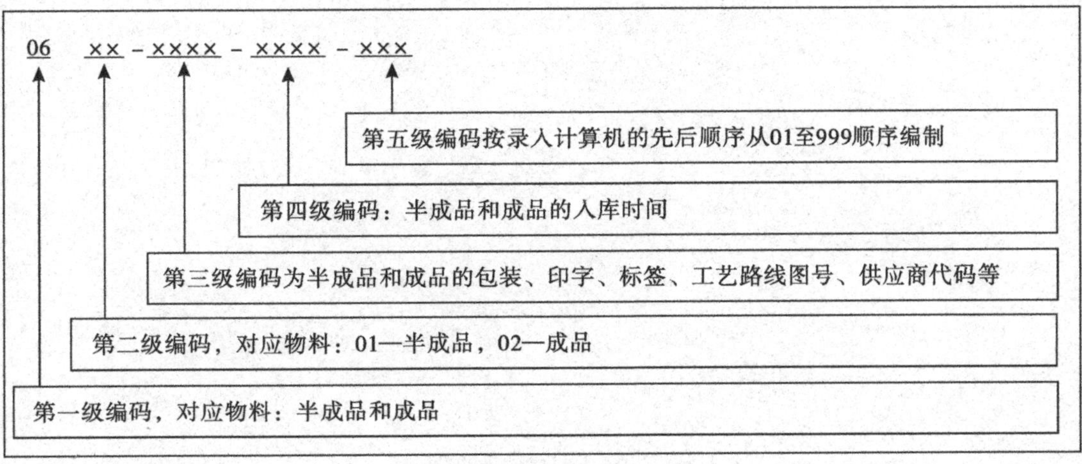

半成品和成品编码结构示意图

（续）

第 5 条　物料编码完成后将其列入“物料编码表”中并发放至相关部门。“物料编码表”如下表所示。

物料编码表

物料名称	分类	规格型号	编码	说明

第 6 条　物料编码注意事项。

（1）物料的编码应确保一码对应一物，没有乱码、重码。

（2）物料编码的长度应尽量的短。

（3）编码应具有适当的帮助记忆和简化分类的功能。

第 7 条　本规定由物控部负责制定、解释，报总经理批准后执行，修改时亦同。

第 8 条　本规定自颁布之日起执行。

修订记录	修订标记	修订处数	修订日期	修订执行人	审批人签字

第三节　物料存储

一、物料存储流程

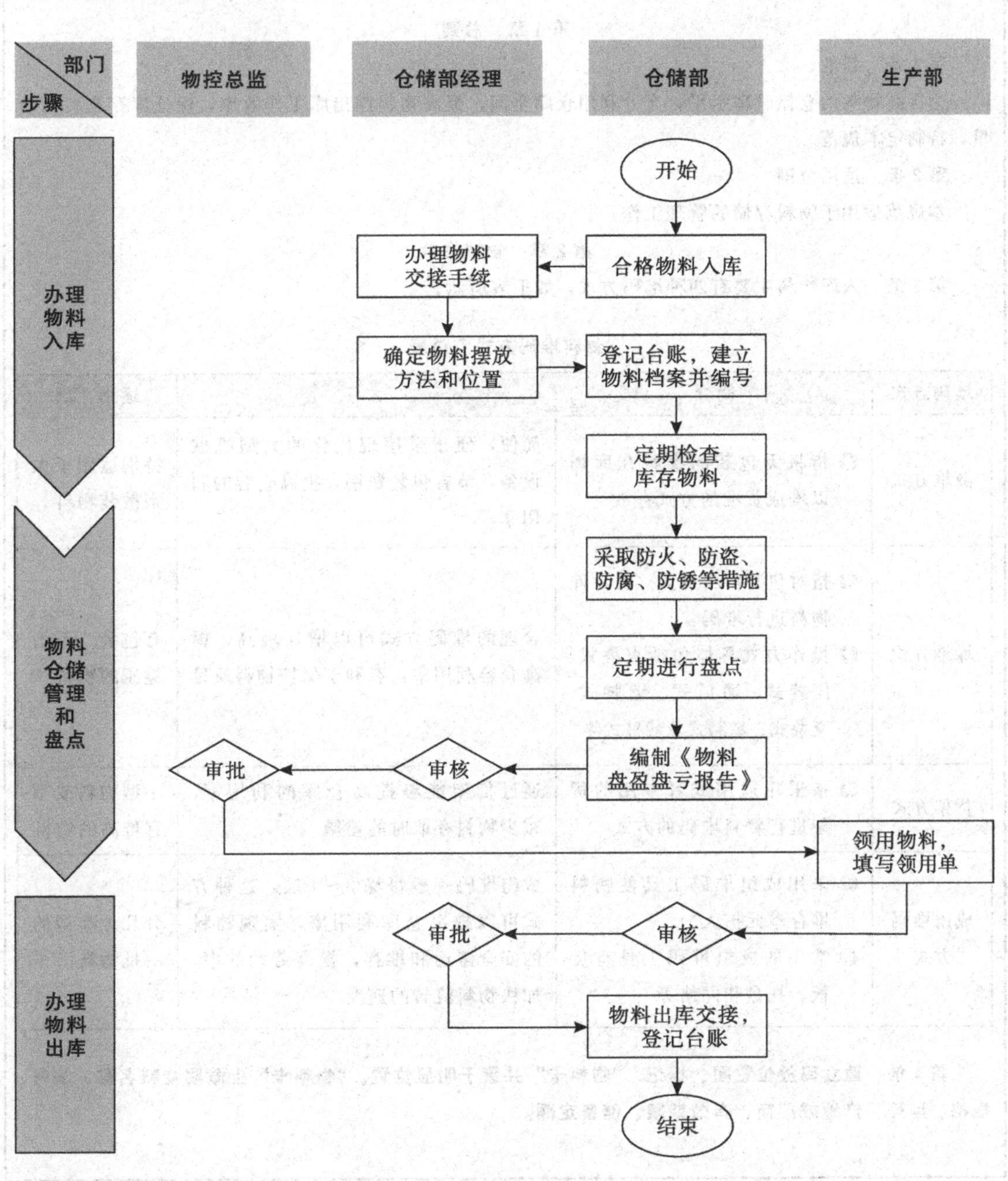

二、物料存储规范

制度名称	物料存储规范			受控状态	
				编　　号	
执行部门		监督部门		编修部门	

第 1 章　总则

第 1 条　目的。

为提高物料的仓储管理水平，充分利用仓库空间，提高物料进出库工作效率，保证库存物料的质量，特制定本规范。

第 2 条　适用范围。

本规范适用于物料存储的管理工作。

第 2 章　物料堆放

第 3 条　入库物料主要有四种堆码方式，如下表所示。

物料堆码方式汇总表

堆码方式	简介	优点	适用范围
散堆方式	◎ 指将无包装的物料在库场以堆成货堆的方式存放	简便，便于采用现代化的大型机械设备，节省包装费用，提高仓容的利用率	特别适用于大宗散装物料
垛堆方式	◎ 指对包装物料或大（长）件物料进行堆码 ◎ 操作方式具体包括直叠式、压缝式、通风式、缩脚式、交叠式、牵制式及栽桩式等	合理的堆码方式可以增加堆高，提高仓容利用率，有利于保护物料质量	有包装、不怕重压的物料
货架方式	◎ 指采用通用或者专用的货架进行物料堆码的方式	通过货架能够提高仓库的利用率，减少物料存取时的差错	小型物料或不宜堆高的物料
成组堆码方式	◎ 采用成组堆码工具使物料堆存单元扩大 ◎ 常用的成组堆码工具有货板、托盘和网络等	成组堆码一般每垛 3～4 层，这种方式可以提高仓库利用率，实现物料的安全搬运和堆存，提高劳动效率，加快物料流转的速度	分几种类型的一批物料

第 4 条　建立码放位置图、标记、“物料卡”并置于明显位置。“物料卡”上载明物料名称、编号、规格、型号、产地或厂商、有效期限、储备定额。

（续）

第 5 条　凡存储量大的物料采用落地堆放方式，周转量小的用货架存放。

第 6 条　物料堆放的原则。

(1) 本着“安全可靠、作业方便、通风良好”的原则合理安排垛位和规定地距、墙距、垛距、顶距。

(2) 结合物料品种、规格、型号和仓库条件分门别类进行堆放（在可能的情况下推行五五堆放法），以方便作业和盘点。

(3) 物料存放应考虑其忌光、忌热、防潮等因素。仓库内部应严禁烟火，并定期实施安全检查。

(4) 物料堆放应符合“先进先出”原则，按照《物料先进先出方案》进行堆放。

第 3 章　物料盘点管理

第 7 条　仓库建立库存数量账，每日根据出入库凭单及时登记核算，月终结账和实盘完毕后与财务部对账。

第 8 条　经常进行盘点，做到日清月结，按规定时间编报库存日报和库存月报。

第 9 条　库存成品应定期或不定期地盘点，盘点时由财务部将盘点项目依规格类别填具“成品盘点表”，会同物控部进行盘点并按实际盘点数量填入数量栏内。

第 10 条　物料仓储实施电脑化作业后，“成品盘点表”由计算机制表。

第 4 章　仓库环境管理

第 11 条　仓库内应干燥整洁、地面平坦，仓库大门、窗户应完好，所配备钥匙、库门开启装置实行专人管理。

第 12 条　仓库灯光应充足，能满足仓库夜间操作要求（如货运发货等），仓库电源线不得有裸露现象。

第 13 条　仓库应配备足够的消防器材，定期检查是否失效。仓库的消防器材应放在容易发现、拿取的位置。

第 14 条　库内应画黄线标明库位、垛位、道路等。库内通道应畅通，不得有物品阻碍车辆通行。

第 15 条　仓库应具备进、出货的装卸平台，便于出入库操作。

第 16 条　每个仓库应有仓库平面图，且注明库内产品分布、仓库平面结构、仓库面积。

第 17 条　库内应具备装卸工装卸时的垫板，具备装卸必备的工具，如推车、叉车等。

第 18 条　仓库地面应保持无灰尘、碎屑、纸屑等杂物。库内应具备清洁工具（扫把、墩布、垃圾箱等）。各仓库的推车、扫把等工具应集中摆放在固定、合理的位置，不得随意乱扔。

第 5 章　仓库安全管理

第 19 条　建立健全出入库人员登记制度。入库人员必须经物料仓管员的同意，并且登记之后方可在物料仓管员的陪同下进入仓库。入库人员一律不得携带易燃、易爆物品，不得在仓库吸烟。入库搬运时，要根据物料特性及大小、轻重的不同选择合适的搬运工具，以免碰撞损坏。

第 20 条　仓库保管的物料，非经工厂主管领导的许可，任何人不得私自挪用、试用、调换和外借。

第 21 条　物料仓管员有权拒绝不符合工厂规定的物料出库、移库、退库等请求。

第 22 条　易燃品、易爆品或违禁品不得携带进入仓库，物料仓管员应随时注意。

（续）

第 23 条　做好各种防范工作，确保物料的安全存放。预防内容包括：防火、防盗、防潮、防锈、防腐、防霉、防鼠、防虫、防尘、防爆、防漏电。

第 24 条　仓库要有必要的安全设施、灭火设备，安全门必须齐全有效，水电线路必须畅通无阻，以利防火、防盗等。物料仓管员应严格执行安全保卫工作的规定，切实做好防火、防盗等工作，定期检查维修消防器材和设备，保证仓库和物料财产的安全。

第 25 条　仓库内不得吸烟，若因工程需要焊烧作业时，应先报备，并经允许后方可进行。

第 26 条　物料仓管员不得擅自离岗，库房无人时必须上锁，无关人员不得进入库区。

第 27 条　做好仓库与供应、销售环节的衔接工作，在保证合理储备的前提下，力求减少库存，并对物料的利用、积压等情况提出处理意见。

第 6 章　废料处理

第 28 条　废料的认定。凡不能再加工的物料或不能提高使用价值、创造利润的废弃产品均称为废料。

第 29 条　仓储部应定期巡查仓库；发现废料，仓库仓管员应填“物料报废申请表”，如下表所示。

物料报废申请表

编号：　　　　　　　　　　　　　　　　　　　　　　　　日期：____年__月__日

品名	规格	报废原因	处理方式	数量	单价	金额	预计回收金额	备注
合计								
仓储主管意见	签字：　　　　　日期：____年__月__日							
仓储部经理意见	签字：　　　　　日期：____年__月__日							

第 30 条　废料的回收。

（1）各工作场所应置放废料桶，以便于工作人员随时存放一处并一次搬运。

（2）各工作场所当日产生的废料，应于当日搬往各规定的废料存放区。

（3）仓储部收到各部门送到的废旧物料时，应详细记录，按照品名、数量签收。

第 31 条　废料的保管。

（1）设置废料存放区，按类别分开存放，勿随地丢弃。

（2）各部门收集的各种废料，送交仓储部统一处理。

（续）

第 32 条 废料的处理方式。

(1) 出售处理。

① 各种废料由仓储部负责分别觅商访价，会同行政部定价。

② 装车时仓储部应派人随车监视，以免购买者夹杂有用物料或偷窃其他物料。

③ 过磅时通知行政部会同办理，同时注意防止承购商作弊，并在“废料处理单”上共同签字确认。

④ 仓储部主管根据“废料处理单”开具“销货单”及发票。

(2) 回收处理。

① 将待处理废料集中一处并按其结构进行解体。

② 按物料组成进行分类处理，回收利用。

③ 不能解体的物资仍按出售方式处理。

第 7 章 附则

第 33 条 本规范由仓储部负责制定、解释，报总经理批准后执行，修改时亦同。

第 34 条 本规范自颁布之日起执行。

修订记录	修订标记	修订处数	修订日期	修订执行人	审批人签字

三、储位管理细则

制度名称	储位管理细则			受控状态	
				编　号	
执行部门		监督部门		编修部门	

第 1 章 总则

第 1 条 目的。

为合理安排物料存放位置，提高物料出入库工作效率，缩短作业时间，最大化地使用仓储空间，特制定本细则。

第 2 条 适用范围。

本细则适用于工厂用于存储物料的仓库的储位管理工作。

第 2 章 储位管理原则

第 3 条 物料周转率原则。

将物料按周转率由大到小排序，再将此排序分为五段，属同一段中的货品列为同一级，为每一级物料指定存储区域，周转率越高应离出入口越近。

（续）

第4条　物料相关性原则。

通过分析历史订单数据和计算物料的相关性，将相关性大的物料放置在同一区域，以缩短提取路程，缓减工作人员疲劳，简化清点工作。

第5条　物料同一性原则。

将同一物品存放于同一位置，以方便仓库管理人员存取，节约时间。

第6条　物料互补性原则。

互补性高的物料应存放于邻近位置，以便在缺货时可以迅速以另一物料替代。

第7条　物料尺寸原则。

储位规划应考虑单个物料的体积以及成批的同一物料堆放在一起的体积和形状，设置不同大小的位置，以容纳不同数量和大小的物料，使物料存储数量和位置适当，减少搬运时间。

第8条　物料相容性原则。

相容性低的物料不可放置在一起，以免损害物料品质。

第9条　重量特性原则。

较重的物料应存放于地面上或料架的下层位置，重量轻的物料应存放于料架的上层位置。人工搬运作业时，人腰部以下的高度用于存放重物或大型物品，腰部以上的高度用来存放重量轻的物料或小型物料。

第3章　储位规划

第10条　物料仓库储位规划的分类。

一般物料仓库的储位规划是将仓库划分出入库暂存区、储存区和拣货区。

第11条　出入库暂存区的规划。

（1）出入库暂存区主要完成物料入库前的接货、卸货、清点、分类、入库准备和出库前的清点、包装、整理等工作，物料停留时间不能过长。

（2）出入库暂存区应设在仓库的出入口附近，面积不能过大。

第12条　储存区的规划。

（1）储存区应规划在仓库的中心位置，多条通道贯穿其中。

（2）储存区应选择仓库中最高的位置，方便大型物料的放置。

（3）储存区的有效利用方式包括下列三个方面。

① 向上发展，即计算好地面与库顶的距离，借助于专用设备，充分利用立体空间。

② 仓库边角地带的利用。

③ 减少通道面积。

（4）储存区的布置方式包括下列三种。

① 横列式，即货垛或货架与库房的宽向平行排列。

② 纵列式，即货垛或货架与库房的宽向垂直排列。

③ 混合式，即将横列式与纵列式混合在同一个库房布局。

（5）规划储位应注意的问题包括但不限于下列四个方面。

① 根据物料的储备定额决定储位。为了保证物料有足够的空间存储，仓库规划人员应根据物料储

（续）

备定额，规划其在仓库中的储位。对于储备定额量较大的物料，应该规划出较大储位对其进行存放；对于储备定额量较小的物料，可以适当地划定较少储位。

② 根据物料的使用频率确定储位。为了加快物料的流转速度，对于那些使用频率较高、周转速度较快的物料，应该将其储位确定在距离仓库进出口较近、便于装卸及搬运的位置；而那些使用频率低的物料，可以将其储位确定在仓库的中央。

③ 根据物料的保管要求划分储位。为了方便物料的保存及养护，仓库规划人员可以根据物料的保管要求对物料的储位进行划分，将需要不同的温湿度、保养方法以及灭火方法的物料进行分类保存。

④ 根据物料分类目录规划储位。为了便于仓库中储存物料的管理，仓库规划人员可以根据物料的分类目录对其进行储位的规划。

第13条 拣货区规划。

(1) 拣货区应与出入库暂存区和储存区之间应有明显的区分标识。

(2) 拣货区应保证至少五个工人同时作业的空间。

(3) 拣货区应保证专用拣货设备的放置空间。

第4章 通道规划

第14条 通道规划的空间要求。

通道的规划应能提供物料的正确存取、装卸设备的进出及必要的服务空间。

第15条 仓库中的通道规划应考虑的因素。

(1) 搬运设备的大小、宽度、高度、回转半径。

(2) 储存物料的大小。

(3) 与出入口和出入库暂存区的距离。

(4) 储存物料的批量。

(5) 防火墙的位置。

(6) 行列空间及柱子间隔。

(7) 电梯位置。

第5章 附则

第16条 本细则由仓储部负责制定、解释，报总经理批准后执行，修改时亦同。

第17条 本细则自颁布之日起执行。

修订记录	修订标记	修订处数	修订日期	修订执行人	审批人签字

四、物料仓安全保卫细则

<table>
<tr><td rowspan="2">制度名称</td><td colspan="3" rowspan="2">物料仓安全保卫细则</td><td>受控状态</td><td></td></tr>
<tr><td>编　　号</td><td></td></tr>
<tr><td>执行部门</td><td></td><td>监督部门</td><td></td><td>编修部门</td><td></td></tr>
</table>

第 1 章　总则

第 1 条　目的。

为防范、制止意外事故对仓库物料的破坏，加强仓库治安保卫工作，切实做好防火防盗工作，确保仓库的消防安全，保证库存物料完好无损，特制定本细则。

第 2 条　组织设置。

（1）根据仓库规模的大小、生产特点、所储存物料的重要程度确定仓库保卫组织的规模，小型仓库可不必单独设立保卫机构，但应配备专职或兼职的安全管理员。

（2）仓库安全保卫组织的工作应该在本工厂主管部门的领导下进行，业务上受公安机关和上级保卫部门的双重领导。

第 2 章　治安保卫工作

第 3 条　仓库警卫职责。

（1）安排人员轮班，日夜轮流守卫仓库所有出入口，详细记录出入库人员的情况。

（2）安排专门人员负责闭路电视监控系统，经常检查、维护仪器设备，根据实际情况调节摄像角度，做好 24 小时录像。定期进行数据光盘的复制。

（3）发现异常情况及时报告，并向接班人员交待清楚，做好交接班记录。

（4）阻止非仓库人员进入仓库，严禁火种、易燃、易爆等危险品被带进仓库。

（5）核对出库凭证，检查出库商品与出库凭证是否相符，并做好相应记录。

第 4 条　仓库安全员职责。

（1）定期检查安全设施的使用状况，消除各种安全隐患。

（2）开展安全教育，提高仓库作业人员的安全意识。

（3）根据季节和天气变化开展物料的防台风、防汛、防暑、防寒、防冻等工作。

（4）定期对仓库的安全工作进行总结，提出改进意见。

第 5 条　日常工作要求。

（1）对外来人员、车辆进行登记。

（2）对物料出库凭证及出库物料进行详细核对。

（3）定期检查仓库安全，详细地记录检查情况。

（4）指挥车辆、人员的进出，保持仓库通道畅通，停车摆放整齐。

（5）保卫室不得兼作其他场所，不能放置无关物料，无关人员不得进入保卫室闲聊。

（6）各种危险品、车辆、油料、易燃品严禁进入库区。

（7）仓库区域内严禁烟火和明火作业，确因工作需要动用明火，应按照规定提请上级领导审批。

（8）严禁来宾夜间留宿。特殊情况应报工厂保卫部备案。

（续）

(9) 下班前，应关闭水、暖、电源的开关，锁好门窗。上班后，如发现库房内有被盗迹象，应保护好现场，并尽快通知相关部门处理。

第3章　消防管理

第6条　仓库消防设施管理要求。

(1) 新建、扩建和改建的仓库建筑设计，应符合国家建筑设计防火规范的有关规定，并经公安消防监督机构审核。

(2) 应按照国家有关消防技术规范配备消防设施和器材。

① 消防设施包括：水塔、水泵、水池、消防供水管道、消火栓、消防车和消防泵等。

② 消防器材主要是各种类型的灭火器、沙箱、大小水桶、斧、钩、锹等。

(3) 应指定专人负责消防设施与器材的检查、维修、保养、更换和添置，保证完好有效，严禁圈占、埋压和挪用。

(4) 消防器材应设置在明显和便于取用的地点，周围不准堆放物料。

(5) 库区的消防车道和仓库的安全出口、疏散楼梯等消防通道，严禁堆放物料。

(6) 仓库的电气装置应符合国家现行的有关电气设计和施工安装验收标准规范的规定。

(7) 库房内不应设置移动式照明灯具，不能使用电炉等取暖设备。

(8) 仓库内电器设备必须由持合格证的电工进行安装、检查和维修保养。

(9) 仓库应设置醒目的防火标志。

(10) 库房内严禁使用明火，库房外动用明火作业时，必须办理《动火证》，并采取严格的安全措施。库区以及周围50～100米内，严禁燃放烟花爆竹。

第7条　物料消防管理。

(1) 仓库内不准存放易燃杂物，物料存放地距照明灯不得小于0.5米。

(2) 仓管员应熟悉本库物料的物理、化学性能，对易碎、易潮、易溶化的物料要进行特殊维护，保持库内正常的温度、湿度，经常通风。

(3) 露天存放的物料应分类、分堆、分组和分垛，并留出必要的防火间距。

(4) 桶装液体，不宜露天存放，必须露天存放时，在炎热季节必须采取降温措施。

(5) 容易相互发生化学反应和灭火方法不同的物料，必须分间、分库储存，并在醒目处标明物料的名称、性质和灭火方法。

(6) 物料入库前应当有人负责检查，确定无火种等隐患后，方准入库。

(7) 化学液体的包装容器应当牢固、密封，发现破损、残缺、变形、物料变质、分解等情况时，应及时进行安全处理。

(8) 使用过的油棉纱、油手套等沾油纤维物料以及可燃包装物，应当存放在安全地点，定期处理。

第8条　基本灭火方法。

(1) 冷却法：把燃烧物的温度降低到其燃烧点以下，使之不能燃烧。如水、酸碱灭火器、二氧化碳灭火器等均有一定的冷却作用。

（续）

(2) 窒息法：使燃烧物与氧气隔绝，如沙土、湿棉被、二氧化碳灭火器、四氯化碳灭火器、泡沫灭火器等。

(3) 拆移法：即搬开、拆除可燃烧的东西，使火不能蔓延。

(4) 遮断法：将浸湿的麻袋、旧棉被等物遮盖在火场附近的其他易燃物和未燃物上，防止火势蔓延。

(5) 分散法：将集中的物资迅速分散，孤立火源，一般用于露天仓库，库内也可以采用。

第 9 条　化工危险品火灾的扑救。

(1) 爆炸品引起的火灾主要用水扑救，氧化剂起火大多数可用雾状水扑救，也可以分别用二氧化碳灭火器、泡沫灭火器和沙土扑救。

(2) 易燃液体发生火灾用泡沫灭火器最有效，也可用干粉灭火器、沙土、二氧化碳灭火器扑救。由于绝大多数易燃液体都比水轻，且不溶于水，故不能用水扑救。

(3) 易燃固体发生火灾一般可用水、沙土和泡沫灭火器、二氧化碳灭火器等扑灭。

(4) 毒害性物品失火，一般可用大量水扑救，液体有毒的宜用雾状水或沙土、二氧化碳灭火器。但氰化物着火，不能使用酸碱灭火器和泡沫灭火器，因为酸与氰化物作用能产生极毒的氰化氢气体，危害性极大。

(5) 腐蚀性物品中，碱类和酸类的水溶液着火可用雾状水扑救；但遇水分解的多卤化合物、氯磺酸、发烟硫酸等，不能用水扑救，只能用二氧化碳灭火器施救，有的也可用干沙土灭火。遇水燃烧的物料，只能使用干沙土和二氧化碳灭火器灭火。

(6) 自燃性物料起火，可用大量水或其他灭火器材扑灭。

(7) 压缩气体起火，可用沙土、二氧化碳灭火器、泡沫灭火器扑灭。

(8) 放射性物品着火，可用大量水或其他灭火剂扑灭。

第 10 条　其他要求。

(1) 进入库区的所有机动车辆，必须做好防火工作。各种机动车辆装卸完物料后，不准在库区、库房、货场内停放和修理。

(2) 仓库内严禁吸烟，严禁使用明火，不得随意乱接电源线。

(3) 应定期对仓库消防员进行业务培训和消防练兵，提高自防自救工作水平。

(4) 仓管员应经常清洁库内地面、货架、物资的尘土，保持库内干净整齐。

(5) 仓管员应熟记火灾报警信号，熟知灭火器材的属性，能够正确使用各种灭火器材。

第 4 章　附则

第 11 条　本细则由仓储部负责制定、解释，报总经理批准后执行，修改时亦同。

第 12 条　本细则自颁布之日起执行。

修订记录	修订标记	修订处数	修订日期	修订执行人	审批人签字

第四节　物料盘点

一、物料盘点规划

物料盘点可以完善物料库存管理工作，有效控制库存物料的质量，降低库存成本，因此，工厂仓储部应加强对物料盘点的管理。在物料盘点前，工厂仓储部需对物料盘点工作做出合理的规划，以保证物料盘点工作的顺利展开。

物料盘点规划通常包括明确盘点目的、选择盘点方式、制定盘点纪律、确定盘点时间与盘点人员、安排盘点实施工作等内容，具体如表5-2所示。

表5-2　物料盘点规划内容一览表

规划项目	说明
明确盘点目的	◎ 即仓库盘点工作所要达成的工作目标，其制定与明确，可为盘点工作的展开提供指导，从而保证盘点工作的顺利进行 ◎ 仓储部需根据物料使用安排及物料库存管理的相关规定，确定物料盘点的目的
选择盘点方式	◎ 工厂需根据盘点目的及仓库物料储存的实际情况，选择合适的物料盘点方式进行物料盘点，以保证盘点工作高效地展开，同时确保盘点结果的准确性 ◎ 工厂常见的盘点方式：循环盘点、定期盘点、临时盘点
制定盘点纪律	◎ 仓储部需明确盘点工作的相关纪律，以有效规范盘点人员的工作行为，从而确保盘点工作的有效性
确定盘点时间与盘点人员	◎ 仓储部需明确盘点时间，确保盘点工作能够按时进行 ◎ 仓储部需根据盘点工作的时间需要，安排盘点人员，并组织盘点人员参加相关培训，确保盘点工作能够保质保量的完成
安排盘点实施	◎ 仓储部需做好盘点实施安排工作，明确盘点工作展开程序，制定盘点工作标准，确定盘点人员工作职责，保证盘点工作有序高效地展开

二、物料盘点流程

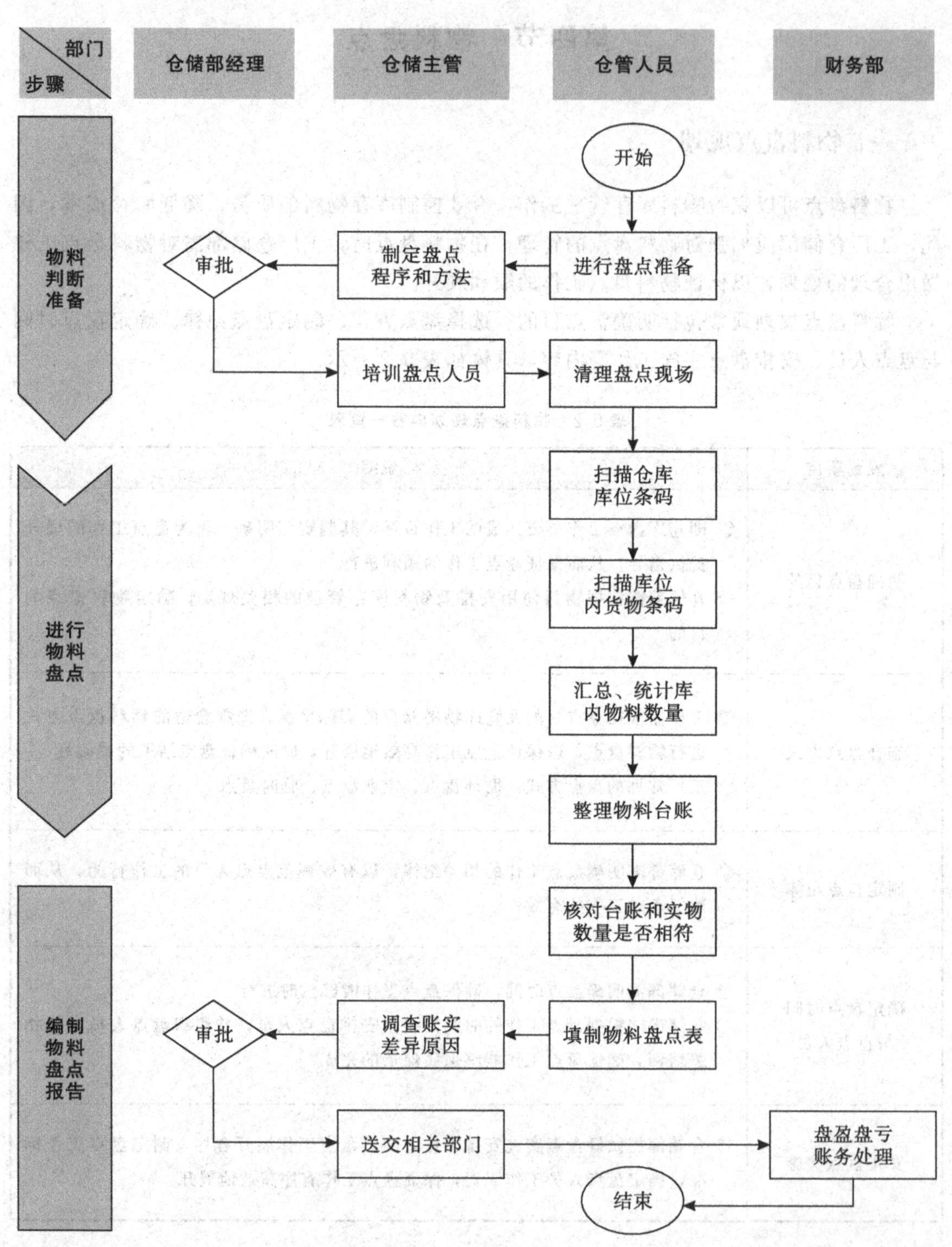
部门
步骤
仓储部经理
仓储主管
仓管人员
财务部
物料判断准备
进行物料盘点
编制物料盘点报告
开始
进行盘点准备
制定盘点程序和方法
审批
培训盘点人员
清理盘点现场
扫描仓库库位条码
扫描库位内货物条码
汇总、统计库内物料数量
整理物料台账
核对台账和实物数量是否相符
填制物料盘点表
调查账实差异原因
审批
送交相关部门
盘盈盘亏账务处理
结束

三、物料盘点制度

制度名称	物料盘点制度			受控状态	
				编　　号	
执行部门		监督部门		编修部门	

第 1 章　总则

第 1 条　目的。

为明确物料盘点的时间、内容和记录，保证库存物料的安全完整性和台账记录准确性，明确库存物料的具体数量和种类，特制定本制度。

第 2 条　适用范围。

本制度适用于库存物料的盘点工作。

第 3 条　盘点方法。

物料盘点方法包括循环盘点、定期盘点、临时盘点三种。具体内容如下表所示。

常见盘点方法及其特点

名称	概念	特点	常用方法
循环盘点	按照物料入库的先后顺序，每天、每月，按顺序、分部分进行盘点，到月末或期末每项物料至少完成一次盘点	盘点是在仓库管理人员的日常工作中进行，盘点时不必停止仓库作业，可减少停工的损失	盘点单盘点法、盘点签盘点法、货架签盘点法
定期盘点	又称全面盘点，由仓储主管领导会同其他仓管员按月、季、年度，对库存物料进行一次全面的清查盘点，是库存盘点的主要方式	能对库存的物料进行全面的盘点，且盘点准确性高，但是盘点时必须停止仓库作业，并且需要大量的人员从事盘点工作	分区轮盘法、分批分堆盘点法、最低存量盘点法
临时盘点	又称突击性盘点，根据需要在日常盘点没有及时跟上、仓管员办理交接、发生意外事故或在台风、梅雨、严寒等季节进行的临时突击盘点	盘点内容根据实际需要而确定，可以是全面的，也可以是局部、重点的	根据具体需要、灵活采用上述几种盘点方法

第 2 章　盘点前的准备工作

第 4 条　在进行实地盘点之前，仓管人员应对放置物料的场地进行清洁整理。

第 5 条　尚未办完入库手续的物料，应与库存的物料分开，以免盘入盘点物料当中。

（续）

第 6 条　办完入库手续的物料应即时整理归仓，若一时来不及入仓，可暂存于场内，登记在临时账上。

第 7 条　将呆滞物料、不良物料和废旧物料单独放置，以避免与其他正常物料混淆。

第 8 条　整理所有单据、文件和台账，结清未登账、销账的单据。

第 9 条　大型或年度盘点之前，仓管人员应先自行盘点，发现问题应及时上报。

第 10 条　提前将盘点工作中所需的工具如计量用具、盘点表、笔等准备好。

第 11 条　做好相关的人力配置与任务分工，确定盘点小组，包括盘点、复盘、监盘人员。

第 12 条　明确盘点的流程与方法，确定盘点日期，制订盘点计划。

第 13 条　开展盘点小组培训，培训内容如下表所示。

盘点工作培训内容一览表

培训项目	具体培训内容
盘点物料的相关知识	◎ 盘点现场的基本情况 ◎ 盘点物料的基本知识
盘点表的使用	◎ 盘点表的使用 ◎ 盘点表的领取与收回 ◎ 盘点表的记录与书写规范 ◎ 签字确认 ◎ 其他
盘点操作	◎ 盘点过程中的注意事项 ◎ 盘点的范围 ◎ 盘点点数的原则 ◎ 初盘、复盘、抽盘的相关规定 ◎ 其他

第 3 章　实施盘点

第 14 条　盘点工作分工。仓储部将仓库分成几个区域，确保各区之间不重合。盘点人员进行分工合作，各负责不同区域，提高工作效率。

第 15 条　数量清点。盘点人员按顺序对物料进行盘点，对计件、计重、计尺物资按照相对应的办法进行清点。

第 16 条　填写盘点表。

（1）盘点人员根据清点结果，填写盘点表。盘点表填写错误不得撕毁，而应于更改后在更改处签名。盘点表如下表所示。

（续）

物料盘点表

盘点人		盘点表单号	
盘点时间		仓库名称	
物料名称		编号	
规格型号		单位	
存放货位号		数量	
存放货位号		数量	
存放货位号		数量	
不良品统计		破损或其他	
数量总计			
账面数量			
盈亏数量			
盈亏原因			
备注			
填表人		审核人	

（2）初盘结束后，初盘人员将盘点表交予复盘人员。

第 17 条　复盘。复盘人员不应受初盘人员的影响，应重新清点物料数量。复盘与初盘有差异的，应与初盘人员共同找出原因，确认后在盘点表上注明。

第 18 条　盘点数据统计。盘点结束后，盘点人员根据盘点表汇总统计物料的库存数等，将统计结果填入相应的表单，如“物料盘点表”、“物料盘点汇总表”、“呆废品统计表”、“待整理成品统计表”等。“物料盘点汇总表”如下表所示。

物料盘点汇总表

名称	规格型号	盘点数据		账面数据		盘盈		盘亏		差异原因
		数量	金额	数量	金额	数量	金额	数量	金额	
审核审批										
仓储主管	签字：					日期：____年__月__日				

（续）

仓储部经理	签字：　　　　　　　　　　　　　日期：____年__月__日
总经理	签字：　　　　　　　　　　　　　日期：____年__月__日

第4章　盘点结果处理

第19条　盘点工作结束后，将实际库存与台账相核对，发现账物不一致的现象，应查明原因并分析。

第20条　差异原因。

（1）账物处理系统管理制度和流程不完善，导致物料数据不准确。

（2）盘点时发生漏盘、重盘、错盘等现象，导致数据不准确。

（3）盘点前数据资料未结清，使账面数据不准确。

（4）出入库作业时产生误差。

（5）盘点人员在盘点过程中的过失，如物料损坏、丢失等。

第21条　差异处理。

1. 自然溢损。

（1）物料在库存中出现的干耗或吸潮升溢，在升损率合理的范围内，可填制升损报告，经仓储部经理审批后，报财务部作“营业外收入”或“管理费用”科目处理。

（2）超出合理升损率的损耗或溢余，应先填制升损报告，查明原因，说明情况，报仓储部经理审批，通过后报财务部作“营业外支出”或“管理费用”科目处理。

2. 人为溢损。

人为溢损应查明原因，经仓储部和生产部经理审批后作“待处理收入”或“待处理费用”科目处理。

3. 调整账面数量。

当盘点实际数量与账面数量不符时，仓库管理人员对产生差异的原因进行分析后，将盘点结果上报，经相关部门审批后调整相应的账面数量。

（1）仓储部经理审核“仓库实物盘点表”和“盈亏盘点表”后填制“盘点结果报审表”（一式三联），写明长短等主要原因，报相关部门审批。

（2）经相关部门审批签字后，第一联仓库商品账留存，第二联转会计，第三联转统计。

第5章　附则

第22条　本制度由仓储部负责制定、解释，报总经理批准后执行，修改时亦同。

第23条　本制度自颁布之日起执行。

修订记录	修订标记	修订处数	修订日期	修订执行人	审批人签字

四、盘点差异处理方案

文书名称	盘点差异处理方案	编　　号	
		受控状态	

一、目的

为规范物料盘点差异处理的方法，了解物料账实差异的程度，查找原因，特制定本方案。

二、人员

盘点差异处理参与人员包括：仓储部盘点人员、仓储主管、仓储部经理、生产部经理、财务部会计、财务部经理。

三、处理流程

(1) 盘点工作结束后，将实际库存物料与台账相核对。

(2) 存在账物不一致的现象，仓储部盘点人员和仓储主管查明原因。

(3) 仓储部盘点人员和仓储主管编制“物料盘点汇总表”、“物料盘点差异汇总表”、《物料盘点差异原因报告》和《物料盘点奖惩申请》，提交仓储部经理审核。

(4) 仓储部经理审核后提交生产部经理审批。

(5) 生产部经理审批后，仓储部对台账进行调整并对相关责任人进行奖惩。

(6) 财务部根据“物料盘点表”、“物料盘点汇总表”和“物料盘点差异汇总表”作账务处理。

四、相关人员责任

(一) 仓储部盘点人员

(1) 填制“物料盘点表”、“物料盘点汇总表”、“物料盘点差异汇总表”并上报。

(2) 对管辖范围内的物料盘点结果负责。

(3) 负责查找和分析盘点差异的原因。

(4) 担任物料仓管员的盘点人员还应对因保管不善造成的损失承担相应责任。

(5) 负责单据审核的盘点人员对因出入库物料单据的审核、保管和传递工作中出现的差错负责。

(二) 仓储主管

(1) 审核“物料盘点表”、“物料盘点汇总表”、“物料盘点差异汇总表”。

(2) 对物库存料的盘点结果负责。

(3) 负责分析和判断盘点差异的原因。

(4) 判断盘点差异是否在正常范围内。

(5) 编制《物料盘点差异原因报告》并上报。

(6) 查找盘点不正常差异的责任人并上报。

(7) 生产部经理审批后对仓库台账进行调整。

(三) 仓储部经理

(1) 审核“物料盘点表”、“物料盘点汇总表”、“物料盘点差异汇总表”。

(2) 分析和判断盘点差异是否在正常范围内。

(3) 分析并编制《物料盘点差异原因报告》并上报。

（续）

(4) 查找盘点不正常差异的责任人，分析原因并上报。

(四) 生产部经理

(1) 审批“物料盘点表”、“物料盘点汇总表”、“物料盘点差异汇总表”。

(2) 对《物料盘点差异原因报告》和《物料盘点奖惩申请》提出意见和建议并审批。

(3) 下发审核审批意见。

(五) 财务部经理

(1) 根据生产部经理的审批意见确定账务调整和处理方法。

(2) 对因财务处理不当引起的物料盘点差异负责并对责任人进行奖惩。

(六) 财务部会计

(1) 对盘点差异进行账务调整和处理。

(2) 对因财务账务处理不当引起的物料盘点差异负责。

五、盘点差异账务调整

（一）自然溢损

(1) 物料在库存中出现的干耗或吸潮升溢，在升损率合理的范围内，财务部作“营业外收入”或“管理费用”科目处理。

(2) 超出合理升损率的损耗或溢余，应先填制升损报告，查明原因，说明情况，经审批后财务部作“营业外支出”或“管理费用”科目处理。

(3) 仓储主管调整相应的账面数量。

（二）人为溢损

人为溢损应查明原因，经仓储部和生产部经理审批后作“待处理收入”或“待处理费用”科目处理。仓储主管调整相应的账面数量。

（三）事故毁损

(1) 事故毁损的物料，财务部按照原价扣除累计折旧、变价收入、过失人及保险公司赔款后的差额计入“营业外支出”。

(2) 仓储主管调整相应的账面数量。

（四）其他盘盈处理

(1) 财务部按照盘盈物料的同类或类似物料的市场价，减估计折旧的差额计入“营业外收入”。

(2) 仓储部建立和填制物料卡片。

六、责任人奖惩

(1) 因保管不善造成物料丢失、损坏、腐蚀、白条出库等，视情节轻重，物料仓管员赔偿物料盘亏额的 40%～80%。

(2) 因台账记录或账务处理错误导致物料盘点差异的，仓储部台账员和财务部会计每一笔罚款 50 元。

(3) 因物料采购、运送、装卸过程中的差错造成物料盘点差异，采购部相关物料负责人赔偿物料盘亏额的 30%～50%。

(4) 由上次盘点至今在物料保管过程中没有出现因保管和账务问题引起盘点差异的，仓储部相关人员每人奖励 200 元。

编制人员		审核人员		审批人员	
编制时间		审核时间		审批时间	

第五节　物料发放

一、物料发放流程

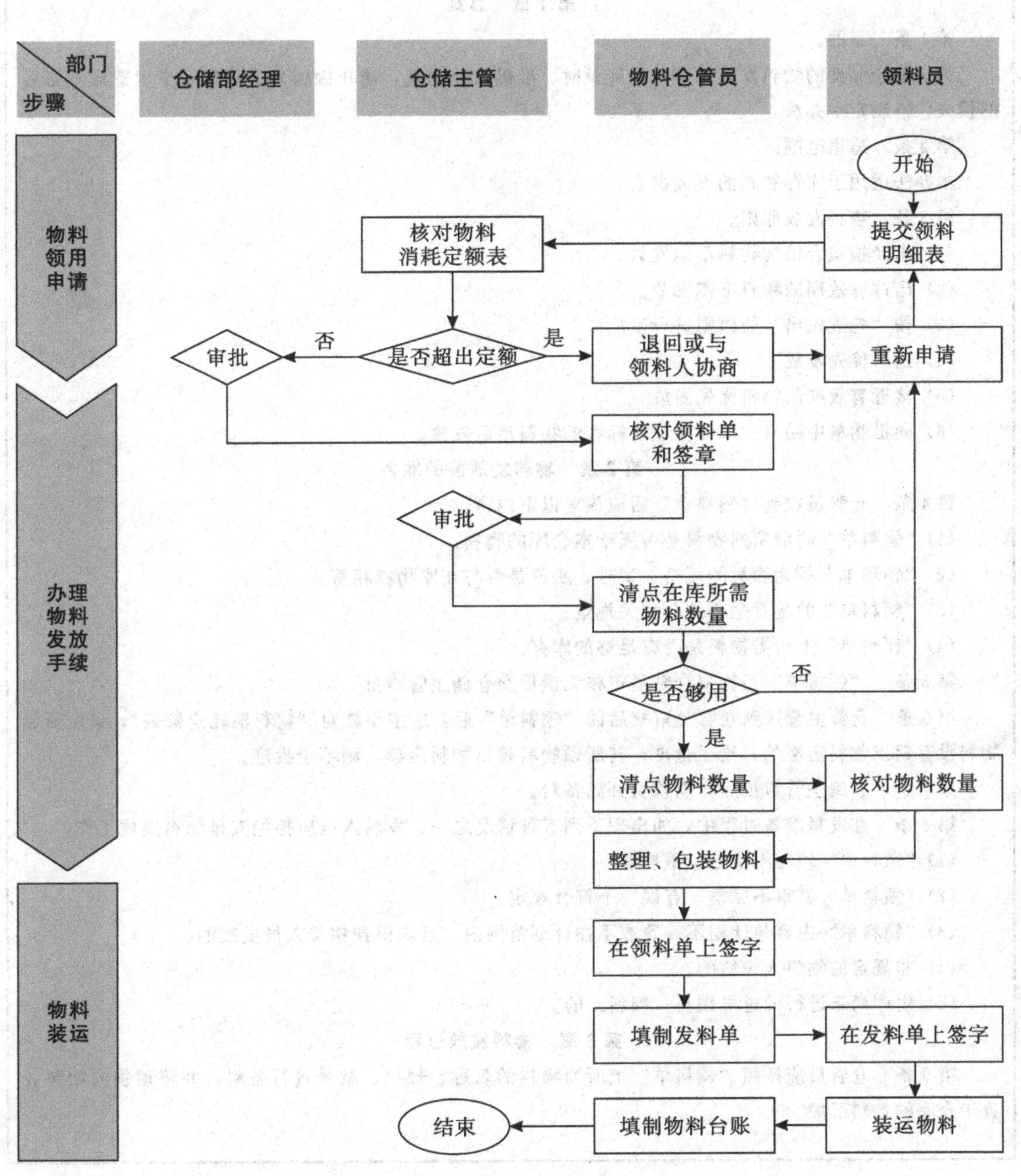

二、物料发放办法

<table>
<tr><td rowspan="2">制度名称</td><td rowspan="2" colspan="3">物料发放办法</td><td>受控状态</td><td></td></tr>
<tr><td>编　　号</td><td></td></tr>
<tr><td>执行部门</td><td></td><td>监督部门</td><td></td><td>编修部门</td><td></td></tr>
</table>

第 1 章　总则

第 1 条　目的。

为规范仓储部的物料发放工作，保证及时、准确发放物料，防止因错发、多发、少发造成不必要的损失，特制定本办法。

第 2 条　适用范围。

本办法适用于库存物料的发放事宜。

第 3 条　物料发放原则。

(1) 未经检验合格的物料不能发放。

(2) 已过有效期的物料不能发放。

(3) 按“先进先出”的原则进行发放。

(4) 退料优先发放。

(5) 接近有效期的物料优先发放。

(6) 同批物料中贴有“取样验证”标签的物料最后发放。

第 2 章　物料发放前的准备

第 4 条　仓管员收到“领料单”后应核对以下内容。

(1)“领料单”明细所列物料是否属于本仓库的物料。

(2)“领料单”所列物料的规格、型号、质量是否与在库物料相符。

(3)“领料单”的签章是否符合相关规定。

(4)“领料单”上所需物料是否有足够的库存。

第 5 条　“领料单”经物料仓管员审核无误后交仓储主管审批。

第 6 条　仓管主管接到仓管员审核后的“领料单”后，应主要核对“物料消耗定额表”，确定所领物料没有超出物料定额的，给予批准；若所领物料超出物料定额，则不予批准。

第 7 条　仓储主管审批后，仓管员开始备料。

第 8 条　在发料准备过程中，如出现下列五种情况之一，发料人员应拒绝安排物料发放工作。

(1)“领料单”填写不清楚、不规范。

(2)“领料单”签审不完整、有误、不符合规定。

(3)“领料单”内容与计划不一致或不在计划范围内，且未得到相关人员批准的。

(4) 非规定的领料人领料的。

(5) 生产尚未进行的过早领料（囤料）的。

第 3 章　物料发放过程

第 9 条　仓管员应按照“领料单”上所列物料的名称、规格、型号进行备料，并将预领的物料放置于仓库的备料区域。

（续）

第 10 条　仓管员核对物料的品种和数量后，领料员进行清点、核对。

第 11 条　确认物料数量、型号等基本信息准确无误后，仓管员应在“发料单”上签字盖章。“发料单”一式三份，一份交领料员，一份交财务部，一份仓储部留存。

第 12 条　仓管员应填写“领料单”，由领料员签字盖章。“领料单”一式三份，一份交仓储部，一份交财务部，一份生产部留存。

第 13 条　领料员将物料装运出库。

第 14 条　物料仓管员清理发料现场，并修改完善物料台账。

第 4 章　附则

第 15 条　本办法由仓储部负责制定与解释，报总经理批准后执行，修改时亦同。

第 16 条　本办法自颁布之日起执行。

修订记录	修订标记	修订处数	修订日期	修订执行人	审批人签字

三、物料先进先出方案

文书名称	物料先进先出方案	编　　号	
		受控状态	

一、目的

为保证仓储物料先进先出，识别物料存放时间的长短，避免因使用过期物料造成的损失，特制定本方案。

二、方法定义

先进先出法是指对物料按照入库顺序，领用时，先入库的物料先发出。

三、物料先进先出的实施

1. 利用标识颜色实施

将物料入库时间标识做成 12 种颜色，每个月使用一种颜色。一批物料入库后按照入库月份在物料货架明显处放置相应颜色的标识，同一个月入库的物料还应标明具体入库日期。发放物料时选择入库时间最早的物料优先发放。

2. 利用放置位置实施

按入库顺序从右向左或从左向右依次放置物料，每垛物料分别标记日期和批号，前面的物料发放完，将后面的物料推到前面的位置。

3. 利用物料编号实施

对入库物料按照前后顺序进行编号并输入电脑保存，发放物料时查找最早的编号，按编号发放物料。

（续）

4. 利用外包装的标识实施

物料入库后在外包装明显处标明入库时间，出库时先发放入库时间最早的物料。

四、实施时注意事项

（1）不同入库日期的同一种物料合并包装时，应将最早入库的物料用纸、绳、标签标识，以示区别，后续发料时将此部分优先发出使用。

（2）存放物料的货架应挂先进先出指示牌。物料的摆放与进出安排应按照指示牌箭头的指示方向进行。

（3）若同一物料在货架上所占位置超出一个储位以上且不易移动时，先进先出指示牌应挂在最先进货的物料上。指示牌须随物料的移动按照箭头方向移动，以确保其所对应的物料始终是最先进货的物料。

（4）物料仓管员在处理台账时应提前把物料对应的编号数据录入电脑并存档，便于进行物料追溯。

编制人员		审核人员		审批人员	
编制时间		审核时间		审批时间	

第六节 物料仓储账务管理

一、料账管理流程

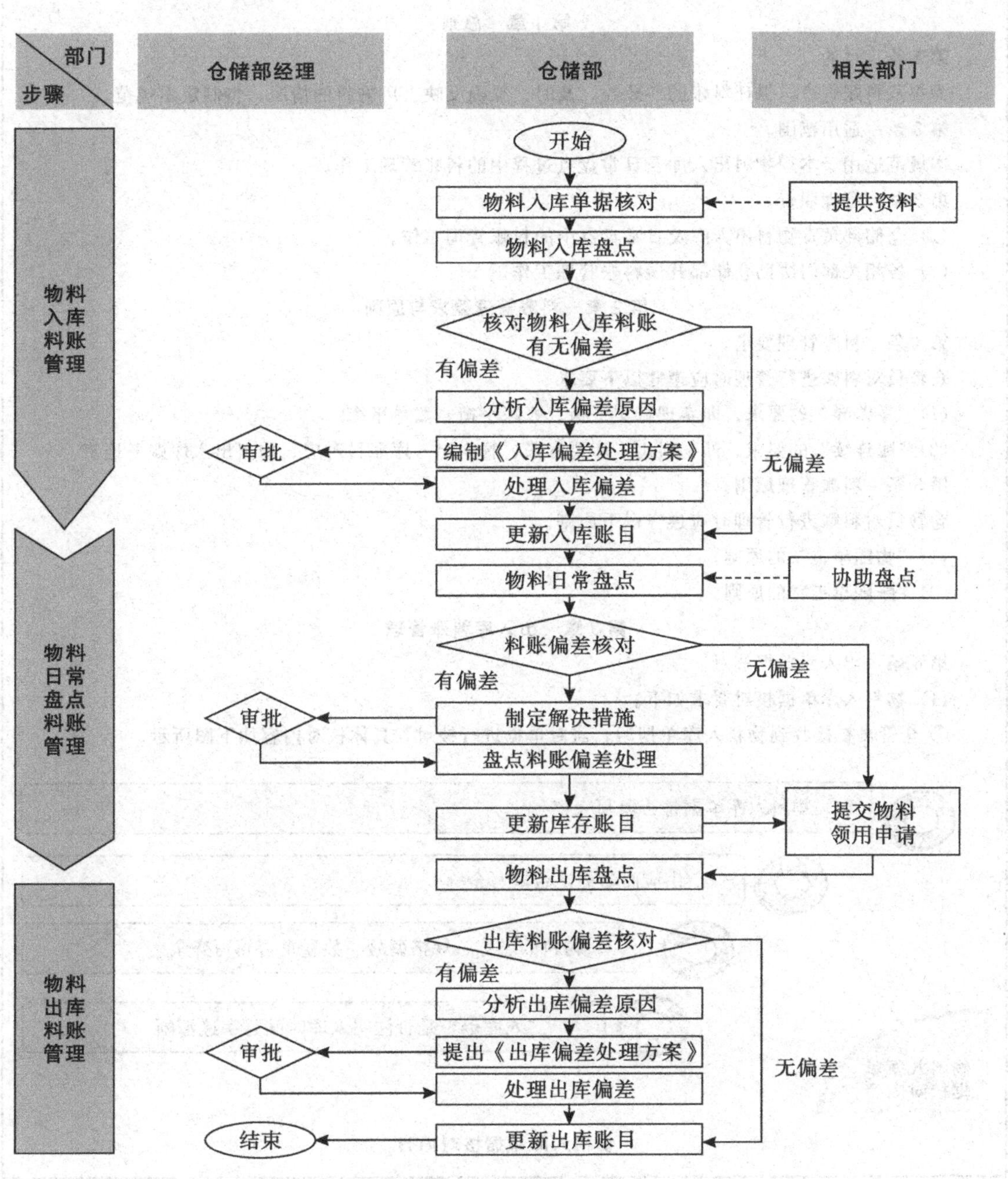

二、料账管理规范

<table>
<tr><td rowspan="2">制度名称</td><td colspan="3" rowspan="2">料账管理规范</td><td>受控状态</td><td></td></tr>
<tr><td>编　号</td><td></td></tr>
<tr><td>执行部门</td><td></td><td>监督部门</td><td></td><td>编修部门</td><td></td></tr>
</table>

第1章　总则

第1条　目的。

为规范料账管理，保证料账的一致性，及时、准确反映工厂物料的情况，特制定本规范。

第2条　适用范围。

本规范适用于本厂物料出入库及日常盘点过程中的料账管理工作。

第3条　管理职责。

（1）仓储部负责物料出入库及日常盘点中的料账管理工作。

（2）各相关部门协助仓储部开展料账管理工作。

第2章　料账管理要求与原则

第4条　料账管理要求。

仓管员对料账进行管理时应遵守以下要求。

（1）“零差异”的要求。即实现账实平衡、账账平衡、账单平衡。

（2）“账连续”的要求。即物料出入库要有账、物料出入库账目对应、物料出入库账务连贯。

第5条　料账管理原则。

仓管员对料账进行管理时应遵守以下原则。

（1）“物随单走”的原则。

（2）“账随单走”的原则。

第3章　出入库料账管理

第6条　出入库单据核对。

（1）物料入库单据核对要求如下。

① 仓管员在接收到物料入库单据后，需对单据进行核对，具体核对内容如下图所示。

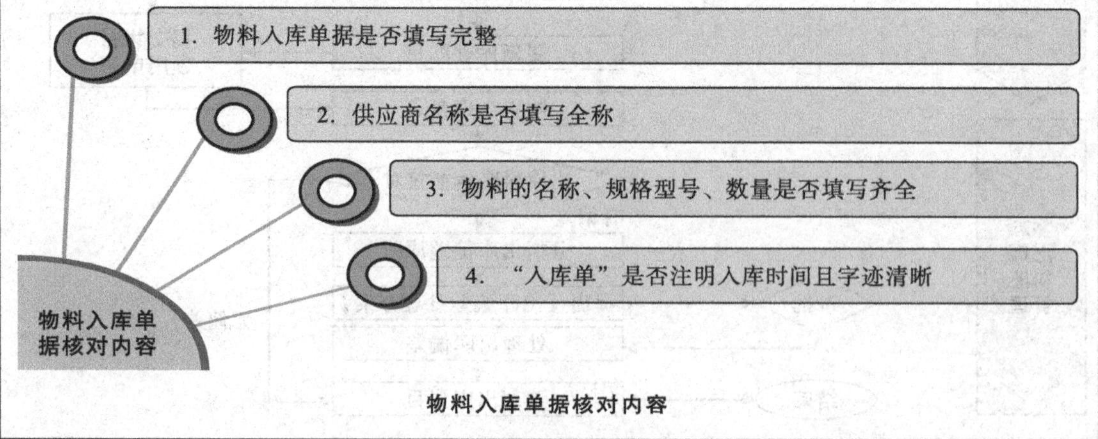

物料入库单据核对内容

（续）

② 仓管员收到物料后，需对“入库单”进行核对，核对物料的产品描述并盘点物料数量，确认无误后需要将物料放置于指定位置。

③ 仓管员必须严格按照规定对每一个“入库单”进行数量确认，确认登账入库数量和实际入库数量是否相符；不相符的需追查原因并解决，及时登记库存卡。

（2）物料出库单据核对要求如下。

① 仓管员接收到物料出库单据后，需对下图所示的内容进行核对。

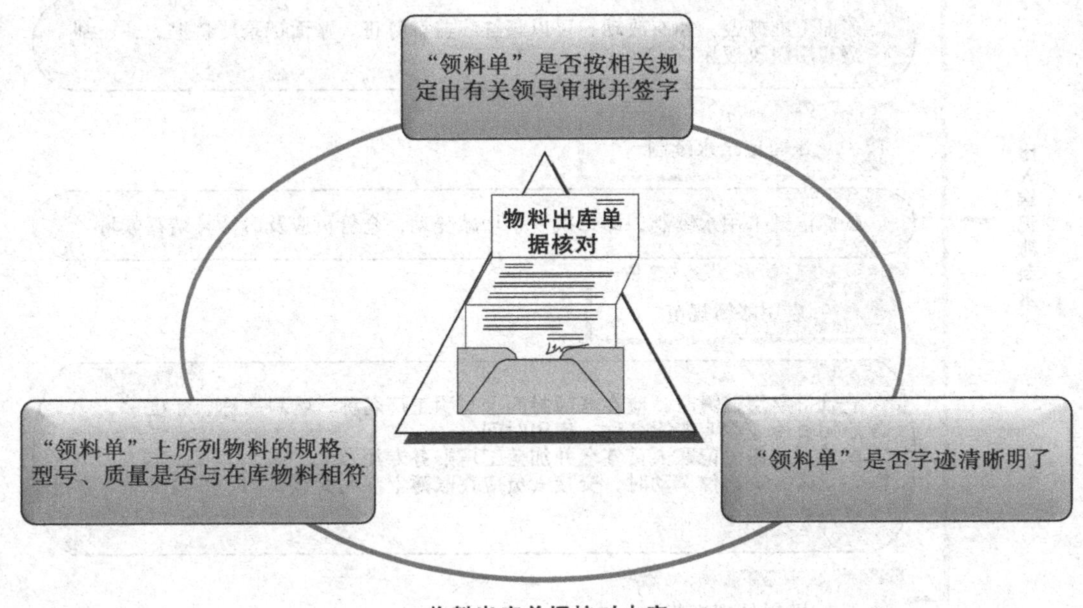

物料出库单据核对内容

② 仓管员对以上信息核对无误后可办理发料手续，并在领料人签字确定后发放物料。

③ 物料发放完成后，仓管员需凭“领料单”及时登记入卡、入账。

第 7 条　出入库物料盘点。

物料出入库时，仓管员需对物料数量、质量等信息进行核对与盘点，确保物料实际出入库物料数量、质量等信息与物料“入库单”、“发料单”及物料出入库账目的要求一致。

第 8 条　出入库账务处理。

（1）物料出入库时，仓管员需根据下图所示的记账要求进行记账。

（续）

出入库记账要求

收入、发出有凭证

◎ 仓管员应将出入库的相关单据的仓库联按照出入库顺序进行编号，作为记账索引号，并按月装订成册，以便日后查询

账面规范

◎ 账面不准撕毁，如有改动，可以画红线盖章订正。账面记录严禁挖、补、刮、擦和用涂改液涂改

账面记录永续制

◎ 账面记录采用永续制，即每次发生增减变动，仓管员应及时计算结存数量

启用账簿规范

◎ 仓管员启用账簿时，应在账簿封面上写明工厂名称、物料名称、年度
◎ 启用页内应载明账簿名称、启用时间
◎ 账簿页内需由记账人员签名并加盖工厂财务专用章
◎ 在记账人员岗位调动时，交接人员应在账簿上注明交接日期，并签字或盖章进行确认

毁损处理规范

◎ 物料在保管期间，由于存货毁损、变质、霉变等原因造成物料损失时，仓管员必须严肃、认真、及时填制《物料毁损报告》，并报上级审批
◎ 对因保管不善造成物料损失的保管人员，应追究其责任
◎ 物料毁损，应由财务部指派专人到现场审核毁损数量，分清责任后出具《物料毁损报告》报上级审批；《物料毁损报告》审批后，仓管员才可作账务减少调整

出入库记账要求

（2）账务管理。仓管员应按以下要求对账务进行管理。

① 仓管员必须按物料的品种、规格等信息详细记录物料三级数量明细账，以明确物料的收入、发出、调拨、结存情况，同时需做好明细账保管工作。

② 记账凭证必须完整、齐全。

③ 仓管员年终应将账本装订成册，且各类账本至少应保存三年。

（续）

第4章 物料盘点料账管理

第9条 物料盘点料账核对。

(1) 盘点工作开始后，仓管员应根据实际状况，采用合适的方法对物料进行盘点。本厂常用的盘点方法包括由账至料盘点和由料至账盘点两种。

(2) 在盘点过中，仓管员应对物料的数量、质量等进行核对，检验其与账目上所载内容是否相符。

第10条 料账不符的确定。

仓管员对料账进行核对后，发现料账不符的现象时应对料账不符的现象进行确认。一般仓管员可从以下两个方面着手进行。

(1) 仓管员应对料账不符的现象进行核实，判定料账不一致是否确实。

(2) 仓管员应对盘点的整个过程进行复查，判定是盘盈还是盘亏。

第11条 料账不符的原因确定。

料账不符的原因包括以下四种。

1. 账目错误。

(1) 登记账上错误。

(2) 数量计算错误。

(3) 漏账登记，造成或亏或盈。

(4) 对于大小物料的数量统计，在登记时发生笔误。

2. 储存作业错误。

(1) 仓管员接收或拨发物料时点交错误。

(2) 在储存过程中，物料的原挂签损坏或遗失，导致物料名称及料号等资料无法鉴定，很可能与其他相接近物料混淆。

(3) 物料编号错误。

3. 物料本身发生变化。

(1) 物料保管不良，使得物料变质、遗失或意外损坏等。

(2) 接收物料时，仓管人员对物料的规范鉴别错误。

4. 盘点方法有误。

盘点方法有误主要是指仓管员对物料进行盘点时，存在重盘、漏盘和误盘等现象。

第12条 料账不符的处理。

(1) 料账不符的修正改善措施如下所示。

① 料账差异程度未超过工厂相关标准时，仓管员需将情况报告仓储部经理，待仓储部经理批准后，核销差异。

② 料账差异程度超过工厂相关标准时，仓管员需进行全面分析，并编制《料账不符报告》，注明原因，同时提出处理意见，报仓储部经理审批后，按审批意见进行处理。

(2) 仓管员需根据料账不符分析与处理过程，制定预防措施，有效预防料账不符的现象发生。

① 仓管员应加强对物料出入库单据的核对，保证核对准确。

（续）

② 仓管员每日应采用分批分堆盘点法对物料进行盘点，确保物料库存与账面相符。

③ 实施料账管理责任制，料账不符的仓库给予仓管员惩罚，料账管理较好的仓库给予仓管员奖励。

第 5 章　附则

第 13 条　本规范由仓储部制定，解释权归仓储部所有。

第 14 条　本规范自____年__月__日起实施。

修订记录	修订标记	修订处数	修订日期	修订执行人	审批人签字

第六章

物料仓储存量控制

第一节 物料储备定额控制

一、储备定额工作流程

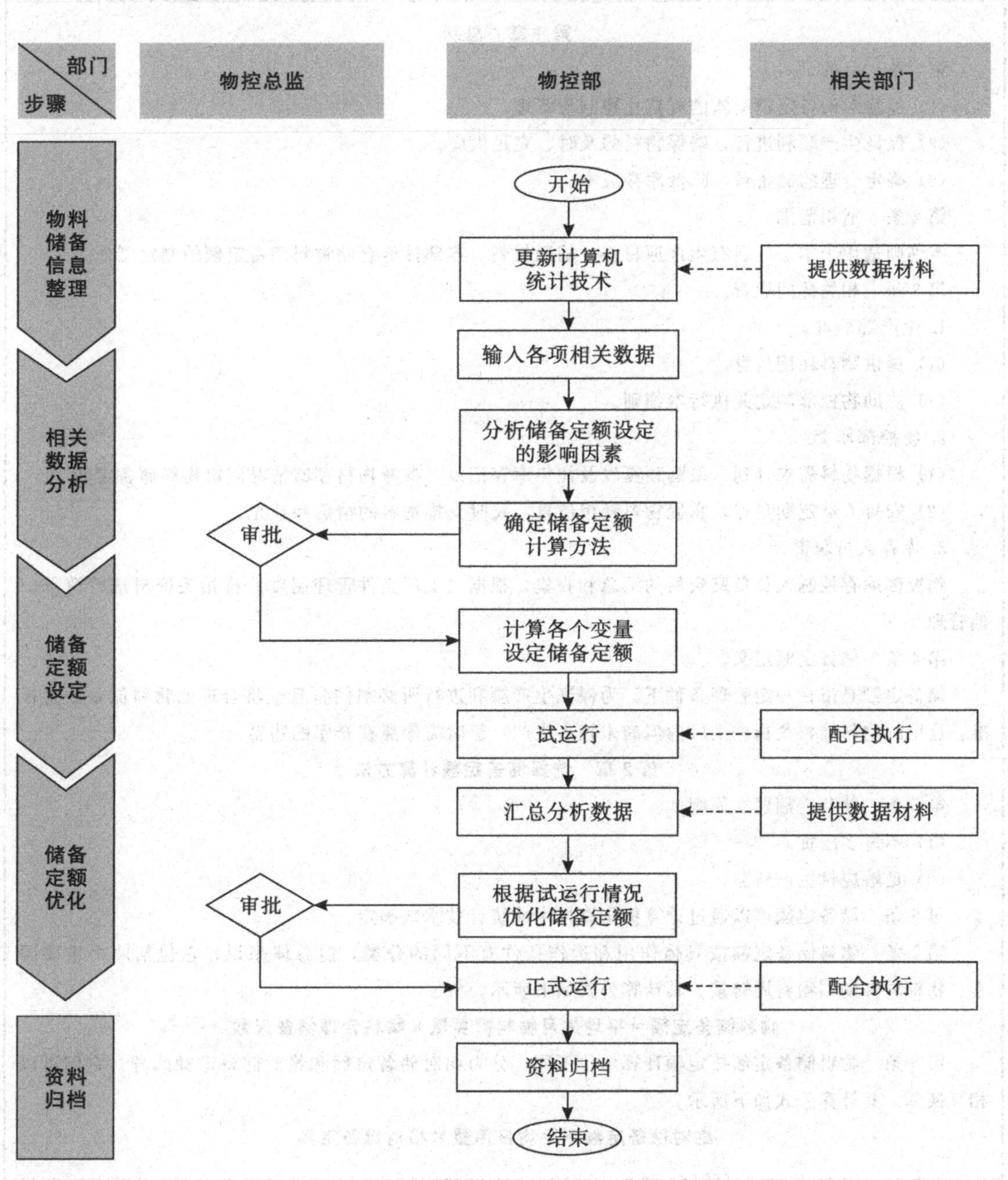

二、储备定额制定细则

<table>
<tr><td rowspan="2">制度名称</td><td colspan="3" rowspan="2">储备定额制定细则</td><td>受控状态</td><td></td></tr>
<tr><td>编　　号</td><td></td></tr>
<tr><td>执行部门</td><td></td><td>监督部门</td><td></td><td>编修部门</td><td></td></tr>
</table>

第 1 章　总则

第 1 条　目的。

(1) 加强对储备定额实施的规范化控制与管理。

(2) 保证生产顺利进行，确保物料的及时、充足供应。

(3) 确定合理的储备量，降低库存成本。

第 2 条　适用范围。

本细则适用于本工厂所有生产原材料、辅助材料、零部件等仓储物料储备定额的制定工作。

第 3 条　相关部门职责。

1. 生产部职责。

(1) 提供物料耗用信息。

(2) 协助物控部制定并执行本细则。

2. 物控部职责。

(1) 根据物料需求计划、采购预算以及往年库存记录，参考物料存储情况制定物料储备定额。

(2) 安排人员定期盘点，掌握物料耗用信息，及时安排物料的请购和补充。

3. 库存人员职责。

物控部库存控制人员负责资料的汇总和收集，根据《工厂文件管理制度》将相关资料送行政部归档管理。

第 4 条　储备定额定义。

储备定额是指在一定管理条件下，为保证生产顺利进行所必须储备且经济合理的物料储备数量标准。这里的物料储备是指进入厂内但尚未投入生产，暂时需停滞在仓库的物料。

第 2 章　选择储备定额计算方法

第 5 条　储备定额建立原则。

(1) 不过多压货。

(2) 足够应付生产所需。

第 6 条　储备定额可以通过计算机仿真技术或统计技术来确定。

第 7 条　物料储备定额按具体作用和运作条件有不同的分类，但总体来说，它包括两个重要因素：物料周转期和物料周转量。其计算公式如下所示。

物料储备定额＝平均每月物料需要量×物料合理储备天数

第 8 条　物料储备定额按定额计算单位不同，分为相对储备定额和绝对储备定额两种，它们可以相互换算。其计算公式如下所示。

绝对储备定额＝平均日用量×相对储备定额

（续）

(1) 相对储备定额以储备天数为计算单位，表明应保有可供多少天使用的物料。

(2) 绝对储备定额以物料计量单位，如千克、件、套、个、立方米等为定额单位，表明应保有多少计量单位的物料，主要用于物料计划编制、库存量控制和仓库保管面积的计算。

第 9 条　按定额综合程度的不同，物料储备定额分为个别储备定额和类别储备定额。

(1) 个别储备定额，是按物料的规格、型号、查定的，用以编制明细规格的物料计划，进行具体物料的库存管理，其计算公式如下所示。

个别储备定额＝经常储备定额＋保险储备定额

(2) 类别储备定额，是按物料大类品种查定的，用以编制类别物料计划，确定仓库保管面积和仓库设施，进行类别物料的库存量控制，其计算公式如下所示。

类别储备定额＝（平均供应天数×调整系数＋保险储备天数）×平均日需求量

式中：平均日需求量，为该类别各物料平均日需求量之和；平均供应期天数，为各储备定额相应天数的加权平均数。

第 10 条　物料储备定额按定额作用的不同，分为经常储备定额、保险储备定额和季节储备定额。

(1) 经常储备定额，是指在连续两批物料进厂的供应间隔期内，为保证生产正常进行所需的物料储备量。其计算公式如下所示。

经常储备定额＝（平均供应间隔天数＋使用前准备天数）×平均日需求量

(2) 保险储备定额，是指为预防供应期间由于交货或运输等环节产生的误期，以及不合格需求物料退货等不正常情况下导致的误期，为保证生产正常进行而储备的物料量。其计算公式如下所示。

保险储备定额＝保险储备天数×平均日需求量

(3) 季节储备定额，是指为预防物料供应受自然条件的制约产生误期而储备的物料量。其计算公式如下所示。

季节储备定额＝季节储备天数×平均日需求量

第 3 章　储备定额调整

第 11 条　为保证储备定额的有效，在储备定额设定之后，需进行储备定额试运行。

第 12 条　储备定额试运行期间，及时收集相关信息，根据实际情况进行调整，最终确定合理储备定额。

第 13 条　储备定额确定之后也不是一成不变的，要根据各参考数据的变化及时调整。

第 4 章　附则

第 14 条　本细则由物控部制定，解释权、修改权归物控部所有。

第 15 条　本细则经总经理办公会议审议后，自下发之日起执行。

修订记录	修订标记	修订处数	修订日期	修订执行人	审批人签字

第二节　物料定期订货控制

一、定期订货管理要点

定期订货法是按预先确定的订货时间间隔按期进行订货，不断补充物料库存量的订货方法。工厂为了能较好地对物料定期订货进行控制，需对物料定期订货管理要点进行分析，以便降低订货成本，降低运输费用，维持最优库存。工厂定期订货管理要点分析主要包括订货周期确定的分析与订货量确定的分析两个方面。

订货周期是订货间隔期。订货间隔期的长短，直接决定了最高库存量的大小、库存水平的高低及库存成本的多少。订货周期过长，导致物料库存量过多，从而增加物料库存成本；订货周期过短，导致订货批次过多，从而增加订货费用。因此，工厂需根据生产需要、物料采购及仓储的实际情况，确定订货周期，并确保订货周期适当，不能过长或过短。

物料订货周期确定后，工厂需根据各个周期内的生产计划要求及仓库库存量确定每次的订货数量，以保证物料的供应能够满足工厂生产任务的需要。定期订货量的确定取决于物料需求量与存货量，其计算公式如下所示。

订货量＝（预计消耗量＋安全库存量）－（现有库存量＋已订未入库的订货量）

其中：

（1）预计消耗量为工厂按照生产计划预测出的订货周期内的物料需求量。

（2）安全库存是指为预防各类不确定因素对物料订货的影响，而确定的物料保险储备量。

（3）现有库存量是订货时的库存数量。

（4）已订未入库的订货量是指已发出订单但尚未验收入库的物料数量。

二、订货周期计算流程

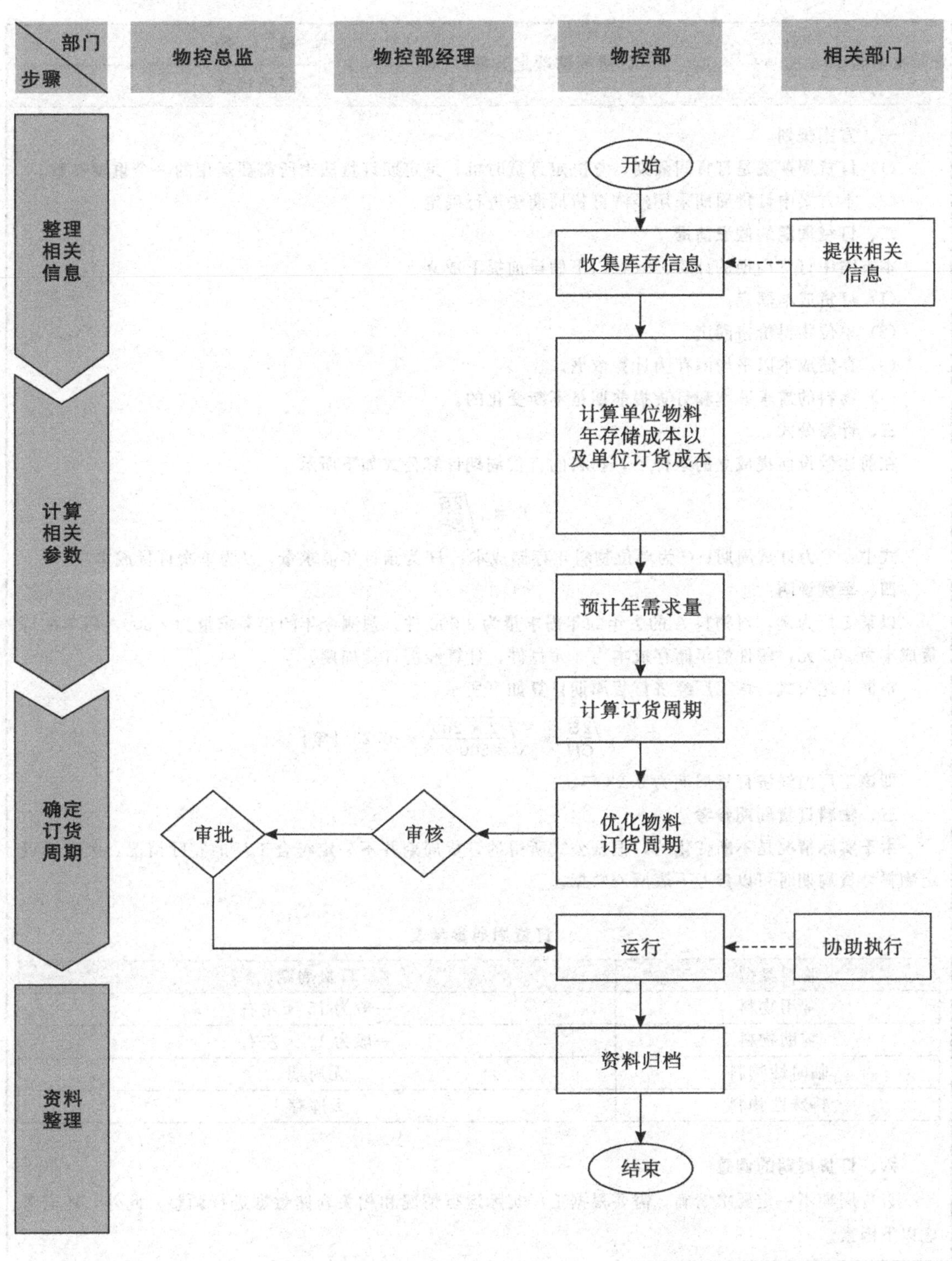
部门
步骤
物控总监
物控部经理
物控部
相关部门
整理相关信息
计算相关参数
确定订货周期
资料整理
开始
收集库存信息
提供相关信息
计算单位物料年存储成本以及单位订货成本
预计年需求量
计算订货周期
优化物料订货周期
审核
审批
运行
协助执行
资料归档
结束

三、订货周期确定方案

文书名称	订货周期确定方案	编　　号	
		受控状态	

一、方案规划

（1）订货周期就是订货间隔期，它决定订货时机，是定期订货法中所需要运用的一个重要参数。

（2）本方案中订货周期采用经济订货周期法进行确定。

二、订货周期的假设前提

本方案中订货周期的计算公式在以下假设前提下成立。

（1）订货成本固定。

（2）单位物料价格固定。

（3）存储成本以平均库存为计算依据。

（4）物料的需求速率和订货提前期是不断变化的。

三、计算公式

在前述假设前提成立的条件下，物料的订货周期计算公式如下所示。

$$T=\sqrt{\frac{2S}{CH}}$$

式中：T 为订货周期；C 为单位物料年存储成本；H 为预计年需求量；S 为单次订货成本。

四、举例说明

以某工厂为例，对物料 A 的去年的年需求量为 3 000 件，预测今年的年需求量为 2 500。每年的订货成本为 200 元，每件的年储存成本为 3 元每件，计算经济订货周期。

根据上述公式，该工厂经济订货周期计算如下所示。

$$T=\sqrt{\frac{2S}{CH}}=\sqrt{\frac{2\times 200}{2\,500\times 3}}=0.23\text{（年）}$$

即该工厂的经济订货周期为 0.23 年。

五、物料订货周期参考

由于实际情况是不断变化的，根据公式所得的订货周期并不一定符合工厂的实际情况，因此在设定物料订货周期时可以参考下表所列数据。

订货周期参考表

物料类型	订货周期
常用物料	一般为 15 天左右
辅助物料	一般为 10 天左右
临时性物料	无周期
特殊性物料	无库存

六、订货周期的调整

订货周期不一定要求精确，需要根据工厂实际运行情况和相关仓储数据进行调整，此外，还需考虑以下因素。

（续）

(1) 自然日历习惯，如以月、季、年等为周期。 (2) 工厂的生产周期或供应周期等。 (3) 库存量和订单数量的变化。 (4) 淡季与旺季的差异。					
编制人员		审核人员		审批人员	
编制时间		审核时间		审批时间	

第三节　物料定量订货控制

一、定量订货管理要求

定量订货法是指当物料的库存量下降到预定订货点时，即按规定数量进行物料补充的订货方法。工厂采用定量订货法进行订货时，需首先确定订货点，然后根据订货点及生产任务需要确定订货量，以完成订货。

（一）设置订货点

仓库在设置订货点时，需保证库存物料能够维持下一次订购入库之前的正常生产消耗。物料订货点的确定主要取决于物料的需求量、订货交纳周期（订购及到货间隔时间）和安全库存三个因素。在物料需求量固定、订货交纳周期固定的情况下，订货点的计算公式如下。

$$\text{订货点}=\frac{\text{交纳周期}\times\text{需求量}}{365}$$

在物料需求和订货交纳周期变动的情况下，需设置安全库存，其订货点的计算公式如下。

$$\text{订货点}=\frac{\text{交纳周期}\times\text{需求量}}{365}+\text{安全库存}$$

（二）确定订货量

订货点确定后，仓库还需确定每次订货的订货量。订货量为物料的库存量下降到订货点时需订购物料的数量。仓库在确定订货量时应考虑物料的订货费用、库存维持成本、每天的消耗量等因素。一般情况下，仓库多采用经济批量的方法确定订货量，从而在保证订购的物料满足工厂生产需要的同时，确保库存成本最低。

二、定量订货点计算流程

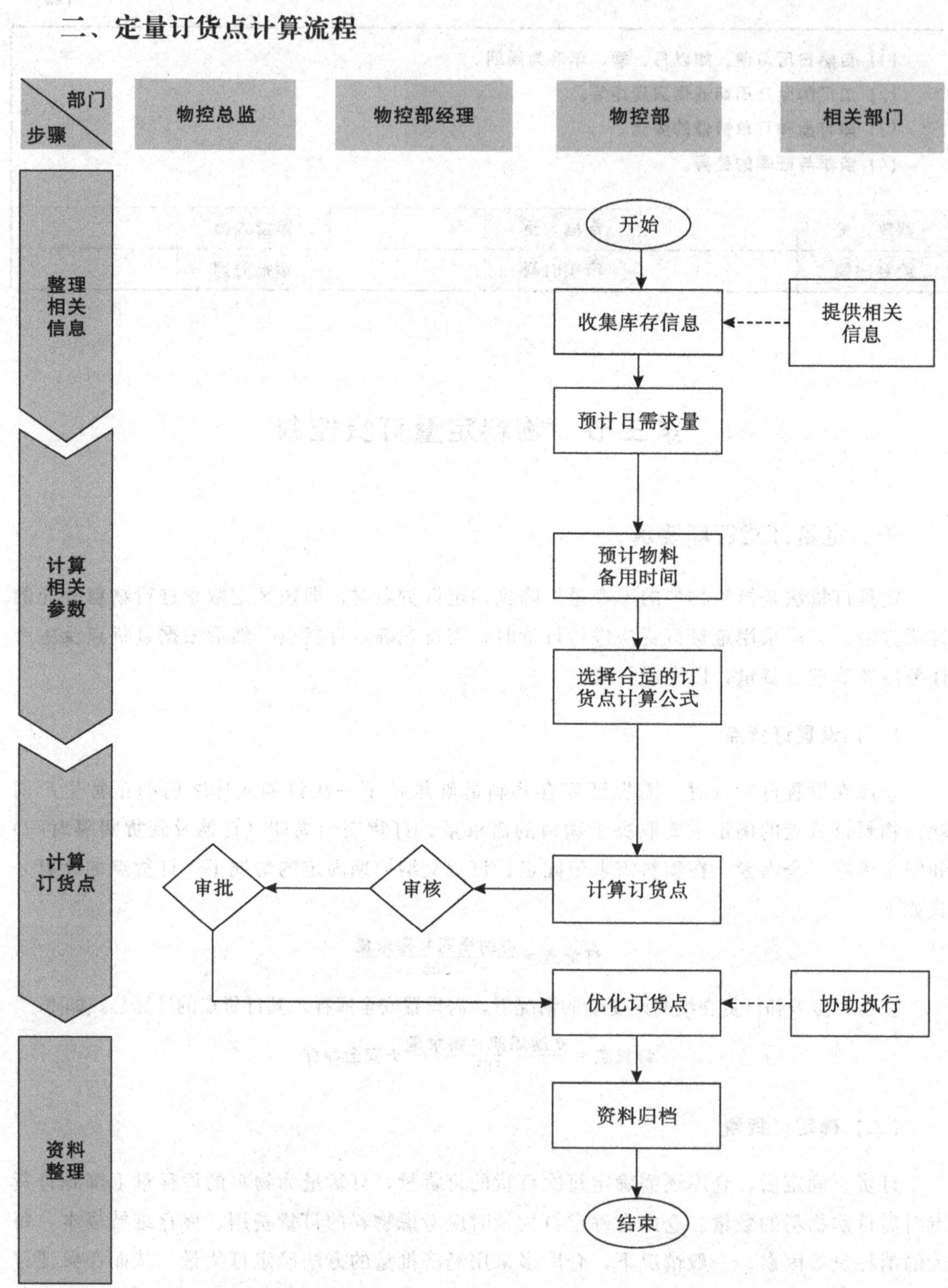
部门
步骤
物控总监
物控部经理
物控部
相关部门
整理相关信息
计算相关参数
计算订货点
资料整理
开始
收集库存信息
提供相关信息
预计日需求量
预计物料备用时间
选择合适的订货点计算公式
计算订货点
审核
审批
优化订货点
协助执行
资料归档
结束

三、最佳订货量计算方案

文书名称	最佳订货量计算方案	编　号	
		受控状态	

一、目的

为在保证生产正常进行的前提下节约工厂物料订货成本，科学合理地确定工厂最佳订货量，同时为规范工厂物料仓储存量管理提供依据，特制定本方案。

二、术语界定

1. 订货费用

订货费用是指为采购物料所花费的各项进货费用，包括采购人员的差旅费、办公费、运输费、检验费等。

2. 存储费用

存储费用是指物料在仓库中存储和保管所用的各项费用，包括物料占用资金的机会成本、仓管人员的劳工费、库房折旧费、物料损耗费等。

三、假设前提

工厂最佳订货量计算的假设前提如下所示。

(1) 物料订货批量固定。

(2) 订货提前期固定。

(3) 单位物料价格固定。

(4) 一定时期内物料需求基本固定。

(5) 物料供应充足，能迅速补充存货。

四、计算公式

物料最佳订货量的计算公式如下所示。

$$\text{最佳订货量}=\sqrt{\frac{2AB}{PK}}$$

式中：A 为单位订货费用（元/次）；B 为库存物料的年需求量（件/年）；P 为物料单价（元/件）；K 为物料的存储费率；PK 为单位存储费用（元/件·年）。

五、举例说明

预计本工厂 2014 年全年对某种物料 X 的需求量为 8 000kg，物料单价为 5 元，预计一次采购费用为 1 000 元，单位物料的年变动仓储费用率为物料进价成本的 20%，计算该物料的订货批量。

该物料最佳订货量的计算公式如下所示。

$$\text{最佳订货量}=\sqrt{\frac{2AB}{PK}}=\sqrt{\frac{2\times 8\ 000\times 1\ 000}{5\times 0.2}}=4\ 000\ (\text{件})$$

即该物料的最佳订货量为 4 000 件。

编制人员		审核人员		审批人员	
编制时间		审核时间		审批时间	

第四节　物料 ABC 分析控制

一、物料 ABC 分析管理要点

物料 ABC 分析是根据物料的主要特征，把物料分成 A、B、C 三类，并根据其重要性对其进行排序，判定重点物料和一般物料，从而对物料进行区别管理的过程。工厂进行物料 ABC 分析管理时，需对以下要点进行重点把握。

（一）物料 ABC 的判定与识别

对物料进行 A、B、C 排序前，需根据物料的特征对物料进行判定和识别。物料 ABC 判定与识别标准具体如表 6-1 所示。

表 6-1　物料 ABC 判定与识别标准表

分类	标准
A	价值量占 65%～80%，数量占 15%～20%的物料
B	价值量占 15%～20%，数量占 30%～40%的物料
C	价值量占 5%～15%，数量占 40%～55%的物料

注：上表中各类物料百分比区间非定数，仅供参考。

（二）物料 ABC 分析

工厂对 ABC 三类物料进行判定和识别后，应对其各自的特点进行分析，从而有重点地进行物料管理，具体的分析步骤如图 6-1 所示。

数据收集与处理

◎ 工厂应根据待分析物料的性质，收集物料相关的数据资料，并对收集的数据资料进行计算与汇总等处理

制作“物料ABC分析表”

◎ 数据统计完成后，工厂需制作“物料ABC分析表”，用以确定物料的具体类别

◎ “物料ABC分析表”中应包括物料的名称、数量、单价、平均库存、平均库存占用额、平均资金占用额等内容

◎ 工厂在制作“物料ABC分析表”时，应将算出的平均资金占用额由高到低进行排序，将相关数据填入相关栏目内，计算出品目数累计百分数和平均资金占用额百分数

确定类别

◎ 工厂需按照“物料ABC分析表”中的分析结果及物料ABC的判定标准，对各类物料进行分类

绘制ABC分析图

◎ 工厂在确定物料种类后，需以累计数量百分数为横坐标，以累计资金占用额百分数为纵坐标，按“物料ABC分析表”所提供的数据，在坐标图上取点，并连接各点，绘成ABC分析图

图 6-1　物料 ABC 分析

（三）物料 ABC 与库存控制

工厂根据 ABC 三类物料所占比例与金额，采取不同库存控制方法进行物料库存管理，具体如表 6-2 所示。

表 6-2　ABC 三类物料库存控制方法

物料分类	库存控制方法
A 类物料	◎ A 类物料种类少，金额高，存货过高会产生大量的资金积压，且其购备时间较短，交期较紧，因此，工厂需采用定期库存控制法对 A 类物料进行库存管理 ◎ A 类物料的订购量需适当，既保证订购的物料能够满足生产需要，同时，又不会带来过多剩余，造成过多库存
B 类物料	◎ B 类物料种类与金额比重中等，工厂可采用设置库存安全存量的方式对 B 类物料进行库存管理 ◎ B 类物料的库存量临近请购点时，工厂需以经济订货量的数量进行物料的订购
C 类物料	◎ C 类物料种类多，金额少，因此，工厂可采用定量库存控制法对 C 类物料进行物料库存管理 ◎ C 类物料需一次性订购较大的批量，以提高保险储备量，同时也可以减少物料订购的日常管理工作

二、物料 ABC 分析流程

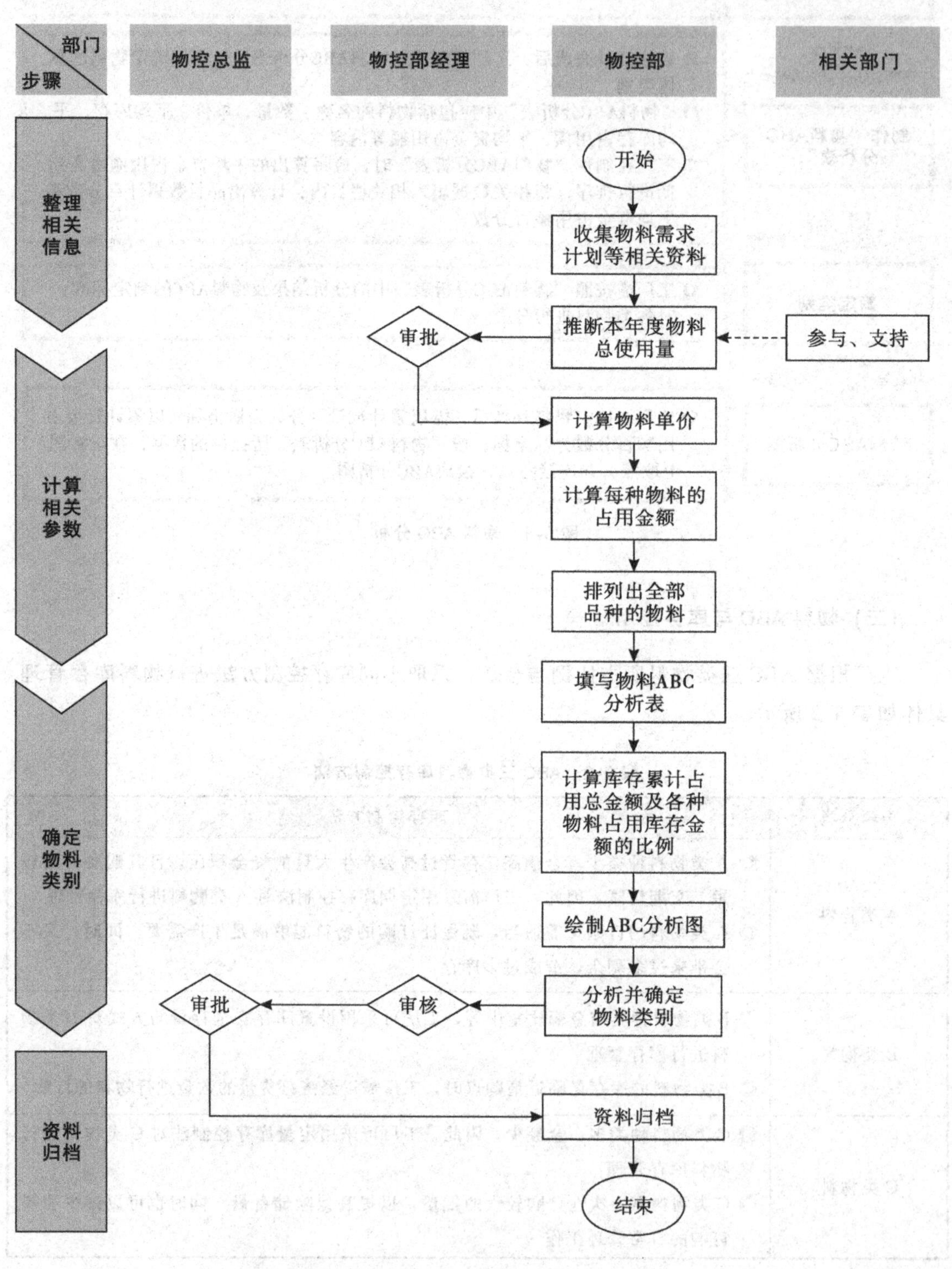
部门
步骤
物控总监
物控部经理
物控部
相关部门
整理相关信息
计算相关参数
确定物料类别
资料归档
开始
收集物料需求计划等相关资料
审批
推断本年度物料总使用量
参与、支持
计算物料单价
计算每种物料的占用金额
排列出全部品种的物料
填写物料ABC分析表
计算库存累计占用总金额及各种物料占用库存金额的比例
绘制ABC分析图
审批
审核
分析并确定物料类别
资料归档
结束

三、ABC类物料控制方案

文书名称	ABC类物料控制方案	编　　号	
		受控状态	

一、目的

为改善物料库存现状、节约物料库存成本、减少其对流动资金的占用，确保生产计划的顺利实现，特制定本方案。

二、库存物料分类控制

根据现代仓储管理技术ABC分析法，对仓库物料进行系统分类。ABC分析法指按成本比重高低，将仓库内各类物料分为A、B、C三类，对不同类别的物料采取不同的控制方法。ABC分析法的控制方法与适用范围如下表所示。

ABC分析法的控制方法与适用范围一览表

类别	控制方法	适用范围
A类	重点控制	品种少、单位价值高的存货
B类	一般控制	介于两者之间的存货
C类	简单控制	品种多、单位价值低的存货

三、库存控制原则

1. A类物料库存控制原则

压缩总库存量，减少占用资金，使存货结构合理化。

2. B类物料库存控制原则

正常控制用量，实行批量库存控制。

3. C类物料库存控制原则

维持高库存数量，以免缺货。

四、原材料库存控制

（一）确定库存基准量

根据对库存原材料的存储成本对整个库存成本的影响程度，确定A、B、C三类原材料的库存基准量。

1. 确定A类原材料库存基准量的步骤

（1）库存报告分析

① A类原材料作为库存成本消耗最大的部分，必须合格控制其库存量以降低库存成本。

② 物控人员应根据上一年度A类原材料的库存报告，分析得出上一年度存货的安全量。

（2）年度生产计划分析

根据年度生产计划分析今年各月度产量增长情况，由生产部依生产及保养计划定期编制“物料预算及存量基准明细表”，拟订用料预算。

（续）

(3) 确定 A 类原材料的存量基准

① 物控人员依物料预算用量、交货所需时间、需用资金、仓储容量、变质速率及危险性等因素，选用适当的管理方法，依“物料预算及存量基准明细表”列示各种物料的管理点，连同设定资料呈物控部经理核准后，作为存量管理的基准，并拟订“物料库存控制表”。

② 当原材料的存量基准设定因素变动足以影响正常的物料存量管理时，相关人员应立即修正存量管理基准。

2. 确定 B 类原材料基准量的步骤

(1) 制订 B 类原材料的用量计划

B 类原材料由主管人员依据去年的平均季用量，并参照今年的销售目标与生产计划设定，若产销计划有重大变化（如开发或取消某一产品的生产、实施扩建增产计划等），则应修订月用量。

(2) 确定 B 类原材料存量基准

物控人员应考虑物料预算用量，在降低采购成本、仓储成本的原则下，酌情以“物料预算及存量基准明细表”设定存量管理基准加以管理。当物料存量基准设定因素变动时，相关人员必须修正其存量管理基准。

3. 确定 C 类原材料基准量的步骤

(1) 制订 C 类原材料用量计划

C 类原材料由生产部依生产用料基准，逐批拟订产品用料预算，临时需求物料直接由生产车间定期拟订用料预算。

(2) 确定 C 类原材料存量基准

由生产管理人员于每月 25 日以前，依上月及去年同期各月份的耗用数量，并参考市场状况，拟订次月份的预计销售量，再乘以各产品的单位用量，设定预估月用量。

（二）设定原材料的请购点

1. 请购点

各物料的请购点由采购作业期间的需求量加上安全存量得出。

2. 采购作业期间的需求量

采购作业期间的需求量由采购作业期限乘以预估月用量得出。

3. 安全存量

安全存量的详细计算方法见本厂《库存控制点计算方案》。

（三）进行原材料差异分析

1. A 类原材料差异分析

物控人员应于每月 10 日前就上月实际用量与预算用量比较（内购物料用）或前三个月累计实际用量与累计预算用量比较（外购物料用），其差异率在管理基准（各工厂自订）以上者，需填制“物料使用量差异分析月报表”，送生产部分析原因，并提出改善对策。

2. B 类原材料差异分析

物控人员以每月或每三个月为一期，于次月 10 日前就最近一个月或三个月累计实际用量与累计预算用量比较，其差异率在管理基准以上者按科别填制“物料使用量差异分析月报表”，送生产部分析原因，并提出改善对策。

（续）

3. C类原材料差异分析

订货生产的用料，由生产部于每批产品制造完成后，分析用料异常。

五、成品库存控制

（一）A类产品

1. 严格控制

要求准备最完整、最精确的作业记录，最高的作业优先权。

2. 库存配置

A类产品应放置在最靠近客户的配送中心。客户订货后，马上就能送到客户手中，以便及时提供优质服务。

（二）B类产品

1. 正常控制

按工厂正常方式调节库存数量，定期进行数据检查。

2. 库存配置

根据购销情况、出入库频率，适当堆码摆放。

（三）C类产品

1. 简单控制

简化控制流程，减少控制工作量。只进行简单记录，检查次数尽量减少。

2. 库存配置

采取最经济的存储方式，为A、B类产品的存放提供空间。

六、补充库存控制方式

（一）A类物料

A类物料的库存补充采用定量定货方式，即当物料库存降低到最低允许库存量（订购点）时，按照规定数量进行库存补充。规定数量的计算以经济订货批量（EOQ）为准。

（二）B类物料

B类物料的库存补充采取连续库存补充方式，即向供应商提供即时性的、正确性较高的销售报告与库存报告，由供应商确定库存补充计划。

（三）C类物料

C类物料采用定期补充方式，即选择一个相对合理的定货间隔期，每次到订货期就根据当前库存情况与最高允许库存量来进行库存补充，其中最高库存量可以根据近期的销售分析结果进行适当调整。

七、其他注意事项

（一）注意做好仓库与采购、销售环节的衔接

物控人员应随时做好仓库与采购、销售环节的衔接工作，在保证经营供应的合理储备前提下，力求减少库存量。

（二）注意做好库存物料结构与周转分析工作

物控人员应定期进行库存物料结构与周转分析，及时上报库存预警信息，并协助做好报损、报废和呆滞物料的处理工作。

编制人员		审核人员		审批人员	
编制时间		审核时间		审批时间	

物料使用控制

第七章

第一节　物料领用

一、物料领用流程

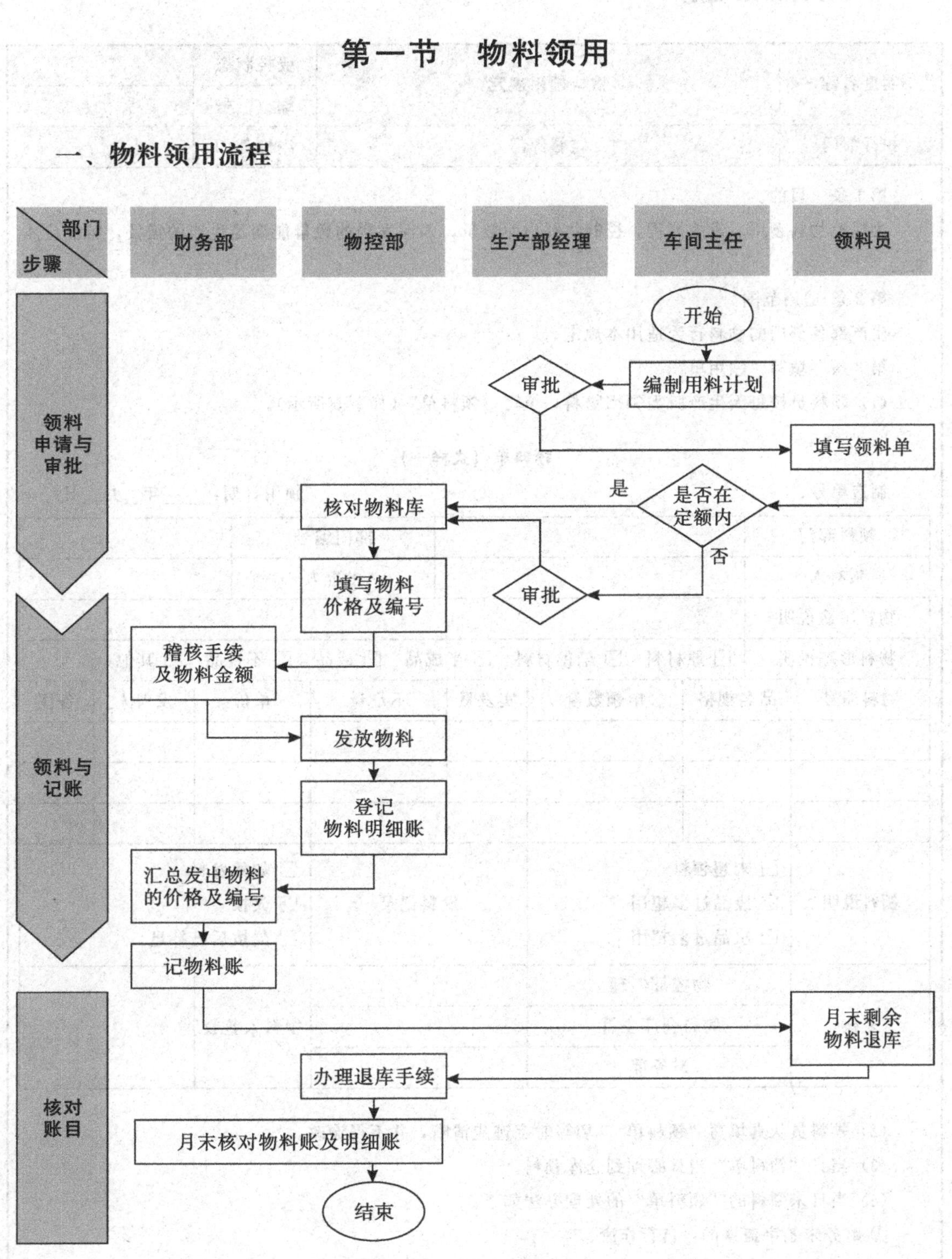

二、物料领用规定

制度名称	物料领用规定			受控状态	
				编　　号	
执行部门		监督部门		编修部门	

第 1 条　目的。

为规范物料领用、发放流程，控制物料出库数量，确保发料的数量能满足生产的需要，特制定本规定。

第 2 条 适用范围

生产部各部门的领料行为适用本规定。

第 3 条　填写“领用单”。

（1）领料员按每天生产所需领用物料，填写“领料单”（如下表所示）。

领料单（式样一）

制造单号：　　　　　　　　　　　　　　　　领用日期：____年__月__日

领料部门				部门编号			
领料人				批准人			
物料用途说明							
物料形态说明	□ 原材料　□ 辅助材料　□ 半成品　□ 成品　□ 不良品　□ 其他						
物料编号	品名规格	申领数量	实发量	不足量	单价	发料人	备注
领料说明	□ 未超领料 □ 废品过多超用 □ 次品过多超用		发料记录		□ 如数发料 □ 欠拨 □ 欠拨后已补足		
复核	物控部经理				领料人签收		
	物料仓库主管						
	财务部						

（2）领料员认真填写“领料单”，填写时字迹应清晰，并不得涂改。

（3）当日“领料单”当日必须到仓库领料。

（4）当日未领料的“领料单”的处理办法如下。

① 财务未签字盖章的，自行作废。

（续）

② 财务已签字盖章的，应于当日凭“领料单（仓库联）”到财务部抽出“领料单（财务联）”，并使财务、仓库和车间三联同时作废，重新填制“领料单”办理领料手续。

第 4 条　审批领料单。

审批部门审核领料部门的领料是否符合消耗定额和相关计划等，并在“实领”栏中填写实领数（大写）。审批人员在审批“领料单”时应注意以下三个方面的问题。

(1)“领料单”字迹是否清晰，是否涂改。

(2) 领用数量是否大写。

(3) 生产物料领料是否严格按生产计划和消耗定额领取。

第 5 条　财务部审核“领料单”。

财务部审核领料手续是否齐全及领料金额是否准确。财务部应按以下四点要求进行审核。

(1) 不办理隔日、有涂改或未按领料程序要求填写的“领料单”。

(2) 不定期抽查仓库物料账、卡和物。

(3) 结算业务章专人管理，不得擅自借给他人使用。

(4) 所有“领料单（财务联）”由专人每月记账后统一装订并妥善保管。

第 6 条　发放物料。

物料仓管员核对所领物料是否有库存，在“发料”处签字，并填写实际单价和物料编号等。

(1) 填写实际单价和库别时不得涂改。

(2) 发现“领料单”有疑问时应及时通知财务部和领料部门。

(3) 物料发放遵循“先进先出”原则。

(4) 及时报送日报表和临时收料单。

(5) 每天与财务部共同核对当天收发金额和“领料单”张数。

第 7 条　超限额领用控制。

当生产部申请超限额领料时，需说明原因，同时物控部进行调查，并将调查结果依审批权限上报物控总监、总经理，按其决策办理。

第 8 条　补退料控制。

生产现场发现物料不合格、物料超发、物料少发等情况时，需及时办理补退料，以满足生产的需求。

第 9 条　本规定由物控部制定，解释权归物控部所有。

第 10 条　本规定自____年__月__日起实施。

修订记录	修订标记	修订处数	修订日期	修订执行人	审批人签字

三、限额领料控制方案

<table>
<tr><td rowspan="2">文书名称</td><td rowspan="2">限额领料控制方案</td><td>编　　号</td><td></td></tr>
<tr><td>受控状态</td><td></td></tr>
</table>

一、限额领料目的

限额领料是指物控部要求生产部根据“限额领料单”进行限制数量的领料。限额领料的控制是为了加强物料的管理，降低浪费，控制消耗。

二、限额领料的依据

（1）“材料消耗定额表”、“产品配料表”、“材料配比表”及相关工艺数据。

（2）《生产任务书》、“生产命令单”等生产计划文件。

（3）工厂编制的技术节约措施等技术资料等。

三、限额领料控制程序

（一）签发“限额领料单”

（1）物控部根据物料清单定额算出理论领用数量，扣除车间库存量，对于合格率不高的产品还应加上一定宽量，最终生成计划领用数量。

（2）根据计划领用数量编制“限额领料单”，物料仓发料人员以此来确定是否发料。“限额领料单”如下表所示。

限额领料单

领料部门：　　　　　　　　　　　　　　　　　　　　　　第＿＿号

用　　途：　　　　　　　　＿＿年＿月＿日　　　　　　　　发料仓库：

<table>
<tr><td rowspan="2">物料编号</td><td rowspan="2">物料名称/规格</td><td rowspan="2">计量单位</td><td rowspan="2">计划投产量</td><td rowspan="2">单位消耗定额</td><td rowspan="2">领用限额</td><td colspan="3">实发</td></tr>
<tr><td>数量</td><td>单价</td><td>金额</td></tr>
<tr><td></td><td></td><td></td><td></td><td></td><td></td><td></td><td></td><td></td></tr>
<tr><td></td><td></td><td></td><td></td><td></td><td></td><td></td><td></td><td></td></tr>
<tr><td></td><td></td><td></td><td></td><td></td><td></td><td></td><td></td><td></td></tr>
</table>

<table>
<tr><td rowspan="2">日期</td><td colspan="3">领用</td><td colspan="3">退料</td><td rowspan="2">限额节余数量</td></tr>
<tr><td>数量</td><td>领料人</td><td>发料人</td><td>数量</td><td>退料人</td><td>收料人</td></tr>
<tr><td></td><td></td><td></td><td></td><td></td><td></td><td></td><td></td></tr>
<tr><td></td><td></td><td></td><td></td><td></td><td></td><td></td><td></td></tr>
<tr><td></td><td></td><td></td><td></td><td></td><td></td><td></td><td></td></tr>
</table>

（二）领用物料的具体规定

（1）生产部领料员根据生产用料要求填写“领料单”，注明用料的“生产命令单”单号和班组，以及物料的名称、规格、数量及领用日期。

（续）

(2) 物控部发料员依据“限额领料表”，严格按照工厂限额规定发放物料。

(3) 物料领出后，同班组负责保管和使用，发料员必须按保管和使用要求对班组进行监督。

(三) 要领物料累计已超计划的处理

(1) 如果要领的物料累计已超过计划领用数量，仓库就不能发料。

(2) 如生产任务超过原定计划或生产中发生质量异常，需要在限额以外领料时，班组长必须提出申请，说明原因，经过车间主任核实后，由物控部计算数量，补签“限额领料单”；对非正常因素造成的超耗，应在补签的“限额领料单”上注明。

(四) 用料情况的验收与结算

(1) 班组任务完成后，由车间主任配合有关部门对产品产量、质量及用料情况进行检查，并签署检查意见；验收合格后，班组办理余料、边角料、废料的退库手续。

(2) 发料员根据验收合格的产品产量和结清领料手续的“限额领料单”，按照实际完成量计算实际应用物料量，并与班组实际消耗量对比，计算节约、超领数量，并将结果上报车间主任。

四、限额领料的控制措施

(一) 修订物料定额

物料定额一定要先进合理。物料清单用量、物料损耗率、采购宽量、提前期等基础数据准确是限额领料顺利实施的前提。

(二) 清理、取消车间仓库

车间仓库是造成不能真实反映生产异常情况，不能控制产品合格率的直接原因，应予以清理、取消。

(三) 设置半成品库

(1) 设置半成品库，车间上下工序间的在制品禁止流转。

(2) 设置半成品库后，物料集中放置、集中管理，上道工序的产出品先办理入库，后道工序开工前从半成品仓库中领出。这样物料出库入库登记清楚，各车间投入产出清楚明了，还可以有效杜绝物料挪用、浪费、丢失等现象。

(四) 特殊物料的领料管理

对于特殊物料（如有使用期限的物料），可以实行批次/序号管理，实现物料先进先出，避免形成呆滞物料。

编制人员		审核人员		审批人员	
编制时间		审核时间		审批时间	

四、物料超领控制方案

<table>
<tr><td rowspan="2">文书名称</td><td rowspan="2">物料超领控制方案</td><td>编　号</td><td></td></tr>
<tr><td>受控状态</td><td></td></tr>
</table>

一、物料超领控制的目的

物料超领是指当核定数量的物料领用完毕后，生产部再追加领用物料的行为。物料超领控制的目的如下。

（1）规范物料超领程序。

（2）严格控制物料超领情形的发生。

二、权责划分

生产部和物控部共同负责物料超领的控制工作。

三、物料超领程序控制

（一）填具“物料超领单”

（1）“物料超领单”上应注明超领所用原材料的名称、规格及超领数量，并详细阐明超领原因。“物料超领单”如下表所示。

物料超领单

领用部门：　　　　　　　　　　　　　　　　日期：____年__月__日

<table>
<tr><td>制造命令号</td><td colspan="3"></td><td>生产批次</td><td colspan="2"></td></tr>
<tr><td>物料编号</td><td>名称</td><td>规格</td><td>超领数量</td><td>超领原因</td><td>超领率</td></tr>
<tr><td></td><td></td><td></td><td></td><td></td><td></td></tr>
<tr><td></td><td></td><td></td><td></td><td></td><td></td></tr>
<tr><td></td><td></td><td></td><td></td><td></td><td></td></tr>
<tr><td>物料仓管员</td><td colspan="2"></td><td>领料员</td><td colspan="2"></td></tr>
</table>

（2）超领原因一般有以下四种。

① 原不良品补料，即上线生产时发现生产物料不合格，因此需追补生产物料。

② 作业不良超领，即因生产作业原因造成物料不良，需追加物料。

③ 下步工序超领，即由于下步工序的原因，导致本工序需追加物料。

④ 其他突发原因。

（二）审核“领料超领单”

（1）规定可领用数量

可领用数量的计算公式如下。

可领用数量＝制造产品批量×每单位产品用量×（1＋损耗率）

其中，每单位产品用量及损耗率根据“产品用料明细表”确定。

（续）

（2）超领审批权限规定 ① 超领率低于1%时，由生产部经理审核后，可领用物料。 ② 超领率大于1%小于3%时，由生产部经理及物控部经理审核后，方可领料。 ③ 超领率大于3%时，除上述人员审核外，由物控总监审核后，方可领料。 （三）保管“物料超领单” “物料超领单”一式四份，一联生产部自存，一联交物料仓，一联交生产部领料人员，一联交财务部。 **四、外协加工超领控制** （1）外协厂商需超领物料，必须填写“物料超领单”，经采购部、物控部相关人员核准后方可领料。 （2）“领料单”、“物料超领单”均一式四联，一联由外协厂商留存，一联由物料仓保存，一联送物控部，一联交财务部。 （3）由于外协厂商原因造成物料超领，相关费用从给外协厂商的付款中扣除。					
编制人员		审核人员		审批人员	
编制时间		审核时间		审批时间	

五、紧急需求物料领用办法

制度名称	紧急需求物料领用办法			受控状态	
				编　　号	
执行部门		监督部门		编修部门	

第1条　目的。

为规范紧急需求物料领用程序，加强对紧急需求物料的控制，特制定本办法。

第2条　适用范围。

本办法适用于生产部紧急需求物料的领用工作。

第3条　管理职责。

（1）物控部经理、物料仓库主管、生产主管负责紧急需求物料领用的复核。

（2）领料员负责紧急需求物料的申请、领取与运送以及物料补料退料工作的办理。

（3）仓管员负责“紧急需求物料领料单”的核对、紧急需求物料的发放。

第4条　术语界定。

紧急需求物料是指因生产计划变动、生产现场所存物料损坏等原因，导致按正常领料程序办理领料不能满足生产需要，从而需要紧急领取的物料。

第5条　紧急需求物料领用的申请与审批。

（1）领料员根据紧急生产计划的指令，填写“紧急需求物料领料单”，如下表所示。

（续）

紧急需求物料领料单

制造单号：　　　　　　　　　　　　　　　　　　　　领用日期：____年__月__日

<table>
<tr><td colspan="2">领料部门</td><td colspan="2"></td><td colspan="2">部门编号</td><td colspan="2"></td></tr>
<tr><td colspan="2">领料人</td><td colspan="2"></td><td colspan="2">批准人</td><td colspan="2"></td></tr>
<tr><td colspan="2">紧急需求物料用途说明</td><td colspan="6"></td></tr>
<tr><td colspan="2">紧急需求物料形态说明</td><td colspan="6">□ 原材料　□ 辅助材料　□ 半成品　□ 成品　□ 不良品　□ 其他</td></tr>
<tr><td>物料编号</td><td>品名规格</td><td>申领数量</td><td>实发量</td><td>不足量</td><td>单价</td><td>发料人</td><td>备注</td></tr>
<tr><td></td><td></td><td></td><td></td><td></td><td></td><td></td><td></td></tr>
<tr><td></td><td></td><td></td><td></td><td></td><td></td><td></td><td></td></tr>
<tr><td rowspan="3">复核</td><td colspan="2">物控部经理</td><td colspan="2"></td><td rowspan="3">领料人签收</td><td colspan="2" rowspan="3"></td></tr>
<tr><td colspan="2">物料仓库主管</td><td colspan="2"></td></tr>
<tr><td colspan="2">财务部</td><td colspan="2"></td></tr>
</table>

（2）领料员在填写“紧急需求物料领料单”的过程中需认真仔细，且需保证填写字迹清晰规范，无任何涂改痕迹。

（3）领料员按照“紧急需求物料领料单”的填写要求填写完后，需报生产主管、物料仓库主管审核，并报物控部经理审批。

（4）生产主管、物料仓库主管、物控部经理需根据工厂紧急需求物料管理程序要求对紧急领料申请进行审核，具体要求如下所示。

① 审核内容主要包括审核紧急物料领用需求是否符合消耗定额和相关计划、“紧急需求物料领料单”的字迹是否清晰规范等。

② 符合紧急需求领用相关要求的领料申请给予批准，不符合要求的申请给予退回或通知领料员完善“紧急需求物料领料单”。

第 6 条　紧急需求物料的领料程序。

（1）领料员需凭签字审批的“紧急需求物料领料单”，到仓库领取紧急需求物料。

（2）领取时，领料员应根据“紧急需求物料领料单”与仓管员共同核对物料编号、品名规格、申领数量，并检查外包装质量，确认无误后，双方办理物料交接手续，并签字确认。

（3）领料员组织人员将物料送至车间，与相关负责人办理交接手续。

第 7 条　紧急需求物料的领用要求。

（1）紧急需求物料超限额领用控制。生产部提出超限额领用紧急需求物料申请时，需在“紧急需求物料领料单”上注明原因。同时仓储部应以最快的速度开展紧急需求调查，并将调查结果依审批权限上报物控总监、总经理，按其决定办理。

（2）拒绝发料的情形。有以下情形时，仓管员应拒绝发料。

（续）

① 非规定的领料人领料紧急需求物料。

②“紧急需求物料领料单”填写不清、不全、不规范。

③“紧急需求物料领料单”未按有关规定交主管领导审批。

（3）对在检查中发现的不合格物料或未取得合格证的物料，领料员有权拒绝领取。

（4）紧急需求物料补料控制。生产人员发现紧急需求物料少发时，需及时向领料员说明情况；领料员在核实后，需及时办理补料手续，进行物料补发。

（5）紧急需求物料退料管理。当紧急需求物料超发或物料质量不合格时，生产人员需及时向领料员说明情况；领料员在核实后，应及时办理退料手续，进行物料退换。

第 8 条　本办法由仓储部制定，解释权归仓储部所有。

第 9 条　本办法自____年__月__日起实施。

修订记录	修订标记	修订处数	修订日期	修订执行人	审批人签字

第二节　物料使用

一、制程物料控制流程

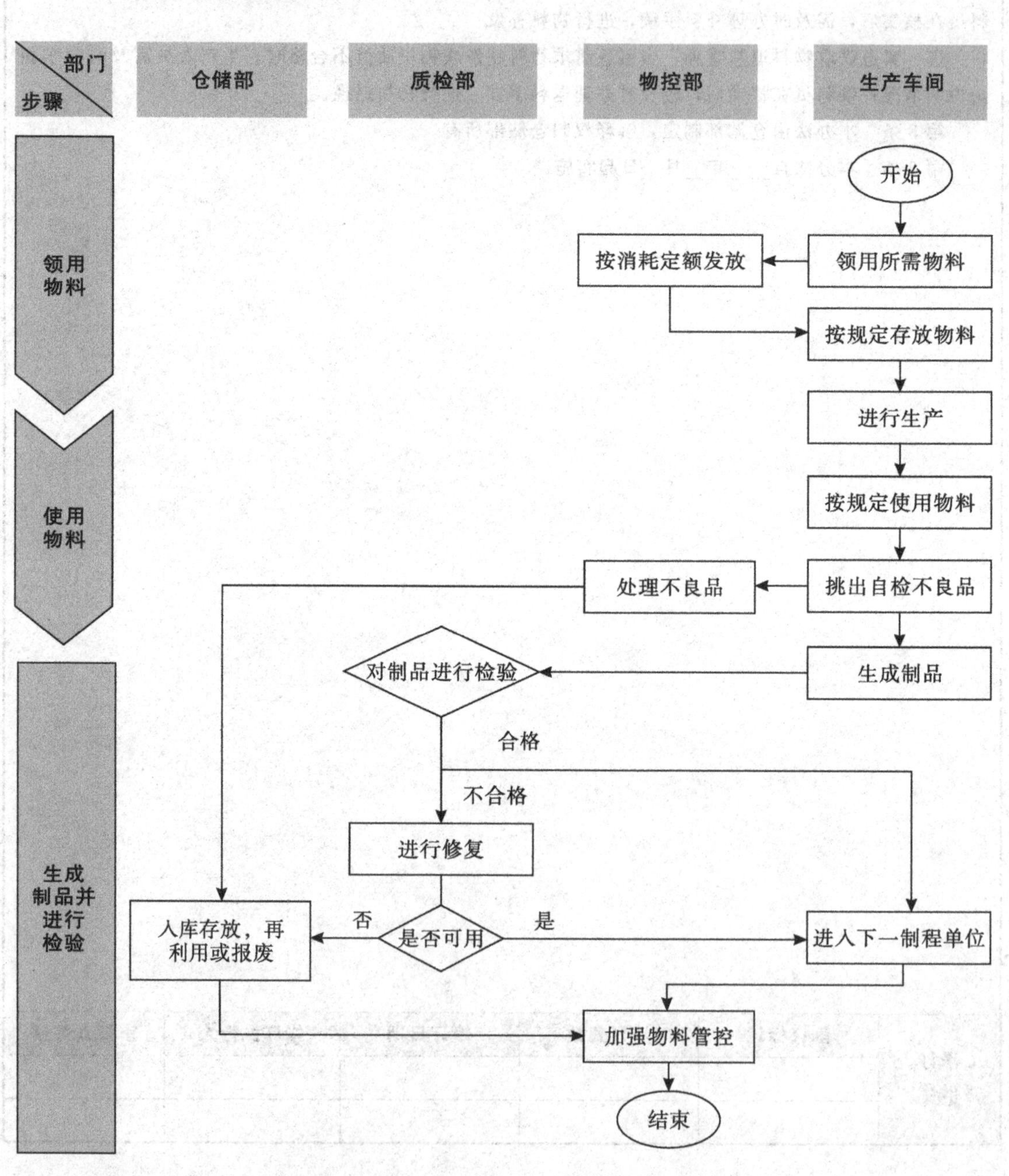

二、制程物料控制细则

制度名称	制程物料控制细则			受控状态	
				编　　号	
执行部门		监督部门		编修部门	

第1条　目的。

为规范制程物料管理，保证物料供应顺畅，现场生产有序，特制定本细则。

第2条　适用范围。

本细则适用于生产现场物料的领用、存放、使用、巡视、退料及物料台账管理等相关事宜。

第3条　物料领用管理。

(1) 生产人员应根据“生产命令单”领用对应的物料。

(2) 生产人员应依照“领料单”规定的数量、规格领用。

(3) 生产人员每次的物料领用量应以当日可以使用完的数量为最大领用量，对体积大的物料，每日用量尽可能分批领用。

(4) 每日下班后，生产人员应备好次日上班所需的物料。

(5) 生产途中切换产品，生产人员应提前10分钟将所需物料准备好。

(6) 生产人员领用的物料应按标准的包装方式进行物料防护。

(7) 生产人员不可领用不合格品或未经质检部检验的物料。

第4条　现场物料存储管理。

(1) 划分物料区。

生产部需将生产现场以划线区分的方式划分为作业区和物料区。

(2) 作业区的物料储存管理如下所示。

① 生产人员应将立即使用的少量物料存放在作业区。

② 对于小物料，生产人员可将每日用量置于作业区；对于大物料视体积大小以每____个小时的用量存放于作业区。

(3) 物料区的物料储存管理如下所示。

① 生产现场的物料区分为原料区、不良品区、待检区、不合格品暂存区、合格品暂存区。

② 原料区存放生产部已领用但暂不使用的各种原材料，以绿色油漆区隔，悬挂原料区标识。

③ 不良品区存放制程中发现的不良待修复品、不良退货品、报废品等物料，以红色油漆分隔，并悬挂不良品区标识。

④ 待检区存放生产完毕、等待检验或正在检验的制品，以黄色油漆区隔，并悬挂待检区标识。

⑤ 不合格品暂存区用于存放品质检验不合格、等待处理的制品，以红色油漆区隔，并悬挂不合格品暂存区标识。

⑥ 合格品暂存区存放品质检验合格、等待入库或进入下道工序的制品，以绿色油漆区隔，并悬挂合格品暂存区标识。

（续）

第 5 条　物料使用管理。

(1) 生产人员不可投入使用未经品质检验或检验不合格的物料。

(2) 生产人员使用物料时，应轻拿轻放，不可野蛮作业。

(3) 生产人员使用物料前应依规定做自检工作。

(4) 生产人员应将自检不良品挑出或修复后使用。

(5) 生产人员应将挑出的不良品贴上相应标识并依原包装方式进行包装。

(6) 生产人员使用物料时，应依“先进先出”的原则。

(7) 生产人员应将上批生产使用的物料，或暂时不需使用的物料依原包装方式存放在原料区或进行退库处理。

(8) 某物料断料时，若需使用代用品，应经质检部、技术部等相关人员依工厂规定流程确认后方可使用。

第 6 条　现场物料巡视管理。

(1) 现场物料巡视的工作内容如下所示。

① 生产现场是否悬挂《作业指导书》。

② 生产人员是否按工序流程进行生产。

③ 物料使用上限是否符合物料清单的要求。

④ 物料是否定格定位摆放，是否存在堆积现象。

⑤ 不合格品是否有标识且进行了隔离，不合格品是否准时记录。

(2) 现场物料巡视的工作要求如下所示。

① 现场物料巡视人员应认真按时填写巡检记录，记录好巡视时间、形式、线路等。

② 现场物料巡视人员巡视时应确保首件、样板属于合格品。

③ 现场物料巡视人员应对新产品、新员工做重点巡查，特采、代用、试产的物料必须重点稽核、记录情况，并进行结果反馈。

④ 现场物料巡视人员发现因来料或作业不良等原因造成物料无法正常使用、影响订单完成时，要及时填写“物料异常单”，并向上级领导反馈。

第 7 条　物料退料管理。

(1) 因生产完工或变更，余料在____日内不需使用的，生产人员应办理余料的退料手续。

(2) 生产部应依原包装方式对退库的物料进行包装；包装后经质检部检验合格，方可退料。

(3) 制程巡检人员应每日汇总制程中挑出的不良品，经检验鉴定后退送料部门或物控部物料再生组。

(4) 质检人员每日需对报废的物料进行鉴定，并在鉴定完毕后，集中退至物控部再生组。

第 8 条　物料台账管理。

(1) 物料仓库管理员在发出物料后，需及时更新物料发料台账，记录库存物料的变化情况。

(2) 领料员在领用物料后，需及时更新物料台账，记录领用物料的名称、规格、型号、数量、领用时间、领料人等信息。

(3) 生产部在使用物料时，需做好物料盘点工作，并需及时更新物料使用台账，记录作业现场使

（续）

用的物料的名称、规格、型号、数量、日常物料耗用数量和物料利用率等信息，以明确作业现场的物料存储情况。

(4) 作业现场出现退换料时，生产部及物料仓库管理员需及时更新物料退换台账，记录退换物料的名称、规格、数量、原因等信息。

第 9 条 生产部负责本细则制定、修改、废除的起草工作。

第 10 条 总经理负责本细则制定、修改、废除的核准工作。

第 11 条 本细则自____年__月__日起实施。

修订记录	修订标记	修订处数	修订日期	修订执行人	审批人签字

三、定额消耗控制方案

文书名称	定额消耗控制方案	编　　号	
		受控状态	

一、定额消耗控制目的

为实现物料的定量控制，合理利用和节约用料，为产品成本核算、经济核算奠定基础，特制定本方案。

二、明确定额消耗的管理权限

（1）物控部组织成立物料定额小组，全面负责物料消耗定额的管理工作。

（2）物料定额小组通过工艺量计算及定额测试等方法确定定额指标、上报物控总监审核、总经理审批。

（3）各生产车间按照物料定额指标领取和使用物料，仓储部按定额发料。

（4）超领管理。

① 车间在物料定额用完不够时，物料使用部门的主管提出申请，注明申请理由，交生产部经理和物控部经理审核签字后，按审批权限上报物控总监和总经理进行审批。

② 对于生产急需物料，应先行发料，再追究超料责任，切不可推诿责任而不予发料，从而影响生产。

三、物料消耗定额的制定与修改

（一）物料消耗定额的制定

（1）成立物料消耗定额小组。

物料定额主管组织成立物料消耗定额小组。物料定额主管任组长，成员包括物料定额员以及工艺技术部、生产部、采购部等相关人员。

（2）物料消耗定额小组负责收集工艺技术部、生产部、采购部等部门的相关资料。

（续）

(3) 物料消耗定额小组整理、分析数据，拟订定额标准初稿。各种物料的消耗定额，必须按照“保证产品质量、节约物料成本”的原则制定。

(4) 生产部负责协助物料消耗定额小组对物料消耗定额标准进行验证。

(5) 物料消耗定额小组根据验证结果修订定额标准，重新试行修订后的定额标准，最终确定物料消耗定额标准，交物控总监审核、总经理审批后执行。

（二）物料消耗定额的修改

(1) 物料消耗定额一般一年修改一次，由物料消耗定额小组负责修改。凡属于下列情况之一者，应及时修改物料消耗定额。

① 产品设计变更时。

② 加工工艺变更，影响到消耗定额时。

③ 消耗定额统计有误或消耗定额文件编写有误或遗漏时。

(2) 因生产管理不善或物料管理不善而超耗者，不得提高消耗定额。

四、物料消耗定额的执行

(1) 物控部根据“生产命令单”、物料清单与以往物料消耗测试结果开具“领料单”，注明各种物料定额数量。

领料单（式样二）

领用部门：　　　　　　　　　　　　　　　　日期：____年__月__日

物料编号	物料名称	规格	单位	定额数量	用途说明	备注

(2) 各生产车间领料员和物料仓管员严格按照“领料单”的数量进行领（发）料，防止少领、错领（多发、错发）现象的出现。

(3) 应设置物料定额使用监督员，进行各用料部门的物料使用现场巡查与监督，发现不当使用或浪费物料的现象要及时制止。

(4) 做好物料发放管理工作，每人的领用数量、用途都要认真登记。

物料领用记录表

物料编号	领用单编号	领用部门	领用数量	用途说明	领用日期

（续）

(5) 做好耗用登记，指定专人填写消耗台账，做到“不重登、不漏登”。

(6) 加强车间已领物料的保管工作，防止损坏和丢失，并做好报废物料、边角余料的登记与回收工作。

(7) 物控部应组织进行物料使用方法的指导。

(8) 对于人为原因造成物料损失和浪费的情况，应追究责任，按有关规定进行处罚。

五、物料消耗定额的考核

（一）明确考核目的

(1) 通过生产实践的检验，考察制定的物料消耗定额是否合理。

(2) 通过考核，与工厂历史最好水平以及行业内先进水平比较，找出差距。

(3) 通过考核，积累完整的历史资料，为指导生产和有效地进行物料管理提供科学的依据。

(4) 通过考核，进一步加强物料消耗定额管理工作。

（二）进行考核

应对物料消耗定额执行情况进行考核，具体考核方法如下。

(1) 车间核算员要正确计算完工产品成本，不得随意将费用摊入产品。

(2) 完工产品以当月入库为准，各车间班组按规定的结算调节、超料的一定比例执行奖惩。

(3) 物料费用以财务部分配给各车间的数额为准。

编制人员		审核人员		审批人员	
编制时间		审核时间		审批时间	

四、物料耗用统计方案

文书名称	物料耗用统计方案	编　　号	
		受控状态	

一、明确物料耗用统计目的

(1) 提供物料消耗的基本数据，为物控决策提供科学依据。

(2) 为物料消耗定额执行情况的考核提供量化资料。

二、确定物料耗用统计项目

物料耗用统计的项目主要包括以下三种。

(1) 单种产品的物料消耗数据。

(2) 各订单的物料消耗数据。

(3) 各部门物料消耗数据。

三、明确物料耗用统计内容

（一）日常物料耗用统计

(1) 日常物料耗用统计是指以统计台账的方式记录各车间、各订单的物料耗用情况。

（续）

(2) 日常物料耗用统计可以清楚地记录每天的用料，并作为日后考察有关数据的原始凭证。

（二）各部门物料耗用统计

(1) 各车间生产加工工序不同，所消耗的物料品种、规格、型号、数量也不相同。

(2) 各部门物料耗用统计是将各部门在不同时期所消耗的物料进行统计，这对各部门进行物料核算、物料控制具有重要作用。

（三）单一产品物料消耗统计

每种产品都要消耗很多种物料，将其生产过程中所消耗的全部物料进行统计，可以清楚掌握每种产品的物料成本。

（四）订单物料消耗统计

将生产订单的各种产品物料消耗进行统计，从而把握该订单的物料消耗成本，计算其利润，为营销决策提供分析资料。

（五）工厂所有产品物料消耗统计

对工厂的各类产品进行物料消耗统计，为产品的大量生产提供决策依据。

四、设计物料耗用统计工作程序

物料消耗统计工作是一个收集资料、整理资料、分析资料的过程。物控部经理应指定专人全面负责物料耗用统计工作。

1. 收集物料消耗资料

收集《物料消耗定额标准》以及物料消耗的基本数据等相关资料。

2. 进行物料资料分类

根据产品物料消耗、订单物料消耗、部门物料消耗等进行归类。

3. 进行归纳合并

按需要对相关项目进行归纳合并。

4. 进行物料统计运算

通过统计核算计算出各产品、各订单、各部门的物料用量、材料利用率、消耗物料的金额、单位产值耗用成本等数据。

5. 进行物料消耗分析

通过以上各数据与《物料消耗定额标准》进行比较、分析，掌握成本变动情况。

6. 找出差距原因

对比分析找出差距，并分析产生差距的原因。

7. 编制统计分析报告

根据上述物料消耗统计分析结果编制统计分析报告，向有关领导汇报，为工厂决策提供参考。

编制人员		审核人员		审批人员	
编制时间		审核时间		审批时间	

第三节　生产退料

一、生产退料流程

步骤＼部门	仓储部	质检部	生产部经理	车间班组人员
发现存留物料				开始 → 发现车间存留物料
确认物料问题				确认物料存留原因（质量异常／用料变更／用料节余）
处理退料		进行质量检验	审批	填写退货单 → 办理退料
登记退回物料	确定处理对策 → 接收、登记退回物料，并注明原因 → 填写仓库账簿 → 结束	出具检验报告		

二、生产退料办法

制度名称	生产退料办法			受控状态	
				编　　号	
执行部门		监督部门		编修部门	

第 1 条　目的。

为规范生产退料的管理工作，保证生产顺利运行，降低不必要的损失，根据工厂的相关规章制度，特制定本办法。

第 2 条　适用范围。

本办法适用于生产现场退料的管理工作。

第 3 条　责任划分。

（1）生产部负责退料的申请及退料手续的办理工作。

（2）质检部负责退料质量检验工作。

（3）仓储部负责退料的保管与处理工作。

第 4 条　术语界定。

（1）余料是指生产部领用的多余物料。

（2）坏料是指损坏、不能使用的物料。

（3）废料是指在生产过程中留下来的、本身已经无利用价值的物料。

第 5 条　生产退料类型。

生产退料类型主要包括余料退回、坏料退回、废料退回三类。

第 6 条　退料程序及要求。

（1）领用的物料在使用过程中遇有用料节余、物料损坏不能使用或物料残余时，生产部应将经部门主管签字后的“退料单”连同物料交回仓库。

退料单

编号：　　　　　　　　　　　　　　　　　　　　　　　　日期：____年__月__日

退料部门		部门编号	
物料编号		退料理由	
物料名称		□ 物料质量异常 □ 物料过剩 □ 物料变更 □ 其他原因	
规格/型号			
退料数量			
单价			
金额			
备注			

审批人：　　　　　　　　　　　复核人：　　　　　　　　　　　填单人：

（续）

（2）生产部发现物料质量异常需退料时，应将退料及“退料单”送质检部检验。

（3）质检部根据工厂物料检验的相关规定，对物料进行重检，并填写“退库物料重检单”。

退库物料重检单

编号：　　　　　　　　　　　　　　　　　　　　　　　　　　　　___年__月__日

物料编号		规格	
物料名称		类别	
数量		单位	
检验项目		检验方法	
检验结果		处理意见	

质检员：　　　　　　　　　　　质检主管：　　　　　　　　　　　物料仓管员：

（4）对于生产部退回的物料，仓管员应依照退回的原因制定处理对策；若系供应商原因造成，仓管员应立即通知采购人员与供应商进行协商处理。

（5）仓管员应将处理意见交仓储主管与工厂物控总监审批，按其审批结果进行处理。

（6）仓管员每天应及时登记物料退回台账，并注明退料原因，填写仓库账簿。

第 7 条　退料存放

（1）余料的存放。仓管员应在余料验收合格后，将余料入库，并建立余料卡，标明余料的名称、储存位置、退回日期及数量等，按“先进先出”的原则将余料送生产部使用。

（2）坏料的存放。仓储部应设立坏料存放区，用来存放坏料；当坏料积累到一定量时，仓管员需根据工厂的相关规定进行处理。

（3）废料的存放。仓储部应设立废料区，将废料分门别类存放，并在废料具有使用价值时，按“先进先出”的原则将废料送生产部使用。

第 8 条　退料资料汇总。

仓储部应将退料相关资料进行汇总，作为日后盘点与查处的依据。

第 9 条　本办法由仓储部制定，解释权归仓储部所有。

第 10 条　本办法自颁布之日起执行。

修订记录	修订标记	修订处数	修订日期	修订执行人	审批人签字

第四节　物料搬运

一、物料搬运规范

<table>
<tr><td rowspan="2">制度名称</td><td colspan="3" rowspan="2">物料搬运规范</td><td>受控状态</td><td></td></tr>
<tr><td>编　　号</td><td></td></tr>
<tr><td>执行部门</td><td></td><td>监督部门</td><td></td><td>编修部门</td><td></td></tr>
</table>

第 1 条　目的。

为使搬运作业有序进行，保证正常生产，维护物料品质，特制定本规范。

第 2 条　定义。

物料搬运是指在同一场所范围内进行的、以改变物料存放状态和空间位置为主要目的的活动。

第 3 条　适用范围。

本规范适用于工厂所有物料的搬运作业。

第 4 条　确定物料搬运原则

(1) 为方便提拿，应有良好的设计。

(2) 安排重力输送的漏斗、分离器和输送带，将物料送至使用地点。

(3) 预置和分类标明下一操作所需的材料和零件。

(4) 用落地输送法将产品挪开。

(5) 将所有较重物品举起时使用搬运机械。

第 5 条　明确物料搬运基本要求。

(1) 不能因为搬运而使物料的种类和标识混乱不清。

(2) 在搬运前，应估计物料的重量和大小，太大或太重、不便于人力搬运时，最好采用其他方式搬运。

(3) 在运送或搬运作业中，对易磕碰的关键部位应配备适当的保护装置（如保护套、防护罩等）。

(4) 选用与物料特点相适当的容器和运输工具（如托盘、货架、板条箱、集装箱、叉车、载重汽车等），加强对容器和运输工具的维护保养。

(5) 搬运物料时应先检查物料是否有钉、各部件是否有松动现象，以免造成损伤。

(6) 搬运物料时应手掌紧握物料，以免物料滑脱。脚步要稳，小心行走，以防滑倒或绊倒。

(7) 对精密、特殊的物料要防止震动，并注意对温度、湿度等环境的要求。

(8) 在物料搬运过程中，若需通过环境有污染的地区，应对物料进行适当的防护。

(9) 易燃、易爆或对人身安全有影响的物料，应有严格的搬运控制程序。

(10) 对有防震、防压等特殊要求的物料，搬运中要采取专门的防护措施和加以明显的识别标识，并注意保护标识，防止丢掉或被擦掉。

（续）

(11) 保证物料正确无误地送到指定的加工点、检验点。放置物料时要小心轻放，不能猛撞，以防损坏物料。

(12) 标注了放置方法的物料，要按标注的方法放置。同时，要使物料标签向外，以便于读数和识别。

(13) 对搬运人员进行培训，使其能掌握必需的作业规程和要求。

第 6 条　选择物料搬运方式。

(1) 根据物料的种类、性质、形状、重量确定搬运方式。

(2) 以箱、袋或集合包装的物料使用叉车、吊车、货车搬运。

(3) 散装粉粒物料使用传送带搬运。

(4) 散装液态物料直接从转运设备或储存设备装取。

第 7 条　物料搬运要领。

(1) 搬运时，重物放于底部，重心置中，并注意各层面的防护，整齐堆放于卡板上，用液压叉车叉人，匀速推行。

(2) 严禁超高、超快、超量搬运物料。

(3) 进行物料堆叠时，以不超过厂区规划道路宽度为限，高度以不得超过 2 米。

(4) 人工搬运时，要注意轻拿轻放，平稳地放置于地面，谨防野蛮操作。

(5) 物料承载运行应避开电线、水管及地面不平的地方。

第 8 条　本规范由生产部负责制定，解释权归生产部所有。

第 9 条　本规范自____年__月__日起实施。

修订记录	修订标记	修订处数	修订日期	修订执行人	审批人签字

二、物料搬运指导书

文书名称	物料搬运指导书	编　　号	
		受控状态	

一、目的

为规范物料搬运工作，保证物料及时送达生产现场，特制定本指导书。

二、适用范围

本指导书适用于本工厂内物料的搬运工作。

三、搬运方法的选择

物料搬运方法分为人工搬运、工具搬运和机器搬运三种。搬运人员在搬运物料时应根据物料的特点、需求的紧急程度、搬运距离等因素选择合适的搬运方法。各种搬运方法如下表所示。

（续）

搬运方法一览表

方法	特点	适用范围
人工搬运	◎ 搬运人员通过手抬、肩扛等方式进行物料搬运的方法 ◎ 人工搬运成本低，且有利于物料的保护，使其不被磕碰等，但其搬运效率较低	适用于搬运距离较近或易碎的物料
工具搬运	◎ 搬运人员通过使用合适的搬运工具进行搬运的方法。工厂常见的搬运工具有推车、液压叉车等 ◎ 工具搬运与人工搬运相比可提高搬运效率，但需购买或制作搬运工具，增加了搬运成本	适用于搬运经常使用的物料
机器搬运	◎ 搬运人员使用机器设备对物料进行搬运的方法。工厂常见的搬运机器有卡车、输送带等 ◎ 节省人力及时间，大幅提高搬运效率，但机器购买费用较高，且需培训专业人员进行操作，造成搬运成本大幅增加	适用于搬运体积过大或距离较长的物料

四、危险物料的搬运

（一）爆炸品的搬运

（1）爆炸品搬运前，搬运人员应检查其包装是否完整、坚固，使用的搬运工具是否适合及良好等。

（2）爆炸品装卸车时，搬运人员应详细检查各车辆、车厢的卫生及温湿度情况，且必须保证装卸车的清洁与干燥。

（3）装卸物料时散落的粉粒状爆炸物，搬运人员要及时用水湿润，再用锯末或棉絮等物品将其吸收，并将吸收物妥善处理。

（4）交接物料时，搬运人员要手对手、肩靠肩，确保交接牢靠。

（5）搬运人员禁止携带烟火器具，禁止穿有铁钉的鞋。

（二）氧化剂的搬运

（1）搬运人员装车前应将车门打开，并彻底通风。

（2）物料装车时，搬运人员应将车内应清扫干净，不得残留酸类、硫化物和磷化物等。

（3）搬运人员应将散落在车厢或地面上的粉状、颗粒状氧化物撒上沙土后及时清理干净。

（三）压缩气体和液化气体的搬运

（1）搬运器具、搬运用的手套和防护服等不得沾有油污等其他危险物品，以防引起爆炸。

（2）在搬运装有压缩气体和液化气体的钢瓶时，搬运人员应使用专用的搬运器具，禁止肩扛或滚动。

（3）装有压缩气体和液化气体的钢瓶应平卧堆放，垛高不得超过____个，禁止日光直射暴晒。

（续）

（四）自燃品或易燃品的搬运

（1）搬运人员在搬运自燃品或易燃品时，需进行通风处理，避免可燃气体聚集。

（2）遇到雨雪天气时，如防雨设备不良，禁止搬运遇水燃烧的物品。

（3）装有液体、电石物品的容器膨胀时，搬运人员应使用铜质或木质的扳手轻轻打开容器的排气孔，并在放出膨胀气体后进行搬运。

（4）装运易挥发液体的瓶罐，搬运人员在开盖前要慢慢松开螺栓，并停留几分钟后再开启，装卸完毕后，应将阀门和螺栓拧紧。

（五）剧毒品的搬运

（1）搬运人员在搬运剧毒品前需做好通风处理。

（2）搬运人员搬运时应穿好防护用具，搬运后应及时沐浴。

（3）搬运人员需对搬运过程中使用过的防护用具、工具等进行集中洗涤并消毒。

（4）搬运人员的工作时间不宜过长，应进行间隔休息。如在搬运中发现有头晕、恶心等现象，搬运人员要立即停止搬运，并及时处理。

（六）腐蚀性物料的搬运

（1）搬运人员在搬运前应准备充足的清洁冷水，以便人身、车辆、工具等受到腐蚀时可以及时得到冲洗。

（2）搬运腐蚀性物料时，搬运人员需将散落在车内或地面的腐蚀品用沙土覆盖或用海绵吸收后，用清水冲洗干净。

（3）搬运人员装卸石灰时，应在石灰下放置垫板，不得在雨中搬运石灰，严禁将干、湿石灰混装一起进行搬运。

（七）放射性物料的搬运

（1）在搬运放射性物品前，工厂需组织具有经验及相关技能的人员进行检查和鉴定，以确认是否可以搬运，并确定装卸方法和搬运时间。

（2）搬运人员搬运前需严格按照工厂的相关规定做好防护工作。

（3）搬运人员搬运完成后需立即将防护用品交回专门的保管场所，不得随意存放。

五、贵重易损物料的搬运

（一）贵重易损物料界定

工厂贵重易损物料包括以下两类。

（1）价值昂贵的物料，如金、银等。

（2）因震动等原因容易破损的物料。

（二）贵重易损物料搬运要求

（1）搬运人员搬运贵重易损物料时要小心谨慎，轻拿轻放，严禁摔碰、撞击、拖拉、翻滚、挤压、抛扔物料。

（2）搬运人员搬运时要严格按包装标识进行码垛与装卸。

（3）物料的盛装器皿材质需符合物料的要求，必要时需保证器皿专用。

（4）对金、银、水银、有色金属等价值巨大的物料，工厂可根据实际情况，指定搬运方式进行搬运。

（续）

<table>
<tr><td colspan="6">

六、超长、超大、超重物料的搬运

（1）搬运人员需具备上岗证，且经验丰富、技术熟练。

（2）在搬运超长、超大、超重物料前，搬运人员要选择安全性能有保障的搬运设施及安全性高、耐磨、强度高的索具。

（3）搬运人员在搬运前需认真检查，确认搬运器械状态是否良好。

（4）搬运作业需严格按既定计划步骤进行，搬运人员不得私自改变搬运计划。

七、物料搬运控制事项

（1）物料搬运前，搬运人员应选择与物料特点相适应的搬运工具，并确定适当的搬运方法。

（2）搬运人员在物料搬运过程中，应对物料易磕碰的部位提供适当的保护措施，如添加保护套、防护罩等。

（3）搬运人员在搬运精密、特殊的物料时，要防止振动，并需采用相应的措施，以免物料受到温度湿度等环境的影响。

（4）对易燃、易爆或其他对人身安全有影响的物料进行搬运时，工厂应制定严格的搬运程序，并安排专人进行搬运工作的监督与指导。

</td></tr>
<tr><td>编制人员</td><td></td><td>审核人员</td><td></td><td>审批人员</td><td></td></tr>
<tr><td>编制时间</td><td></td><td>审核时间</td><td></td><td>审批时间</td><td></td></tr>
</table>

三、物料搬运分析方案

<table>
<tr><td rowspan="2">文书名称</td><td rowspan="2">物料搬运分析方案</td><td>编　号</td><td></td></tr>
<tr><td>受控状态</td><td></td></tr>
<tr><td colspan="4">

一、物料搬运分析目的

（1）分析改进搬运的可能性。

（2）改善生产现场物料的搬运状况。

二、适用范围

本方案针对的是生产工序内的搬运或是在某个工序内及前后相关工序之间的搬运。

三、物料搬运分析的具体实施

（一）成立物料搬运分析小组

生产部经理组织成立物料搬运分析小组，物控部、仓储部、采购部等相关部门给予协助。

（二）进行物料搬运分析

1. 生产线及工序特征分析

对生产线及工序的特征进行分析，以便分析、确定合理的搬运办法，具体如下表所示。

</td></tr>
</table>

（续）

生产线及工序特征对物料搬运办法的影响

生产线及工序	特征	物料搬运着眼点
非固定型生产线	◎ 适当地配置了机械 ◎ 物料流程会根据生产计划发生变化 ◎ 各工序间的停滞很明显	从整理、整顿着手，注意装卸和停滞问题
固定型生产线	◎ 把物料装置到机械上，从机械到机械之间的搬运是通过人工来操作的（即使用叉车、铲车）	物料搬运要注意操作环节，重视放置的方法，减少不合理搬运
半自动化流水线	◎ 已经改进的方式和原用方式混在一起，存在有待改进的地方	着眼工序之间、有连接点的地方，保证流水线的进口和出口畅通
自动化流水线	◎自动机械能连续配置，构件由传送带、铲车等自动传送	着眼于流水线的进口和出口

2. 物料搬运途径分析

物料搬运分析小组在进行物料搬运途径分析时，可参考“物料搬运途径分析表”，如下表所示。

物料搬运途径分析表

生产车间：　　　　　　　　　　　　　　　　　　　　日期：____年__月__日

物料名称	物料编号	装载部门	送至部门	搬运途径	每月搬运数量	容器类别	换算容器个数	备注

分析人：

3. 填写“物料搬运分析表”

根据物料搬运情况的分析结果，填写“物料搬运分析表”，如下表所示。

（续）

物料搬运分析表

生产车间： 日期：____年__月__日

类别			搬运项目	包装方式	容器尺寸			单位重量	形状	其他说明及搬运事项	搬运等级
原料	半成品	成品			长	宽	高				

分析人：

注："搬用项目"是指所搬运物料的名称，"搬运等级"栏目填写"紧急搬运"或"普通搬运"。

四、物料搬运分析的注意事项

（1）尽量避免重复搬运。

（2）搬运的路程尽可能不要太长，路线尽量统一。

（3）搬运所使用盛载物料的容器是否合适。

（4）搬运所需要的时间不宜太长。

（5）搬运的东西不要太重或太零碎（须妥善包扎）。

（6）搬运过程是否对某个生产环节构成影响。

（7）搬运人员是否具备特殊的体格或技能。

（8）搬运所使用的方法及工具是否安全。

（9）增设搬运所导致的资金消耗。

编制人员		审核人员		审批人员	
编制时间		审核时间		审批时间	

第八章

物料质量控制

第一节　物料采购质量控制

一、采购质量控制体系管理

采购质量控制体系管理是对整个采购过程的质量进行控制管理，从而有效保证物料采购的质量，同时降低物料采购成本的过程。因此，工厂应加强对采购质量控制体系的管理，保证采购各阶段的工作顺利进行。

工厂的采购质量控制体系需包括采购计划质量控制、采购预算效果控制、供应商品质管理、采购谈判质量管理、采购合同规范管理、采购交期控制管理、采购质量验收管理、采购结算规范管理、采购库存质量管理共九个方面的内容，具体如表 8-1 所示。

表 8-1　采购质量控制体系构成一览表

项目	说明
采购计划质量控制	◎ 采购计划是采购部为了配合工厂的销售与生产，对所需物料的规格、数量及成本等内容制订的详实计划 ◎ 采购计划人员需根据工厂的生产计划及物料需求计划进行编制，以确保采购计划的准确性及合理性
采购预算效果控制	◎ 采购预算是采购部在一定计划期间编制的工厂物料采购用款计划 ◎ 采购部在采购前应依据工厂资金计划及采购计划编制采购预算，并在采购预算审批通过后，严格根据采购预算进行采购，有效控制采购费用的支出
供应商品质管理	◎ 供应商品质管理主要是对供应商供货质量、交货时间、管理水平等进行管理控制的过程 ◎ 采购人员需根据工厂物料采购需要制定《供应商品质管理标准》，并根据工厂实际需要定期对供应商的品质进行综合评估，然后根据评估结果，制定并落实处理措施
采购谈判质量管理	◎ 采购谈判是采购部与供应商对物料采购的有关事项进行反复磋商，谋求达成协议，建立双方都满意的购销关系的过程 ◎ 采购谈判人员谈判前需准备好谈判资料，确定谈判策略及谈判技巧，并在谈判前进行谈判模拟，预估谈判过程中可能会出现的问题，同时制定相应对策；在谈判过程中，谈判人员需注意谈判现场氛围的变化，并及时转换谈判策略，使己方在谈判过程中处于有利地位，从而有效保证谈判质量

（续表）

项目	说明
采购合同规范管理	◎ 采购合同是工厂与供应商经过谈判协商一致同意而签订的明确供需关系的法律性文件。工厂需加强对采购合同的管理，规范采购合同的签订、执行、争议处理等工作，确保采购合同的合法性、有效性，从而有效规避各类合同风险，保障工厂利益 ◎ 工厂需建立完善的合同管理体系，并对供应商品质进行审查；在确定供应商后，展开合同的谈判、审核与签订管理工作，并加强对合同履行情况的监控及合同结算工作的审查，最后做好合同的评估与存档工作
采购交期控制管理	◎ 物料采购人员根据采购合同向供应商发出订单后，需对订单进行跟踪，了解订单进展 ◎ 采购部应将物料请购、采购、生产、运输及进料检验等作业所需的时间进行规划，并依此确定采购交期 ◎ 采购交期确定后，采购人员应根据采购合同，在订单预期到货前通过电话、视频等形式对采购订单进行跟催，了解供应商备货情况和预计发货时间等，确保物料按期送到 ◎ 出现订单交期延误时，采购人员应对交期延误的原因进行分析，并根据实际需要拟订处理对策进行处理，以确保因交期延误而造成的损失最小化
采购质量验收管理	◎采购质量验收是对采购物料的数量及质量进行检验的各项活动的总称 ◎ 工厂需确定采购质量验收标准，然后根据物料特点及检验需求，采用适当的验收方法，依照采购合同及有关法律法规对所购物料的质量、规格、数量以及包装等进行检验，以判断物料是否可以入库
采购结算规范管理	◎ 采购结算是指对因购买物料而引起的货币支付关系进行清偿的过程 ◎ 采购结算人员需根据采购合同的实际要求、供应商的重要性、工厂现有资金情况等制订采购结算计划，并对相关单据进行核对，填写“应付账款单”，报财务部审核后，通知供应商办理结算手续
采购库存质量管理	◎ 采购库存质量控制是对物料订购量、订购期、仓库存储量进行控制管理的过程 ◎ 工厂需根据生产计划及物料使用计划，预估物料消耗量，然后根据物料库存的实际情况，选择合适的订货方式、设置订货点、确定订货量，对物料的库存数量进行控制管理，以实现库存最优化

二、供应商质量评估体系管理

供应商质量评估体系管理是对供应商的质量评估内容、程序、要求等进行管理的过程。加强供应商质量评估体系管理，有利于供应商的合理选择，从而能够保证物料的采购质量，保障工厂的经济利益。供应商质量评估体系管理要点如表 8-2 所示。

表 8-2　供应商质量评估体系管理要点

项目	说明
明确评估标准	◎ 供应商评估标准主要包括供应商的技术水平、质量水平、生产能力水平、物料供应价格情况、服务水平、信誉度等
选择评估工具	◎ 供应商评估工具包括供应商的组织结构、各项品质资质证明、QC 工程图、供应商概述和供应商的产品一览表等
确定评估主体	◎ 供应商质量评估工作涉及的部门较多，工厂内通常由采购部、技术部、质检部、生产部、物控部及仓储部等成立供应商质量评估小组，具体负责供应商质量评估工作 ◎ 小组成员需权责明确，并严格按照工厂相关规定对供应商质量进行评估
收集供应商资料	◎ 供应商评估小组应根据物料的类别，选择生产此类物料的 5～10 家供应商，进行信息的收集工作，并填写“供应商基本资料表”
建立评估指标体系	◎ 供应商质量评估小组应根据收集的供应商资料，建立供应商质量评估具体指标体系，确定各项评估指标、评估标准及等级标准等
供应商评估实施控制	◎ 供应商质量评估小组需根据评估指标及评估标准，对所选的各家供应商进行打分，并根据其各自得分情况划分供应商的等级
编写《供应商质量评估报告》	◎ 供应商质量评估结束后，供应商质量评估小组需编写《供应商质量评估报告》 ◎ 评估报告应包括评估部门、评估人、供应商的基本信息、评估项目、评估内容、评估指标、评估结果等
制定供应商控制策略	◎ 工厂需根据供应商评估结果，选择合适的供应商，并根据供应商的特点，制定控制策略，以加强对供应商的管理 ◎ 工厂常用的供应商控制策略包括制订联合品质计划、派常驻代表或质检组、定期和不定期监督检查、排序供应商和扶持供应商等

三、采购质量控制流程

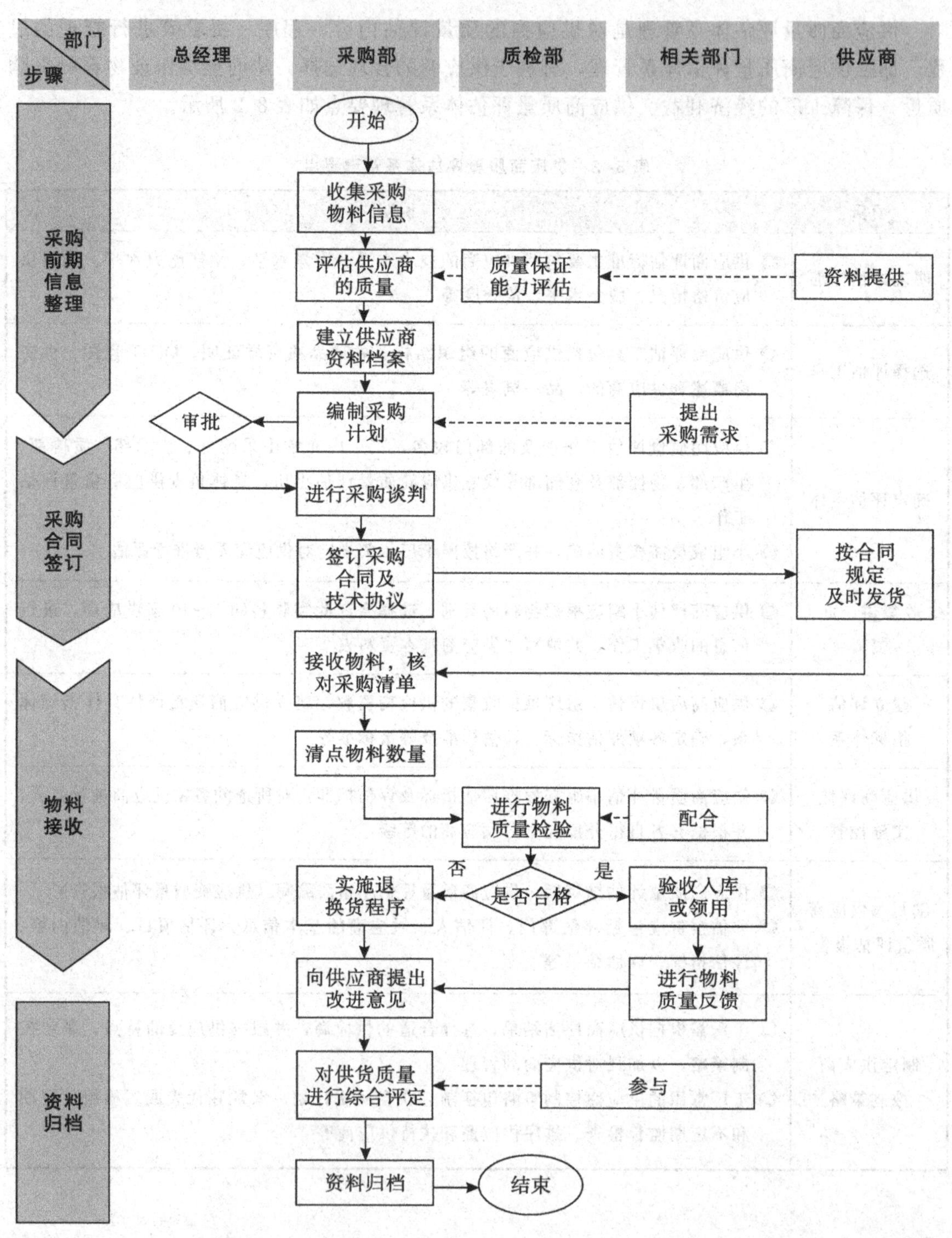
部门
步骤
总经理
采购部
质检部
相关部门
供应商
采购前期信息整理
采购合同签订
物料接收
资料归档
开始
收集采购物料信息
评估供应商的质量
质量保证能力评估
资料提供
建立供应商资料档案
审批
编制采购计划
提出采购需求
进行采购谈判
签订采购合同及技术协议
按合同规定及时发货
接收物料，核对采购清单
清点物料数量
进行物料质量检验
配合
否
是
实施退换货程序
是否合格
验收入库或领用
向供应商提出改进意见
进行物料质量反馈
对供货质量进行综合评定
参与
资料归档
结束

四、采购质量控制规定

制度名称	采购质量控制规定			受控状态	
				编　　号	
执行部门		监督部门		编修部门	

第1章　总则

第1条　目的。

为加强对所采购的原材料、零部件、辅助材料等物料质量的有效控制，确保采购物料符合本工厂生产及经营的规定和要求，特制定本规定。

第2条　适用范围。

本规定适用于本工厂原材料、辅助材料、零部件等各类物料采购质量的管理工作。

第3条　说明。

本规定后文中的原材料、辅助材料、零部件等统称为采购物料。

第4条　采购质量控制的基本原则。

(1) 必须向经过评定确认为合格等级的供应商采购。

(2) 采购前应提供有效的采购文件和资料。

(3) 对某些突发场合所需的特殊物料、急用物料、技术研发所需物料，可向未进行供应商评定的供应商采购，由质检部进行物料的验证，验证合格后，即可投入使用。

第2章　相关部门职责

第5条　采购部的主要职责。

采购部是物料采购的归口管理部门，其主要职责如下所示。

(1) 工厂所用采购物料的采购。

(2) 合格供应商档案资料的管理。

(3) 物料采购价格的评定。

(4) 采购合同（含《供应商质量保证协议》）的签订、管理，并负责"更改通知"的传递与发放工作。

(5) 配合质检部进行采购物料的质量监督、质量改进及改进结果的验收、质量索赔等日常管理工作。

第6条　质检部的主要职责。

(1) 负责编制《进料检验控制标准》。

(2) 负责供应商质量保证能力的评定工作。

(3) 负责所有采购物料质量信息的收集、分析、反馈和处理工作。

(4) 负责采购物料进厂检验和试验及日常供货过程中的质量监督工作。

(5) 负责新增供应商的样品质量检验及试验。

（续）

第 7 条　技术部的主要职责。

（1）向供应商提供完整、正确的采购物料技术文件和（或）样品。

（2）同供应商签订有关技术协议和知识产权保护协议。

（3）新物料开发、新增供应商的初选及新增供应商的物料技术认证。

（4）必要的时候，与供应商共同进行技术开发。

第 8 条　其他部门职责。

工厂各有关部门配合采购部收集、分析和反馈采购物料质量信息，必要时对供应商提出改进建议。

第 3 章　采购前控制

第 9 条　采购计划的管理。

采购部依据与客户签订的长期协议、仓库库存量，适时地提出采购需求、制订采购计划。采购计划经总经理批准后生效。

第 10 条　物料采购需准备的相关资料。

采购部进行物料采购，需准备以下相关资料。

（1）采购合同。采购合同至少应包括以下五个方面的内容。

① 采购物料的品名、规格、型号、数量。

② 采购物料的技术要求。

③ 交货期、交货地点。

④ 价格、付款方式。

⑤ 质量保证条款。

（2）质量保证协议书（必要时）。

（3）采购技术协议书。技术部负责签订采购技术协议书，其内容至少应包括以下三个方面。

① 双方共同确认的图样、技术条件、物料标准和验收标准。

② 对新物料需签订《新物料开发技术协议书》和《知识产权保护协议书》。

③ 对于配套技术资料的发放、更改、回收等应按《技术文件和资料控制程序》有关条款进行控制。

（4）“三包”服务协议书（必要时）。

（5）发放到供应商的技术文件。

（6）相关的采购计划。

第 4 章　采购中的控制

第 11 条　挑选供应商。

采购人员优先从工厂供应商管理表格中挑选供应商，并至少挑选三家。

第 12 条　采购谈判。

采购人员在与所挑选的供应商进行谈判的过程中，要注意对谈判内容的保密。

（续）

第 13 条　择优选择供应商。

采购人员要在综合比较价格、质量等的基础上挑选出适合的供应商，并报总经理审批。

第 14 条　拟订采购合同。

采购合同需由工厂生产部、采购部、质检部在法律顾问的指导下共同参与拟订，并交由总经理审定签章后生效。

第 15 条　加强管理。

实行定期轮岗制，加强对采购人员的管理。

第 5 章　采购后的控制

第 16 条　跟催和监督。

采购人员要定期对采购物料进行跟催，监督供应商严格按照采购合同执行。

第 17 条　采购物料的入库验收。

（1）采购物料到达工厂后，采购部电话通知质检部进料检验专员进行检验。

（2）检验期间所进的物料应放置于仓库待检区。

（3）质检部进料检验专员负责对仓库待检区的物料，按《进货检验和试验控制程序》的规定进行检验，并填写“进料检验报告表”。

（4）验收合格，由仓库管理员办理入库事宜，展开保管、分发程序。

（5）验收不合格，则对该批进料依据《不合格物料控制程序》执行，采购部及时与供应商进行沟通处理。

第 18 条　物料的处理。

采购物料的搬运、贮存、包装、防护和标识管理工作，按工厂仓储部相关规定执行。

第 6 章　供应商质量综合评定

第 19 条　评定方式。

质检部与生产部负责对供应商的供货质量每年进行一次综合评定，评定结果需交生产总监审批；合格的可继续列为合格供应商。

第 20 条　评定内容。

供应商评定内容包括供应商的配套物料质量、供货的及时性、价格水平和售后服务等方面。

第 21 条　质量问题处理。

对于连续发生质量问题的供应商，采购部及时发出停供整顿或取消供货资格的通知。

第 7 章　附则

第 22 条　本规定由质检部、采购部联合制定，报总经理审批。

第 23 条　本规定自颁布之日起执行。

修订记录	修订标记	修订处数	修订日期	修订执行人	审批人签字

五、供应商质量控制方案

文书名称	供应商质量控制方案	编　　号	
		受控状态	

一、目的

为加强供应商质量管理，提高工厂产品质量水平，维护工厂生产经营活动，特制定本方案。

二、适用范围

本方案适用于工厂供应商开发、调查和筛选的质量控制工作。

三、部门职责

(1) 采购部负责供应商质量控制主导工作。

(2) 技术部、质检部等相关部门协助采购部做好供应商质量控制工作。

四、供应商开发质量的控制

(一) 寻找供应商的途径

要寻找更多的供应商，可以从以下八种途径着手。

(1) 各种采购指南。

(2) 新闻传播媒体，如电视、广播、报纸等。

(3) 各种物料发表会、展示（销）会。

(4) 行业协会。

(5) 行业或政府的统计调查报告或刊物。

(6) 同行或供应商介绍。

(7) 公开征询。

(8) 供应商主动联络。

(二) 了解供应商基本信息

采购部可以通过向供应商发送“供应商基本资料表”（如下表所示），要求供应商填写完整后反馈，以初步了解供应商的基本信息。

供应商基本资料表

供应商编号：　　　　　　　　　　　　　　　　　　　日期：____年__月__日

名称		地址			法人
联系人		电话			
传真		E-mail		网址	

（续）

公司概况	资本额	万元	机器设备	名称	台数	厂牌规格	购入时间	购入成本	性能
	建厂登记日期	__年_月_日							
	营业执照								
	往来银行								
	开始往来时间								
	停止往来时间								
	所属协会团体								
	协力工厂数								
	协力工厂利用率								
	平均月营业额								

材料来源	材料名称	供应商	备注	员工	职能	人数	干部数	员工数	大学	高中以上	平均月薪

主要产品	名称	比例	名称	比例	主要客户	名称	比例	名称	比例

审批人：　　　　　　　　　　　　　　　　　　　　填表人：

（三）与供应商进行洽谈

采购部人员可以运用“供应商调查表”进行洽谈，进一步了解供应商的信息。

（1）采购部负责设计“供应商调查表”，质检部、技术部等相关部门予以协助。

（2）“供应商调查表”一般包括材料零件确认、质量验收与管制、采购合同、付款方式、售后服务、建议事项等内容，具体如下表所示。

（续）

供应商调查表

供应商名称： 日期：____年__月__日

项目	调查内容	了解程度状况
物料确认	1. 您对本工厂样品确认流程是否了解	□了解 □不了解 □请求当面沟通了解
	2. 您对本工厂认定的物料交货依据的规格及样品是否了解	□了解 □不了解 □请求当面沟通了解
	3. 您对本工厂认可的样品是否有保留，以作为后续品质管理之用	□有保留 □未保留 □请求当面沟通了解
质量验收管制	1. 您对本工厂质量检验标准与方法是否了解	□了解 □不了解 □请求当面沟通了解
	2.	
	3.	
采购合同	1. 贵公司目前的产量足以应付本工厂需求吗	□可以 □不可以 □需设法弥补
	2.	
	3.	
付款流程	1. 您对本工厂的付款条件、手续是否了解	□了解 □不了解 □请求当面沟通了解
	2.	
	3.	
售后服务建议事项	1. 发生质量问题时，您一般会主动与哪个部门进行沟通	□质检部 □技术部 □采购部 □总经理
	2.	
	3.	

（四）提出供应商调查评审的申请

根据对供应商基本信息的掌握情况，对供应商进行实际调查评审后，确定其是否可列入合格供应商之列。

五、供应商调查评核质量的控制

（1）采购部实施采购前，应对拟开发的供应商组织供应商调查评核工作，以确定其可否列入合格供应商之列。

（续）

(2) 采购部、技术部、质检部、生产部等相关人员组成供应商调查评核小组，对供应商实施调查评核，并如实填写“供应商调查评核表”（如下表所示）。

供应商调查评核表

供应商编号： 日期：____年__月__日

供应商名称						
调查时间				已接受调查次数		
调查评核项目		得分	评分说明	调查评核者	备注	
价格评核	1. 物料价格					
	2. 加工费用					
	3. 估价方法					
	4. 付款方式					
技术评核	1. 技术水准					
	2. 资料管理					
	3. 设备状况					
	4. 工艺流程					
	5. 作业标准					
质量评核	1. 质检部组织体系					
	2. 品质规范标准					
	3. 检验方法记录					
	4. 纠正预防措施					
生产管理评核	1. 生产计划体系					
	2. 交期控制能力					
	3. 进度控制能力					
	4. 异常排除能力					
合计						

审批人： 填表人：

(3) 各部门应根据评估结果提出建议，供总经理核定。

(4) 未经调查评核认可的供应商，不得列为本工厂的合格供应商。

六、供应商筛选质量的控制

对供应商筛选质量的控制可以从建立供应商筛选评价指标体系、筛选程序、合格供应商档案三个方面进行。

（续）

（一）建立供应商筛选评价指标体系

在对供应商进行筛选、选择时，采购部应根据所收集的供应商资料及初步评审结果，填写“供应商筛选评分表”，对供应商进行打分，得分高者选定为候选供应商。供应商筛选评分表如下表所示。

供应商筛选评分表

供应商编号：　　　　　　　　　　　　　　　　　　　　　　　　日期：____年__月__日

评选考核项目	具体指标	分数	实际得分	小计	总计
产品质量水平	1. 物料的优良品率	5分			
	2. 质量保证体系	5分			
	3. 样品质量	5分			
	4. 对质量问题的处理承诺	5分			
交货能力	1. 交货的及时性	5分			
	2. 扩大供货的弹性	5分			
	3. 样品的及时性	5分			
价格水平	1. 优惠程度	4分			
	2. 消化涨价的能力	4分			
	3. 成本下降的空间	4分			
技术能力	1. 工艺技术的先进性	5分			
	2. 后续研发能力	5分			
	3. 产品设计能力	6分			
	4. 技术问题的反应能力	4分			
后援服务	1. 零星订货保证	5分			
	2. 配套售后服务能力	5分			
	3. 运距	5分			
人员配置	1. 质量团队	3分			
	2. 员工素质	3分			
现有合作状况	1. 合同履约率	3分			
	2. 年均供货额外负担和所占比例	3分			
	3. 合作年限	3分			
	4. 合作关系融洽程度	3分			

（续）

（二）建立供应商筛选程序

1. 收集供应商资料

采购部、物控部依据产品生产需求及市场有关信息，收集目标供应商的有关详细资料。其具体内容应包括以下十个方面。

（1）本工厂上一年度全年向该供应商采购物料的总量。

（2）本工厂自今年初以来向该供应商采购物料的数量。

（3）该供应商的基本情况，包括发展战略、全国销售代理扩张情况。

（4）该供应商在全国的年销售额及本工厂的采购量占其总销售额的比例。

（5）该供应商在本地域的发展预测。

（6）可获得的该供应商的信用状况、理赔及涉讼记录。

（7）该供应商的价格敏感程度、供货的及时准确性以及该供应商的客户服务与客户评审政策。

（8）该供应商产品质量控制体系及生产组织、管理体系。

（9）如果是初次选择的供应商，则应按供应商调查要求收集供应商的各种原始数据。

（10）其他可收集到的数据。

2. 对供应商的初步评审

原始资料由采购部负责统计和分析，并进行初评。根据本工厂具体需求，供应商一般应满足以下条件。

（1）通过 GB/T19001-2000 质量管理体系认证，具有较强的质量保证能力。

（2）产品工艺技术先进合理，生产、检测、试验设备齐全。

（3）在行业内具有一定的竞争优势。

（4）具有较强的产品设计研发能力。

（5）工厂生产经营及财务状况良好，具备良性发展的潜力。

（6）产品价格合理。

（7）售后服务好。

供应商只有符合上述条件，才能进入下一轮的评审。

3. 供应商的产品检测

（1）采购部向供应商提供采购物料的有效技术资料（至少包括技术部的技术图纸、质检部的《进料检验控制标准》）。要求供应商提供样品。样品由采购质量控制主管及质检部进料检验专员依据《原材料检验规程》进行检验。

（2）检验完毕后，质检部进料检验专员将检验结果填入相应的“供应商产品质量评价表”，并及时将该表返回采购部。

4. 供应商产品试用

通过产品检测的供应商，采购部可向其试订小批量样品，送生产部试用。试用完毕后，生产部需及时将试用结果填入相应的“供应商质量评价表”，并将该表返回采购部。

5. 供应商现场评审

（1）现场评审条件

物料检测及试用合格后，由现场评审小组对候选供应商进行现场考察及评审。

（续）

（2）现场评审人员

现场评审小组一般由物控总监或其授权人员（可以是质检部经理或采购部经理）任组长，工厂财务部经理、技术部经理、生产部技术工程师及其他相关人员任组员。

（3）现场评审频率及时间

供应商现场评审是半年度评审，现场评审时间一般为 6 月__日、12 月__日，如遇休息日则顺延。

（4）现场评审内容

现场评审内容主要包括质量体系管理能力、实物质量、财务状况、产品研发能力、工艺保证能力、交货服务能力六个方面。

（5）评审资料提交

供应商的原始资料、初评意见、供应商等级变动申请表等相关资料，需提前两天提交给现场评审小组组长。

（6）汇总评审结果

考察结束后，指定授权人员汇总现场评审的结果，经物控总监审核确认后，签发《供应商政策执行通知书》（机密级），由采购部与财务部负责执行。

（7）产品供应商确认

采购部对现场评定合格的供应商进行汇总后，编制“合格供应商名单”，呈报物控总监及总经理批准。审批通过后，采购部可根据工厂采购的实际需要与合格供应商签订供货合同。

（三）建立合格供应商档案

采购部还需负责编制和维护供应商档案。合格供应商档案的内容应包括以下七个方面。

（1）供应商的简介、调查表。

（2）供应商供应产品明细表。

（3）质量技术协议、技术保密协议。

（4）营业执照、生产许可证、法人代表证。

（5）第二方审核报告、第三方审核证书。

（6）采购合同或订单、往来传真、电话记录等。

（7）采购往来业绩评价记录。

七、供应商复评

（1）对经调查认可的合格供应商，原则上应每年复评一次。

（2）复评流程同首次调查评核流程。

（3）复查不合格的供应商，不可列入次年“合格供应商名单”内。

（4）若供应商的交期、质量、价格或服务产生重大变异时，可随时对供应商做必要的复评。

编制人员		审核人员		审批人员	
编制时间		审核时间		审批时间	

第二节　物料存储质量控制

一、物料存储质量保证体系管理

物料存储质量保证体系可以有效地减少物料的变质与损坏，保证物料质量，节约物料成本，因此，工厂应加强对物料存储质量保证体系的管理。工厂物料存储质量保证体系的管理主要包括仓库温湿度管理、物料防腐防霉管理、仓库害虫防治管理和金属制物料防锈管理四个方面的内容，具体内容如表 8-3 所示。

表 8-3　物料存储质量保证体系管理的内容

项目	说明
仓库温湿度管理	工厂应加强对物料存储仓库温湿度的管理，以有效防止物料变质、损毁等现象的发生。工厂常用的物料仓库温湿度管理措施如下所示： ◎ 单独开辟物料库房，用来存储对温湿度有特殊要求的物料 ◎ 通过专用空调、中央空调或地下库房来调节温度 ◎ 放置干湿表，进行仓库湿度检验，并根据检测结果，及时进行湿度调整 ◎ 进行物料密封，防止物料受潮 ◎ 在不宜进行物料密封情况下，可采取通风措施调节仓库湿度 ◎ 在仓库内及仓库外湿度均过高时，可放置氯化钙、硅胶等吸潮剂进行吸潮处理，以防止物料受潮
物料防霉防腐管理	物料防腐防霉主要是针对霉变产生的外因，采取相应的措施，具体措施如下所示： ◎ 物料霉腐预防措施，主要包括加强物料入库验收、控制仓库温湿度、使用化学药剂防霉、选择合适的物料储存场所和堆码方式等 ◎ 物料霉腐处理措施，主要包括对物料进行去湿、灭菌、刷霉等
仓库害虫防治管理	工厂需加强仓库害虫防治管理工作，具体措施如下所示： ◎ 仓库害虫预防措施，主要包括入库物料虫害检查、控制仓库内温湿度、使用驱虫药剂、保持仓库清洁卫生等 ◎ 仓库害虫杀灭措施，主要包括物料机械杀灭、化学药剂杀灭等
金属制物料防锈管理	金属制物料遇氧气容易生锈，为减少物料损失，需对金属制物料进行防锈管理，具体措施如下所示： ◎ 物料储存环境控制与管理 ◎ 物料隔离保存管理 ◎ 物料除锈管理

二、存储质量控制流程

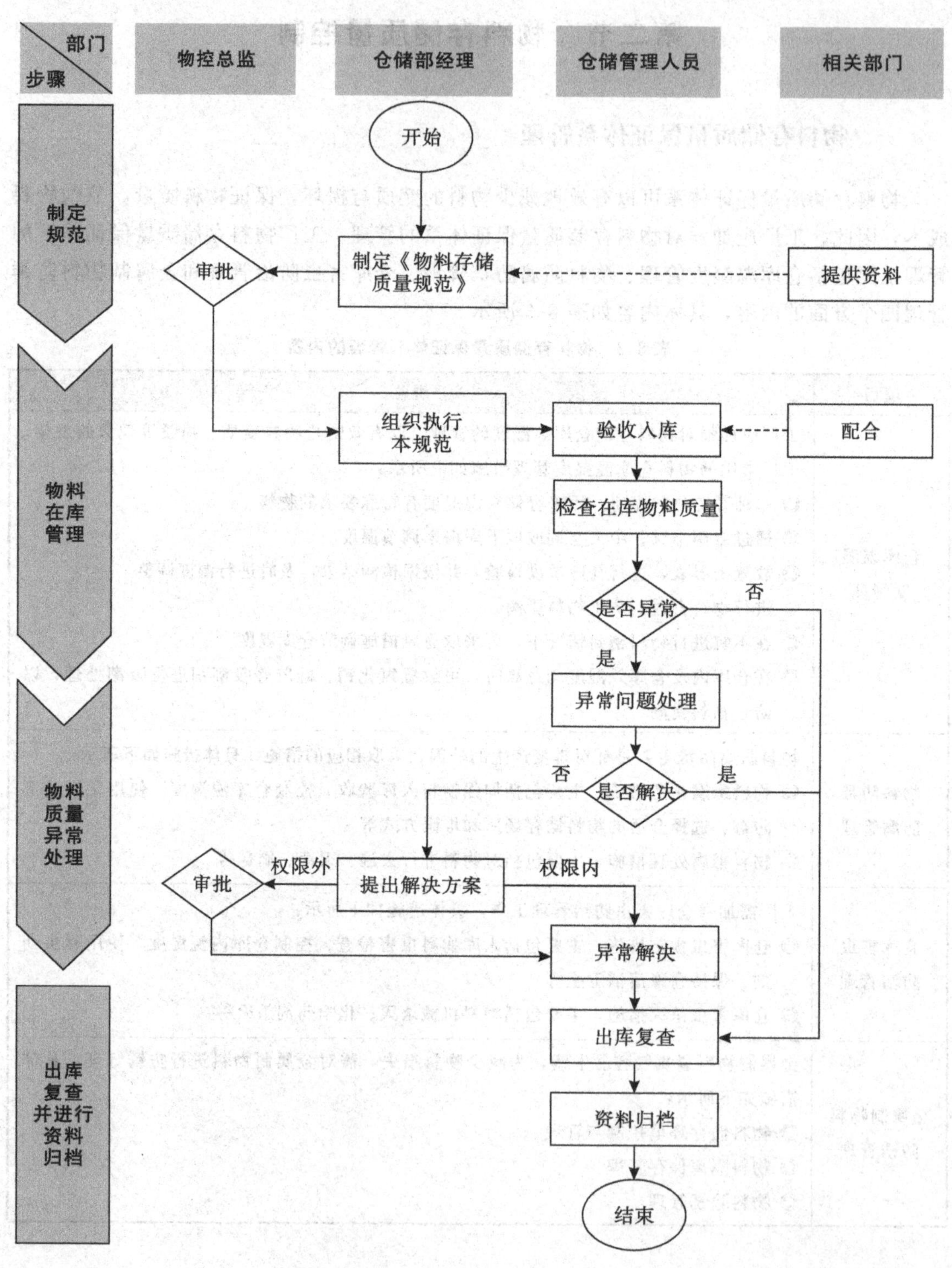
部门
步骤
物控总监
仓储部经理
仓储管理人员
相关部门
制定规范
物料在库管理
物料质量异常处理
出库复查并进行资料归档
开始
审批
制定《物料存储质量规范》
提供资料
组织执行本规范
验收入库
配合
检查在库物料质量
是否异常
否
是
异常问题处理
是否解决
否
是
审批
权限外
提出解决方案
权限内
异常解决
出库复查
资料归档
结束

三、物料存储质量规范

<table>
<tr><td rowspan="2">制度名称</td><td colspan="3" rowspan="2">物料存储质量规范</td><td>受控状态</td><td></td></tr>
<tr><td>编　　号</td><td></td></tr>
<tr><td>执行部门</td><td></td><td>监督部门</td><td></td><td>编修部门</td><td></td></tr>
</table>

第 1 章　总则

第 1 条　目的。

为加强仓库物料存储质量管理，降低物料损坏率，节约生产成本，特制定本规范。

第 2 条　适用范围。

本规范适用于本工厂仓库所有库存的原材料、辅料等物料的温湿度管理、防腐防霉管理、害虫防治管理以及金属制物料防锈管理等工作。

第 2 章　物料存储质量管理说明

第 3 条　管理对象。

存储在工厂仓库中的物料质量主要受温湿度、害虫以及存放过程中腐烂、霉变、锈蚀等因素的影响。因此对物料存储质量管理主要是对仓库温湿度、物料防腐防霉、仓库害虫防治、金属制品防锈的管理。

第 4 条　在库检查。

仓库管理员要定期或不定期做好物料的在库检查工作，以便及时发现异常情况并做出处理，并应针对不同的情况采取不同措施。

第 5 条　未解决问题的处理。

对经过处理未能解决的问题，仓库管理员要及时报请仓储部经理裁决。

第 6 条　出库检查。

仓库管理员在物料出库时应仔细进行复查，确保出库物料的质量符合要求。

第 3 章　仓库温湿度管理

第 7 条　库内外温湿度调整规范。

夏季降低库房内温度的适宜时间是夜间 22：00 以后至次日上午 6：00 之前，降低湿度的适宜时间是上午 6：00 以后至下午 16：00 之前。同时需要考虑物料特性、库房条件、气候等因素的影响。

第 8 条　仓库外干湿表置放规范。

为避免阳光、雨水、灰尘的侵袭，在仓库外设置干湿表时，应将其放在百叶箱内。百叶箱中干湿表的球部距离地面的高度为 2 米。百叶箱内应保持清洁，不放杂物，以免妨碍空气流通。

第 9 条　仓库内干湿表置放规范。

在库内设置干湿表，应安置在空气流通、不受阳光照射的地方（不要挂在墙上），挂置的高度与人眼齐平，约 1.5 米。

（续）

第 10 条　库内温湿度观测、记录规范。

(1) 仓库管理员每日须定时对库内的温湿度进行观测、记录，一般在上午 8：00～10：00，下午 14：00～16：00 各观测一次，并将结果填写在“仓库温湿度记录表”中。

(2) 仓库管理员对记录资料要妥善保存，定期分析，摸出规律，以便掌握物料保管的主动权。

第 11 条　仓库温湿度控制和调节。

密封、通风与吸潮相结合，是控制和调节库内温湿度行之有效的办法。

第 12 条　仓库物料密封管理。

(1) 密封是将物料尽可能严密地封闭起来，以减少外界不良气候条件的影响，达到防潮、防热、防干裂、防冻和防融化的目的，保证物料储存安全。

(2) 密封前要检查物料质量、温度和含水量是否正常，如果发现生霉、生虫、发热、水淞等现象就不能进行密封。发现物料含水量超过安全范围或包装物料过潮，也不宜密封。

(3) 密封的时间要根据物料的性能和气候情况来决定。怕潮、怕溶化、怕霉的物料，应选择在相对湿度较低的时间进行密封。

(4) 常用的密封材料有塑料薄膜、防潮纸、油毡纸、芦席等。密封材料必须干燥、清洁、无异味。

(5) 密封常用的方法主要有整库密封、按垛密封、按货架密封和按件密封四种。

① 整库密封：适用于数量大、整出整进或进出不频繁的物料。

② 按垛密封：适用于露天存放的易生锈物料。

③ 按货架密封：适用于出入频繁、怕潮、易锈和易霉的小件物料。

④ 按件密封：适用于皮革制品、金属制品、乐器和仪器仪表等物料。

第 13 条　仓库物料通风管理。

1. 通风的目的。

仓库通风的目的是利用库内外空气温度不同而形成的气压差，使库内外空气形成对流，以达到调节库内温湿度的目的。

2. 通风的种类。

按通风目的不同，可分为利用通风降温（或增温）和利用通风散潮两种。

3. 通风的方法。

(1) 自然通风。开启库房门窗和通风口，让库房内外空气自然交换。

(2) 机械通风。利用通风机械，如排气扇等产生的退压力或吸引力，即正压或负压，使库内外空气形成压力差，从而强迫库内外空气发生流动和置换。

第 14 条　仓库物料吸潮管理。

(1) 吸潮是利用物理或化学的方法，将库内潮湿的空气中的部分水汽除去，以降低空气湿度。

（续）

(2) 在梅雨季节或阴雨天，当库内湿度过高，不适宜物料保管，而库外湿度也过大，不宜进行通风散潮时，可以在密封库内用吸潮的办法降低库内湿度。仓库中通常使用的吸潮剂有氯化钙、硅胶等。

(3) 仓库普遍使用的是机械吸潮方法。吸湿机是把库内的湿空气通过抽风机吸入吸湿机冷却器内，使它凝结为水而排出。吸湿机一般用于棉布、针棉织品、医药、电工器材和糖类等物料仓库的吸湿。

第4章　物料防腐防霉管理

第15条　预防物料腐霉的管理措施。

(1) 加强入库验收。易霉物料入库前，应先检查其包装是否潮湿，含水量是否超过安全范围。

(2) 控制自然条件。根据不同性能的物料，正确地运用密封、吸潮及通风相结合的方法，做好库内温湿度控制工作，特别是在梅雨季节，要将相对湿度控制在不适宜于霉菌生长的范围内。

(3) 选择合适的储存场所和堆码方式。

① 易霉物料应安排在空气流通、光线较强、干燥的库房，并应避免与含水量大的物料存储在一起。

② 易霉物料堆垛时合理堆码，放置隔潮垫，不应靠墙、靠柱。

③ 易霉物料在存放时，应进行密封处理。

④ 做好日常的清洁卫生。仓库里的积尘能够吸潮，容易使菌类寄生繁殖。

(4) 化学药剂防霉。对已经发生霉腐还可以补救的物料，应立即采取措施，以免霉腐继续扩散，造成严重损失。根据物料的性质可选用晾晒、加热消毒、烘烤、熏蒸等方法。

第16条　腐霉物料补救。

(1) 腐霉物料补救的过程。如果霉腐物料发现得早，采取适当的方法是可以进行补救的。霉腐物料的补救应该经过去湿、灭菌及刷霉三过程。

(2) 去湿。物料发霉一般都是从受潮开始的，控制物料中的水分，可以有效地防止物料进一步霉变。常见的去湿方法有暴晒、摊晾及烘烤三种。

(3) 灭菌。去除物料上的霉腐还可以从灭菌入手，杀灭了物料上的致霉微生物，就能够防止物料进一步霉腐。常用的灭菌方法主要有药剂熏蒸灭菌、紫外线灭菌及加热灭菌三种。

① 药剂熏蒸灭菌是指在密封的条件下，利用易挥发并能产生毒杀气体的化学药剂来杀灭微生物的方法。常用的熏蒸剂主要是溴甲烷、氯化苦等。

② 紫外线灭菌是指通过在库内或货垛周围装置紫外线灯，对物料进行定期照射，利用紫外线的杀菌作用，除去引起商品霉变的微生物的方法。

③ 加热灭菌是指通过加热抑制微生物生长繁殖，以致使其死亡的方法，可分为干热灭菌法及湿热灭菌法两种。

（续）

此外，对于不怕水浸的物料，如竹制品等，也可以置于沸水中灭菌。经过湿热灭菌的物料，必须经过晾晒干燥后，才能包装堆垛。

（4）刷霉。凡生霉物料经过上述方法处理后，物料自身水分已降低，霉菌也已被杀死，可以用毛刷将物料上的霉迹刷除，从而使物料恢复原有的本色。

第5章　仓库害虫防治管理

第17条　杜绝仓库害虫。

要杜绝仓库害虫的来源和传播，必须做好以下三项工作。

（1）原材料的杀虫、防虫处理。

（2）入库物料的虫害检查和处理。

（3）仓库的环境卫生及备品用具的卫生消毒。

第18条　药物防治。

使用各种化学杀虫剂，通过胃毒剂、触杀剂或熏蒸剂等药剂杀灭害虫，是当前防治仓库害虫的主要措施。常用的防虫、杀虫药剂有以下三种。

（1）驱避剂。常用驱避剂药物有精萘、对位二氯化苯、樟脑精（合成樟脑）等。

（2）杀虫剂。杀虫剂主要通过触杀剂、胃毒剂杀灭害虫。触杀剂和胃毒剂种类很多，常用于仓库及环境消毒的有敌敌畏、敌百虫等。

（3）熏蒸剂。常用的熏蒸剂有氯化苯、溴甲烷、磷化铝、环氧乙烷和硫黄等。由于此类物料均属有毒品，使用时必须严格落实安全措施。

第19条　其他防治方法。

仓库害虫的防治方法，除了药物防治外，还有高（低）温杀虫、缺氧防治、辐射防治以及各种合成激素杀虫等。

第6章　金属制物料防锈管理

第20条　控制存储环境。

控制金属制物料的存储环境，杜绝促使金属锈蚀的环境因素是防止金属锈蚀最经济有效的办法，可以从以下四个方面入手。

（1）选择保管场地在选择保管场所时，应该考虑以下三个问题。

① 根据金属制物料的性质确定具体存放方式。大中型金属制物料，可以放置在露天场地；镀锌铁板、马口铁、小型钢丝绳等金属制物料可以存入货棚；价值较高的小型精密配件、五金制品等贵重金属制物料则应该存放在库房中。

② 存放金属制物料的库房、货棚及货场，应远离产生有害气体和粉尘的厂房建筑。货场要用碎石或炉灰等垫平，增强地表的透水性，以保持存储区干燥。

③ 金属制物料要与酸、碱、盐等物质分开存放。

（续）

（2）进行入库检查。在金属制物料入库时，要进行严格的检查，并对金属制物料表面进行清理，清除水迹、油污、泥灰等脏物。对于已经有锈迹的，要立即除锈。

（3）合理堆码及苫垫。采用合理的堆垛及苫垫方法，也可以有效地减少金属制物料被锈蚀的概率。

① 堆放金属制物料时要垫高垛底，并保证垛底通风及干燥，从而使其免受地面湿气的影响。

② 对不同材质的金属制物料采用不同的存放方法。不同种类的金属制物料存放于同一地点时，必须有一定的间隔距离，防止因接触而发生腐蚀。

③ 对于放置在露天货场的金属制物料，应进行苫盖，以使其与雨水、潮湿空气隔离。

（4）控制仓库的湿度。相对湿度在60%以下，就可以防止金属制物料因表面凝结水分、生成电解液层而遭受电化学腐蚀。但由于相对湿度在60%以下较难达到，一般库房可以将其控制在65%～70%。

第21条 金属制物料隔离管理。

与控制存储环境这种方法相比，将金属制物料与环境隔离开的防锈方法，是一种短期的、高成本的方法。它适用于数量少、保管要求较高的金属制物料的防锈。

1. 涂油防锈法。

涂油防锈法是指在金属制物料表面涂刷一层油脂，使金属制物料表面与空气和水隔绝，以达到防锈的目的的防锈方法。按照防锈油在金属表面存在的状态，防锈油可以分为硬膜防锈油和软膜防锈油两种。

2. 气相防锈法。

气相防锈法是指利用挥发性缓蚀剂，在常温下挥发出的缓蚀气体，阻隔腐蚀介质的腐蚀作用，从而达到防锈的目的的防锈方法。由于其成本较高，因此一般适用于较为贵重金属制物料的保养。

3. 可剥性塑料包装防锈法。

（1）可剥性塑料是一种防锈包装材料。将它涂覆于金属制物料表面上成膜后，其并不直接黏附于金属制物料表面，而是被一层析出的油膜与金属隔开，启封时能用手轻易剥除。

（2）可剥性塑料保护层透明，柔韧性好，防锈期长，能经受恶劣的气候条件，并能抵御一般轻度的摩擦与撞击。但由于费用较高，因而主要用于精加工及贵重金属制物料的防锈。

第22条 金属制物料手工除锈规范。

手工除锈是指用简单的除锈工具，通过手工擦、刷、磨等操作，将金属制物料上的锈斑、锈痕除去的一种方法。常见的手工除锈的方法如下表所示。

常见手工除锈方法

除锈工具	操作方法
钢丝刷	先用钢丝刷（或铜丝刷）打锈，再用废布将金属制物料擦拭干净
砂布	用砂布直接擦拭，或先蘸取去污粉、煤油再擦拭，最后再用干抹布擦拭一次
木屑	把清洁干燥的木屑撒在物料上，然后用旧布盖住进行擦拭，最后将木屑扫净，并用干抹布再擦拭一次

（续）

第 23 条　金属制物料机械除锈规范。

机械除锈是指通过专用机械设备进行除锈的一种方法。它具有效率高、人力省、开支小等特点。机械除锈一般有抛光法、钢丝轮除锈法和喷射法三种。

（1）抛光法。抛光法即用软质的棉布、帆布等制成抛光轮，利用电机带动，在高速旋转下，将锈除去。

（2）钢丝轮除锈法。钢丝轮除锈法即用金属制成的轮刷，在电动机的带动下，高速旋转去锈。

（3）喷射法。喷射法即将砂粒等强力喷射到金属制物料表面，借其冲击与摩擦的作用将锈除去。

第 24 条　金属制物料化学除锈规范。

（1）化学除锈是指利用能够溶解锈蚀物的化学品，除去金属制物料表面上锈迹的方法。它具有操作方便、设备简单、效率高、效果好等优点，特别适用于形状复杂的金属制物料的除锈。

（2）由于化学除锈所使用的化学溶液都有较强的腐蚀性，因此在操作时一般遵照除油、除锈、中和、干燥这四个步骤来进行。

第 7 章　附则

第 25 条　本规范由仓储部负责制定、解释，报物控总监批准后执行，修改时亦同。

第 26 条　本规范自颁布之日起执行。

修订记录	修订标记	修订处数	修订日期	修订执行人	审批人签字

第三节　物料检验质量控制

一、物料检验体系

工厂质检人员需对物料进行检验，以及时发现和控制不良品，保证物料的使用安全。物料检验体系包括进料质量检验、物料使用复检、制程质量检验和产成品质量检验四个方面。

（一）进料质量检验

进料质量检验，简称进料检验，也称来料检验，是对采购物料的质量进行确认和查核，并最后判断此批物料是允收还是拒收的过程。进料质量检验可以有效地防止不合格物料进入工厂，从而有效防止不合格物料投入生产，进而有效保证生产产品的质量。

进料质量检验的方式有全数检验、抽样检验、免检三种。工厂进料质量检验人员应明确这三种检验方式的适用范围及具体操作方法，并根据来料的性质、工厂生产情况、供应商信誉等选择合理的检验方式进行检验。

（二）物料使用复检

物料使用复检是在物料投入使用前，对物料质量进行的检验。物料使用复检可有效保证产品生产质量，并有效降低产品的质量成本。物料使用复检人员需根据工厂的相关规定，对出库物料的外观、尺寸、结构及性能等内容进行检验，并需做好相关检验记录，注明物料代码、物料名称、批次号、物料型号、检验人、检验时间、序列号、检验数量、检验要求、检验标准等。

（三）制程质量检验

制程质量检验是指对物料投入生产到产品最终包装整个过程的品质进行检验的过程。工厂生产制程质量检验可以有效地防止不良物料或不良半成品在各生产工序流通，从而有效控制产品质量，保证正常生产秩序。

制程质量检验人员应根据工厂的相关规定，对工厂的产品质量规格、员工操作规范、设备运行状况、生产工艺设计、作业环境情况等项目进行检验，以便及时发现并处理制程质量问题。制程质量检验人员应做好相关检验记录并存档。

（四）产成品质量检验

产成品质量检验是对产成品的质量进行检验的过程。产成品质量检验包括入库检验和出货检验两类。工厂产成品质量检验人员在入库及出库检验前要明确检验内容、检验要求、检验程序、检验方法等，并在检验过程中做好检验记录，然后根据检验记录编制检验报告，并报相关部门审批，最后，根据工厂相关规定及审批意见，进行检验处理。

二、物料质量检验流程

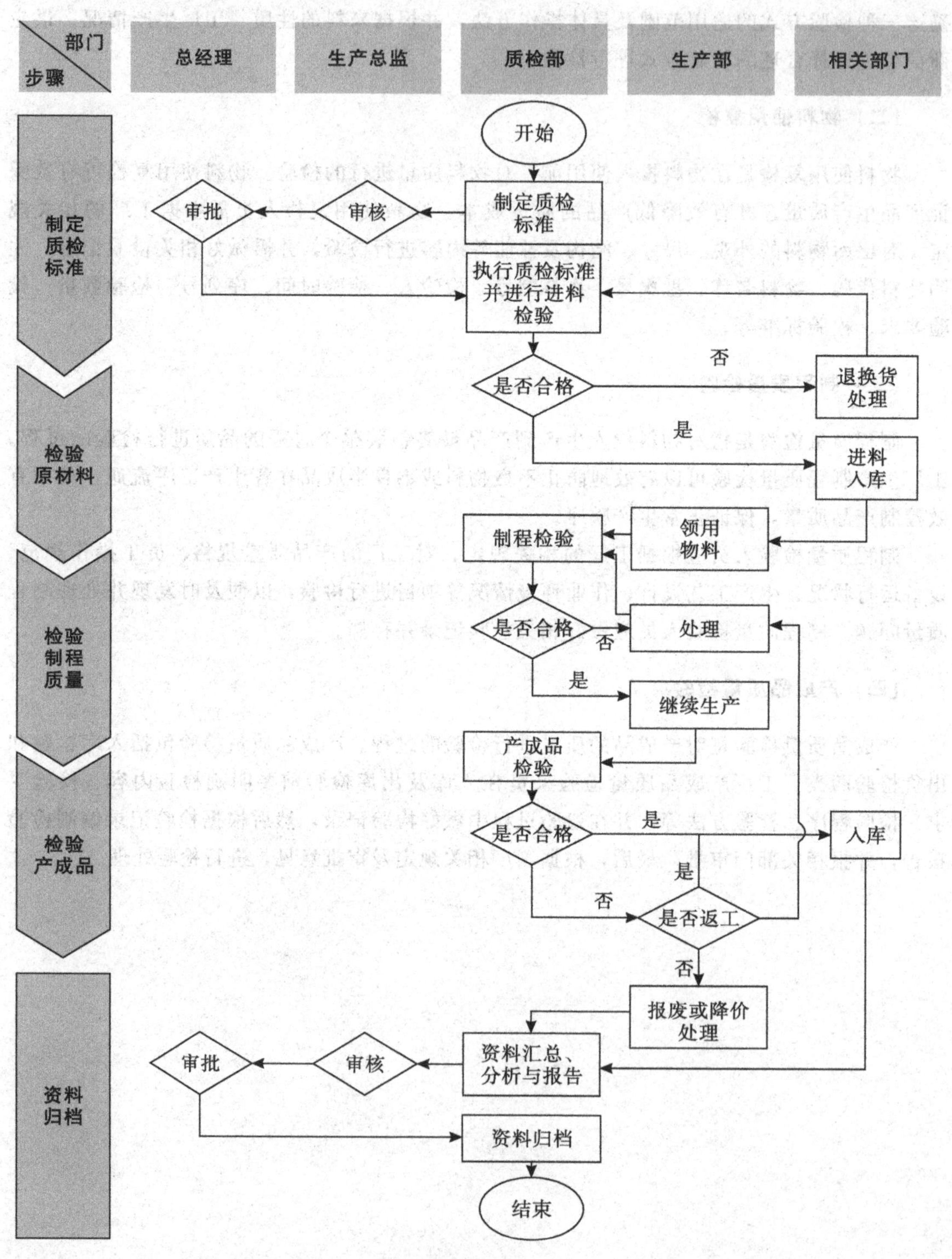
部门
步骤
总经理
生产总监
质检部
生产部
相关部门
制定质检标准
检验原材料
检验制程质量
检验产成品
资料归档
开始
制定质检标准
审核
审批
执行质检标准并进行进料检验
是否合格
否
退换货处理
是
进料入库
领用物料
制程检验
是否合格
否
处理
是
继续生产
产成品检验
是否合格
是
入库
否
是否返工
是
否
报废或降价处理
资料汇总、分析与报告
审核
审批
资料归档
结束

三、进料质量检验规范

<table>
<tr><td rowspan="2">制度名称</td><td colspan="3" rowspan="2">进料质量检验规范</td><td>受控状态</td><td></td></tr>
<tr><td>编　　号</td><td></td></tr>
<tr><td>执行部门</td><td></td><td>监督部门</td><td></td><td>编修部门</td><td></td></tr>
</table>

第 1 章　总则

第 1 条　目的。

为加强工厂进料质量管理，保证物料质量，特制定本规范。

第 2 条　适用范围。

本规范适用于本厂进料质量检验工作。

第 2 章　进料质量检验准备

第 3 条　明确进料质量检验要项。

（1）进料质量检验专员在对来料质量进行检验之前，首先要清楚该批物料的质量检验要项。如有不明之处需向进料质量检验主管咨询。

（2）进料质量检验专员可根据进料检验的实际需要，从来料中随机抽取____件来料，交进料质量检验主管审核，并在审核通过后将其作为临时样品，同时附上相应的质量检验说明。

第 4 条　确定进料质量检验的方法。

本厂进料质量检验的方法主要有四种，具体如下所示。

（1）外观检验。一般用目视、手感、限度样品进行检验。

（2）尺寸检验。一般用卡尺、千分尺、塞规等量具进行检验。

（3）结构检验。一般用拉力器、扭力器、压力器等工具进行检验。

（4）特性检验。即对电气的、物理的、化学的、机械的特性等进行检验。一般采用检测仪器和特定方法进行检验。

第 5 条　选择进料质量检验方式。

本厂进料质量检验方式有三种，如下表所示。进料质量检验专员需根据检验需要进行选择。

进料质量检验方式一览表

检验方式	适用范围
全数检验	◎ 适用于进料数量少、价值高、不允许有不合格物料或工厂指定进行全数检验的物料
抽样检验	◎ 适用于平均数量较多、经常使用的物料
免检	◎ 适用于大量低值辅助性物料，或经认定的免检厂的物料，以及生产急用而特批可以免检的物料 ◎ 对于生产急用而特批免检的物料，进料质量检验专员应跟踪生产时免检物料的质量状况

（续）

第 3 章　进料质量检验实施

第 6 条　进料质量检验程序。

（1）质检部在检验前，应制定《进料质量检验控制标准》，规范检验程序，并由质检部经理审批后发放至进料质量检验专员执行。

（2）采购部根据采购合同签订的到货日期及物料跟催单的相关内容，通知仓储部和质量管理部进行进料质量检验准备。

（3）物料到达后，仓储部负责检查来料的品种、规格、数量、包装情况等，填写“进料质量检验报告单”，并通知质检部进料质量检验专员进行检验，并将物料放置于待检区内。

（4）进料质量检验专员接到检验通知后，根据物料特点、工厂检验要求等，选择检验方式，并对待检区内的物料进行检验。

（5）进料质量检验专员在检验过程中，需做好检验记录，并在检验完毕后，填写“进料质量检验报告单”，交进料质量检验主管、质检部经理审核与审批。

第 7 条　进料质量检验要求。

（1）进行抽样检验时，进料质量检验专员应贮存和保管抽样的样品。

（2）生产急需的进料来不及检验和试验时，须按《紧急放行控制制度》中规定的程序执行。

（3）进料质量检验过程中，进料质量检验专员应对检验工作进行详细的记录。进料质量检验记录的主要内容如下图所示。

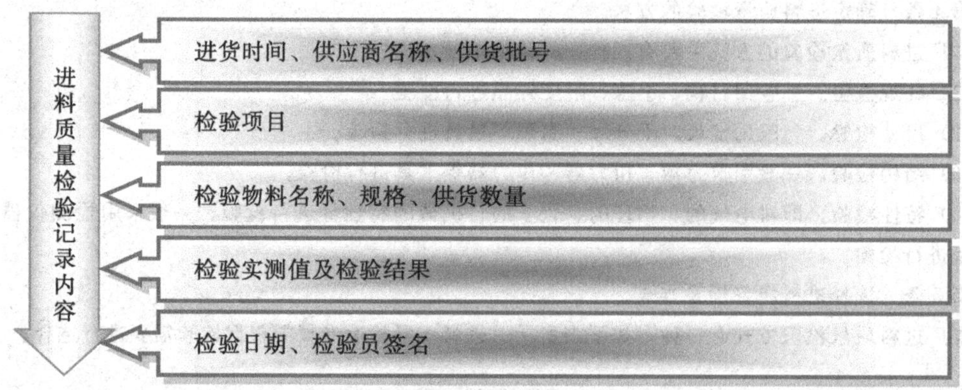

进料质量检验记录的主要内容

第 4 章　进料质量检验结果处理

第 8 条　合格物料的处理。

（1）进料质量检验专员依照《进料质量检验标准》检验合格后，在物料上粘贴“合格”标签。

（2）进料质量检验专员需在“进料质量检验报告单”上填写检验结果，并在核对进料的数量、品名、规格等信息后，通知库管人员办理进料入库手续。

第 9 条　不合格物料的处理。

（1）不合格物料的存放。进料质量检验专员检测出的不合格进料不允许入库使用。不合格的进料应移入不合格物料库，并进行相应的标识。可以修正的物料应标识“待修正”字样，不可修正的物料应标识“退货”字样。

（续）

（2）不合格物料的修正。进料质量检验专员应以书面形式通知采购部对物料不合格的原因进行分析，采购部在确定不合格原因后，需及时通知供应商对不合格品进行修正。

（3）不合格物料的退货。不合格物料无法进行修正时，进料质量检验专员应以书面形式通知采购部对检验出来的不合格物料及时办理退货手续。

第5章　附则

第10条　本规范由质检部负责制定，其修改权、解释权归质检部所有。

第11条　本规范由总经理批准后，自颁布之日起实施。

修订记录	修订标记	修订处数	修订日期	修订执行人	审批人签字

四、物料使用复检管理制度

制度名称	物料使用复检管理制度			受控状态	
				编　　号	
执行部门		监督部门		编修部门	

第1条　目的。

为判定物料投入生产前的质量，预防不合格的物料投入使用，特制定本制度。

第2条　适用范围。

本制度适用于本厂物料使用复检工作。

第3条　管理职责。

（1）质检部负责物料使用复检工作。

（2）生产部、物控部、仓储部协助质检部开展复检工作。

第4条　复检原则。

（1）物料使用前，需进行复检。

（2）复检合格的物料方可投入使用。

第5条　复检内容。

质检员需对待使用的物料进行复检，具体复检内容包括：外观检查、尺寸检查、结构检查、性能检查、数量检查。

第6条　复检方式。

质检员复检时，可根据检验的实际需要，选择复检方式。常用的复检方式包括下表所列的三种。

（续）

复检方式一览表

检验方式	适用范围
抽检	◎ 适用于平均数量较多且需经常使用的物料
全检	◎ 适用于进料数量少、价值高、不允许有不合格物料 ◎ 适用于工厂指定进行全检的物料
符合性检验	◎ 适用于不具备检验环境或缺少检验装备，从而不能进行质量检验的物料 ◎ 适用于质量较稳定的物料

第7条　复检要求。

质检员应按取样管理的相关规定进行取样，且其检验要求与进料质量检验要求相同。

第8条　复检程序。

（1）申请复检。生产部在使用物料前，应提出物料使用复检申请。如根据相关规定，物料复检需提供质量数据资料的，生产部必须将质量数据资料提供给质检员。

（2）进行检验。质检员应根据物料的性质，采取有效的检验方式对所申请使用的物料进行复检。

（3）结果判定。复检结束后，质检员应对复检情况进行判定，判定复检的物料合格与否，并编制复检报告，将判定结果告知生产部。

第9条　复检结果处理。

（1）合格物料的处理。质检员需在复检合格的物料标签上标识"通过"的符号，并报生产部使用。

（2）不合格物料的处理。质检员需在复检不合格的物料上标识"未通过"的符号，并根据如下要求进行处理。

① 复检出来的不合格物料需单独存放在检验不合格区。

② 对不合格品应采取修正的手段进行处置。

③ 对已修正的不合格品，原则上必须再次进行检验。

④ 在特殊情况下，如判断不合格的物料符合规定的条件，生产部必须提出特别采用申请，并依据不合格品的特别采用标准进行使用。

（3）复检结果产生异议处理。

当生产部与质检员在复检结果的判定上产生异议时，质检部经理应设法进行协调，并由其做最后的判定。

第10条　复检档案的保管。

复检人员应详细地记录复检过程及复检结果，建立物料使用复检档案并对其进行保存。

第11条　本制度由质检部负责制定，其修改权、解释权归质检部所有。

第12条　本制度经总经理批准后，自颁布之日起实施。

修订记录	修订标记	修订处数	修订日期	修订执行人	审批人签字

五、工厂制程质量控制方案

文书名称	工厂制程质量控制方案	编　号	
		受控状态	

一、目的

为规范制程质量的控制工作，有效保证产品生产过程的质量，保证产品质量满足客户要求，特制定本方案。

二、制程质量首检实施

（一）明确制程质量首检的适用条件

当遇到以下情形之一时，工厂需安排相关人员进行制程质量首检。

（1）新产品的第一次试制。

（2）新工艺、新材料、新设备的第一次使用。

（3）新员工的第一次上岗操作。

（4）使用新的工装与模具。

（5）批量生产时的第一个产品。

（二）制定制程质量首检的程序

（1）生产人员需按照工艺流程加工要求及产品试制标准，对生产出的第一件产品进行自检；自检符合要求后，交质检人员进一步检验。

（2）质检人员在生产车间对产品进行检查时，应调出相应的产品质量检验依据、样品及相关器具，做好检验准备。

（3）质检人员按照相关的检验文件及规范对首件产品进行全面的质量检验。

（4）质检人员填写“首件质量检验记录表”，并进行检验结果处理。“首件质量检验记录表”如下表所示。

首件质量检验记录表

编号：　　　　　　　　　　原料产地：　　　　　　　　　　日期：____年__月__日

产品名称	生产时间	操作者	首检时间	首检人员	情况说明	备注

审批人：　　　　　　　　　　　　　　　　　　　　　　　　填表人：

说明：① 本表由质检人员逐项详细填写；

② 质检人员应在“情况说明”栏中注明“合格”或“不合格”，并简要说明不合格的理由。

（三）制程质量首检结果处理

1. 合格品的处理

质检人员判定制程质量首检产品质量合格时，经签字（盖章）确认后，生产人员继续生产该产品。

（续）

2. 不合格产品的处理

不合格产品的处理包括以下两个方面的内容。

（1）质检人员判定制程质量首检产品质量不合格时，对其处理应遵照《不合格物料处理制度》执行。

（2）如判定不合格的物料符合特别采用的条件，生产部必须提出特别采用的申请，并依据不合格品的特别采用标准进行使用。

3. 产品特性的特殊判定

在制程质量首检过程中，质检人员若无法在短时间内对某些产品特性进行判定，且此特性只有在新产品试制时才可进行检测，制程质量首检时可先不检验这些项目。

（四）《制程质量首检报告》的编制

质检人员应根据首件检验记录，定期分析产品首检的情况，编制《制程质量首检报告》，上报质检部。

三、制程质量巡检实施

（一）明确巡检内容

制程质量巡检的主要内容包括五个方面，具体如下图所示。

制程质量巡检的主要内容	内容说明
工艺卡的检验	检验每个生产人员的作业台面上是否有最新有效的《作业指导书》，《作业指导书》的内容是否完善等
机械设备的检验	检验机械设备是否运行良好
生产人员的检验	确认生产人员是否按照《作业指导书》上的要求进行操作，操作方法是否恰当合理，生产出来的产品是否合格等
生产人员操作规范的检验	对生产人员的操作行为是否符合工厂生产作业要求进行检验
工序作业环境的检验	检验生产人员的作业台面是否干净、整洁，对不合格品的标识是否明确，摆放是否合理等

制程质量巡检的内容一览图

（续）

（二）巡检时间安排

制程质量巡检可分为定时制程质量巡检和不定时制程质量巡检，具体的巡检时间安排如下表所示。

制程质量巡检时间安排表

巡检方式	方式说明及时间安排
定时制程质量巡检	◎ 车间或班组开始生产后，制程质量巡检人员应按时进行巡回检查 ◎ 定时巡回检验时间安排如下所示： ⊕ 规定每月____日至____日进行定期巡检 ⊕ 规定每天____时、____时、____时、____时、____时进行定时巡检
不定时制程质量巡检	◎ 制程巡检人员根据生产需要，不定时地对生产现场进行检查 ◎ 不定时巡检未规定具体巡检时间，巡检人员根据生产批量要求或其他相关规定确定巡检时间

（三）巡检问题处理

制程质量巡检人员发现问题时，应及时分析问题出现的原因，区分不良情况，计算不良率，并对出现的问题进行处理。

1. 区分不良情况

制程质量不良情况具体表现如下所示。

（1）物料原有不良

物料原有不良包括以下三种情况。

① 采购物料中原有不良混入。

② 上一道工序的加工不良混入。

③ 其他明显的不良。

（2）作业不良

作业不良分为作业失误、作业管理不当、设备问题以及其他因作业原因所导致的不良。

（3）产品设计不良

产品设计不良是指因产品设计不良导致作业中出现的不良。

2. 不良率计算

不良情况分析判定后，制程质量巡检人员应对不良率进行计算。

（1）制程不良率

制程不良率的计算公式如下所示。

$$\text{制程不良率}=\frac{\text{制程不良数}}{\text{生产总数}}\times 100\%$$

（2）物料不良率

物料不良率的计算公式如下所示。

（续）

$$物料不良率=\frac{物料不良数}{物料投入总数}\times 100\%$$

(3) 抽检不良率（巡检过程）

抽检不良率的计算公式如下所示。

$$抽检不良率=\frac{抽检不良数}{总抽检数}\times 100\%$$

3. 质量问题处理

制程质量巡检人员需及时协同生产人员对问题进行处理。

4. 质量异常通知

出现重大质量异常，制程质量巡检人员不能处理时，应开具“质量异常通知单”，经质检部经理审核后，通知相关部门进行处理。

5. 停线或停机

重大质量异常未能及时排除，制程质量巡检人员应要求生产人员停线（机），避免其不良影响进入下一道工序。

（四）填写巡检记录

制程质量巡检人员应及时将巡检状况记录于“生产过程记录表”中，并每日上交。

编制人员		审核人员		审批人员	
编制时间		审核时间		审批时间	

六、产成品质量检验管理制度

制度名称	产成品质量检验管理制度			受控状态	
				编　　号	
执行部门		监督部门		编修部门	

第1章　总则

第1条　目的。

为规范工厂产成品质量检验工作，确保产品质量，提高产品的品牌效益，特制定本制度。

第2条　适用范围。

本制度适用于本厂产成品入库质量检验和出货质量检验工作。

第3条　管理职责。

(1) 质检部负责产成品质量检验的实施。

(2) 生产部、物控部及仓储部协助质检部开展检验工作。

第2章　入库质量检验

第4条　入库质量检验内容。

产成品入库时，质检员应对其进行质量检验，具体检验内容如下图所示。

（续）

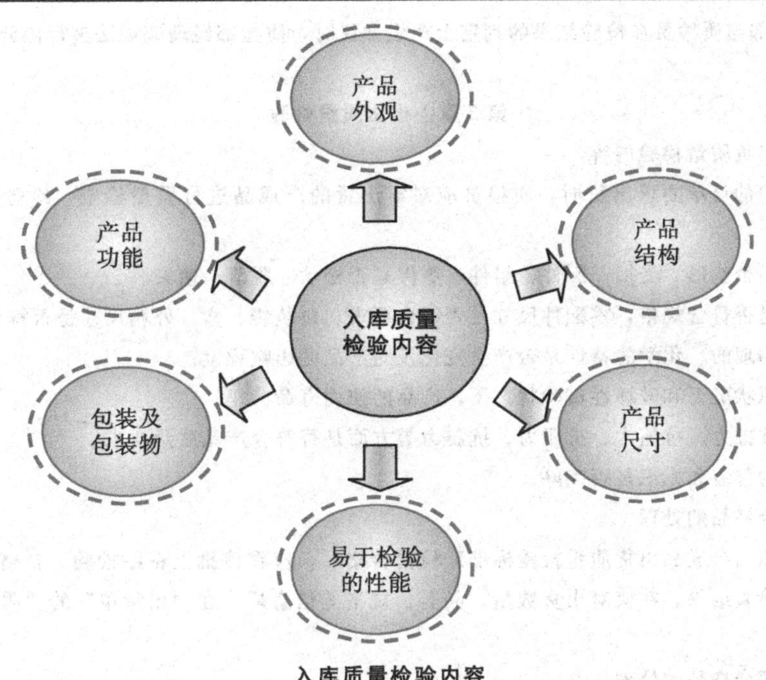

入库质量检验内容

第 5 条　入库质量检验要求。

质检员应按严格按照入库质量检验的要求进行检验，具体检验要求如下所示。

（1）质检员按照产品标准或《检验作业指导书》规定的入库验收项目，逐条、逐项进行检验。

（2）质检员应对随产品供应的附件、备件进行检验。

（3）质检员检验时应核对和验收产品的合格证以及其他质量证明文件、随机技术文件。

（4）质检员应对产品的包装与包装质量进行检验。

（5）成品验收检验的记录应齐全、准确。

第 6 条　入库质量检验程序。

（1）生产车间将待检品送至最终检验区，质检员核对“成品入库单”与待验品的料号及品名是否一致。

（2）质检员依“成品入库单”的料名、品名，调出该产品的检验标准，并准备必要的检验设备与工具。

（3）质检员以每一种包装作为一个检验批进行抽检。

（4）产成品入库质量检验结果处理如下。

① 质检员依照检验标准检验允收后，在该批上粘贴“最终检验允收”标签，并在检验表上填写检验结果，在核对允收数量及品名后，在“成品入库单”的“质管”栏内签字或盖章。

② 质检员依照检验标准检验后，在符合退货规定的检验批上粘贴“最终检验拒收”标签，并填写“最终检验不良品分析表”，连同拒收批产品退回生产车间。

（续）

③ 当生产部与质检员在检验结果的判定上产生异议时，质检部经理应设法进行协调，并由其做最后的判定。

第 3 章　出货质量检验

第 7 条　出货质量检验内容。

工厂按客户的订单要求出货时，质检员应对需出货的产成品进行质量检查，检验内容包括以下六项。

（1）产品是否变形、受损，配件、组件、零件是否松动、脱落、遗失。

（2）产品是否符合规格，零配件尺寸是否符合要求，包装袋、盒、外箱尺寸是否符合要求。

（3）产品物理的、化学的特性是否产生变化及对产品的影响程度。

（4）在模拟状况下和破坏性试验状态下，产品的使用寿命。

（5）产品抗拉力、抗扭力、抗压力、抗震力等方面是否符合产品质量要求。

（6）产品的包装和标识是否完好。

第 8 条　合格品的处理。

质检员依照《产成品出货质量检验标准》检验合格后，应在该批上粘贴检验“合格”标签，并在检验表上填写检验结果，在核对出货数量、品名、规格等信息后，在“出货单”的“质管”栏内签字或盖章。

第 9 条　不合格品的处理。

（1）不合格品的修正。质检员应以书面形式通知生产部对检验不合格品及时进行补救、返修或返工。

（2）不合格品的特别采用。在不得已的情况下，如判定不合格的产品符合规定的条件，生产部必须提出特别采用的申请，并依据不合格品的特别采用标准进行处理。

（3）不合格品的报废。当出现严重不合格产品时，质检员应及时填写“报废申请单”交质检主管，经其批准后可以报废的产品，由仓储部搬运到废品区进行处理。

第 10 条　出货检验报告。

质检员检验完毕后，应及时填写《产成品出货检验报告》交质检主管签批。

第 11 条　检验记录的保管。

质检员应真实、详细地记录检验结果，并在规定的时间内建立产成品质量检验档案并保存。

第 4 章　附则

第 12 条　本制度由质检部负责制定，其修改权、解释权归质检部所有。

第 13 条　本制度经总经理批准后，自颁布之日起实施。

修订记录	修订标记	修订处数	修订日期	修订执行人	审批人签字

七、物料标识使用管理方案

文书名称	物料标识使用管理方案	编　　号	
		受控状态	

一、总则

（一）目的

为实现对物料标识的规范化管理，确保不合格物料在生产过程中不被误用、混用和违规出厂，使生产进程顺利、有效地进行，特制定本方案。

（二）标识对象

工厂所有的物料、在制品、半成品、成品以及待处理的物料。

（三）标识的形式

标识的形式包括核准的印章、标签、检验记录以及试验报告等。

（四）权责划分

质检部负责物料标识的制定和实施，生产部和采购部提供建议并协助执行。

二、标识的分类及其适用范围

本工厂的标识物主要分为标识牌、标签以及色标三类，详细介绍如下。

（一）标识牌

（1）标识牌是用木板或金属片等做成的小方牌，使用时应按物料属性悬挂在物料的外包装上。

（2）根据工厂标识需要，分为“待验”牌、“暂收”牌、“合格”牌、“不合格”牌、“待处理”牌、“退货”牌、“返工”牌、“返修”牌、“报废”牌等。

（3）标识牌主要适用于大型物料或成批物料的标识。

（二）标签

（1）标签又称箱头纸，是一张标签纸，具体使用要求如下所示。

① 质检部在使用标签时应将物料的品名、规格、材质、来源、工单号、数量、颜色、日期等内容填写完整。

②“品质状态”栏由质检人员按物料的检验结果粘贴相应的色标标识并盖章确认。

③ 标签应贴在货物外包装箱的醒目处。

（2）标签主要适用于装箱物料和堆码管制的物料。一张标签只能标注同类物料。

（三）色标

（1）色标的形状为一张正方形（2cm×2cm）的有色粘贴纸。

（2）色标可直接贴在货物表面规定的位置，也可贴在物料的外包装或标签纸上。

（3）色标的颜色分为绿色、红色、橙色、黄色、蓝色五种，分别代表以下内容。

① 绿色：表示受检物料合格。

② 红色：表示受检物料不合格且做退货处理。

③ 橙色：表示受检物料不合格但做特采处理。

④ 黄色：表示受检物料不合格但做加工/挑选使用。

（续）

⑤ 蓝色：表示受检物料无法确定是否不合格，表示“待处理”。

（4）色标的适用范围。

① 量具、刀具、工具等的校验结果的标注。

② 大型物料质量的标识。

③ 全检物料质量的标识。

④ 模具状态的标识。

⑤ 大型特殊物料品质的标识。

三、标识物的使用

（一）进料的标识

（1）质检部进料检验员检验时，若来料合格则即时在该批（箱或件）货物的外包装上挂“合格”标牌。

（2）质检部进料检验员检验时，若发现来料中存在不合格品，且数量已达到或超过工厂来料质量允收标准时，则即时在该批（箱或件）货物的外包装上挂“待处理”标牌，并报上级主管裁定处理，按最终审批意见改挂相应的标识牌。

（二）制程物料的标识

（1）制程中的合格物料直接传入下一级进行生产，阶段结束后，放于指定区域，挂“合格”牌，并加盖相应的印章。

（2）制程中出现的不合格物料，员工应主动地放入专门的不合格物料箱中，待该箱装满时或该工单产品生产完成时，由专门的人员清点数量，并在容器的外包装表面指定的位置贴上相应的标签纸，经所管部门的质检员检验后加盖相应的印章，搬运到指定区域，摆放整齐。

（3）每只箱内的不合格物料不能混装。

（三）仓库物料的标识

（1）质检员定期对仓存物品的质量进行评定，其中的不合格品由仓库集中装箱或打包。

（2）质检员在不合格货品的外包装上挂“不合格”标识牌，并粘贴相应的色标。

（3）合格物料依然按原标识放置，并填写检验记录。

四、物料标识实施注意事项

（1）物料必须存放在指定区域，指定区域分为“待检区”和“已检区”。

（2）仓库管理人员将所有未检验的物料放入待检区暂存。

（3）质检人员需在色标标识上盖章确认。印章分为“合格（PASS）”、“不合格（让步接收）”、“不合格（挑选使用）”、“不合格（待处理）”、“不合格（REJECTED）”五种。

（4）进料、制程和最终产品的印章形状不同，质检人员要注意区分。

（5）质量状态不明的物料，需标记“待处理”标识。

（6）不合格物料无论被确定为何种处置方式，质检人员都应立即做出标识，并及时进行分类隔离存放，以免发生混淆。

编制人员		审核人员		审批人员	
编制时间		审核时间		审批时间	

第四节　不合格物料质量控制

一、不合格物料处理流程

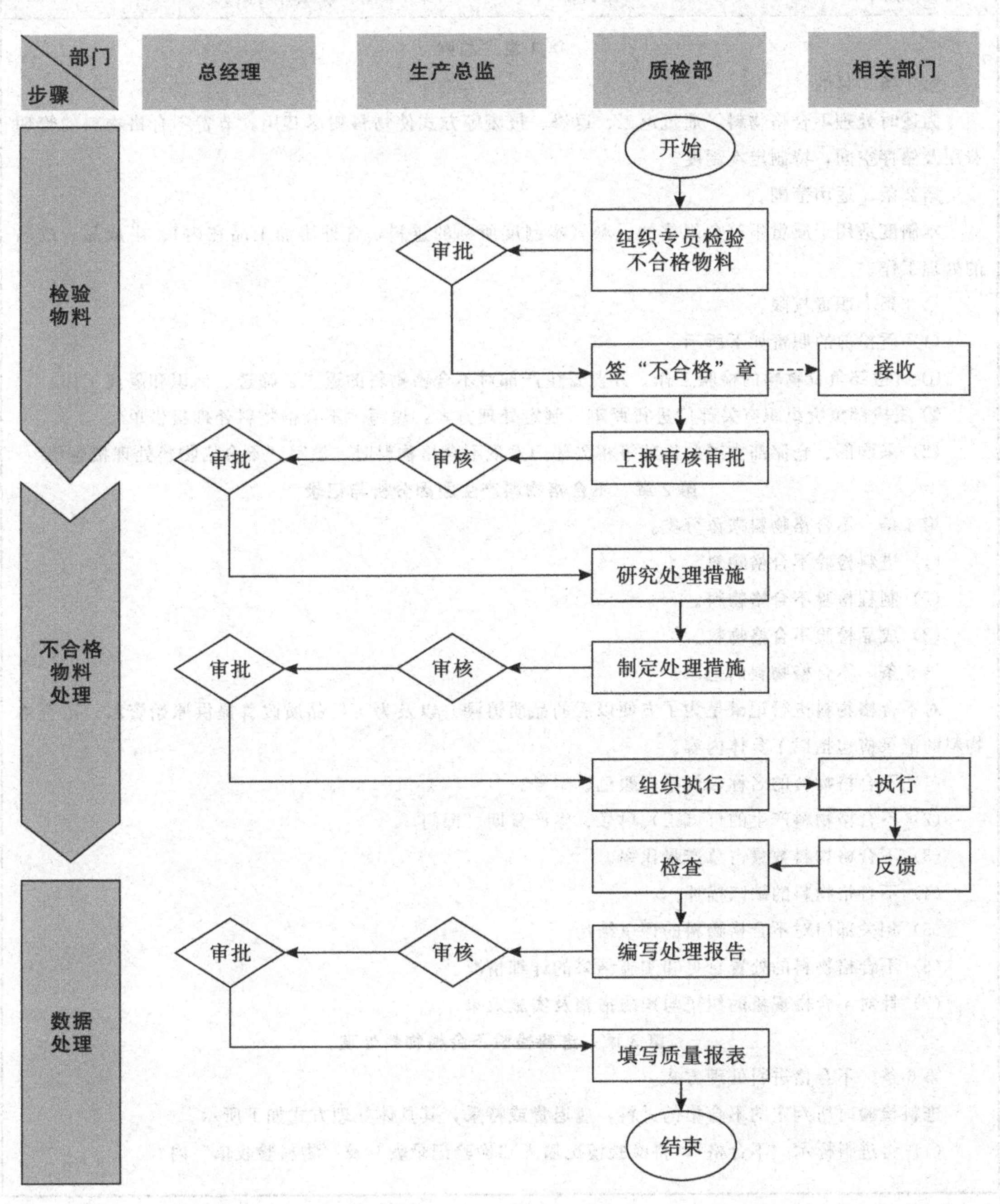

二、不合格物料处理制度

<table>
<tr><td rowspan="2">制度名称</td><td rowspan="2" colspan="3">不合格物料处理制度</td><td>受控状态</td><td></td></tr>
<tr><td>编　　号</td><td></td></tr>
<tr><td>执行部门</td><td></td><td>监督部门</td><td></td><td>编修部门</td><td></td></tr>
</table>

第 1 章　总则

第 1 条　目的。

为适时处理不合格物料，通过返工、返修、报废等方式使物料物尽其用，节省不合格物料的管理费用及储存空间，特制定本制度。

第 2 条　适用范围。

本制度适用于质量不符合规格的进料（本制度所称的进料，含外协加工品在内）、半成品、成品的处理工作。

第 3 条　职责权限。

（1）质检部的职责如下所示。

① 质检部负责物料的检验工作，并监督生产部对不合格物料的返工、筛选、标识和隔离工作。

② 质检部负责组织有关部门进行评审，制定处理方案，填写“不合格物料处理报告单”。

（2）采购部、仓储部协同质检部等相关部门发现不合格物料时，填写“不合格物料处理报告单”。

第 2 章　不合格物料产生原因分析与记录

第 4 条　不合格物料来源分类。

（1）进料检验不合格物料。

（2）制程检验不合格物料。

（3）成品检验不合格物料。

第 5 条　不合格物料的记录。

对不合格物料进行记录是为了方便以后的品质追溯，以及为工厂品质改善提供原始资料。不合格物料的记录应包括以下具体内容。

（1）不合格物料的名称、规格、颜色、编号。

（2）不合格物料产生的订（工）单号、生产日期、部门。

（3）不合格物料数量占总产量比率。

（4）不合格物料的缺陷描述。

（5）相关部门对不合格物料的评审结论。

（6）不合格物料的处置意见和实施结果的详细情况。

（7）针对不合格现象的纠正与预防措施及实施效果。

第 3 章　进料检验不合格物料处理

第 6 条　不合格进料处理方式。

进料检验时所判定的不合格的进料，应退货或特采，其具体处理方式如下所示。

（1）将进料标示“不合格”，将检验情况填入“检验记录表”及“物料验收单”内。

（续）

（2）将检验情况通知采购部及生产部，由其依据实际情况决定是否需要特采。

① 如不需要特采，即将进料用红色标示“退货”，并于“检验记录表”、“物料验收单”内注明退货，由库管人员及采购人员办理相关退货事宜。

② 如需要特采，则将进料用蓝色标示“特采”，于“检验记录表”、“物料验收单”内注明特采处理情况，并通知有关单位办理入库、部分退回或扣款等有关手续。

第7条　需办理退货的不合格进料。

（1）若不合格物料数量大于限定的不合格物料数量，则判定该送检批为退货。不合格物料做退货处置的按整体退货方式执行。

（2）进料质量检验专员应及时在物料检验报告表上签名，盖“检验不合格”印章，经相关部门会签后，在该送检批货品外箱标签上盖“退货”字样，并挂“退货”标牌，然后交仓储部、采购部办理退货事宜。

第8条　需办理特采的不合格进料。

特采是指来料经进料质量检验专员检验，其质量低于允收水准，虽然进料质量检验专员提出“退货”的要求，但由于生产急需或其他原因，生产部做出留料使用的特殊处理。

（1）送检批物料不合格，但只影响生产速度，不会造成产品最终质量不合格，在此情况下，经特批，予以接收。此类来料，由生产部、质检部按实际生产情况，估算出耗费工时数，申请对供应商做扣款处理。

（2）送检批不合格物料数超过规定的允收水准，经特批后，进行全数检验。选出其中的不合格物料，退回供应商，合格品办理入库或投入生产手续。

（3）返工。

① 送检批几乎全部不合格，但经过加工处理后，来料即可接受。在此情况下，由工厂抽调人力进行来料再处理。

② 进料质量检验专员对加工后的物料进行重检，合格品接收，不合格物料通知相关部门办理退货。

③ 此类来料由进料质量检验专员统计加工所用工时，申请对供应商做扣款处理。

第9条　不合格进料退换。

进料检验如发现不合格的进料，且责任属于供应商，应退货或交换良品。

第4章　制程及成品不合格物料处理

第10条　处理的基本要求。

（1）及时发现不合格物料，做出标记并隔离存放。

（2）确定不合格物料的范围，如机号、时间和产品批次等。

（3）评定不合格物料的严重程度。

（4）按规定进行不合格物料的鉴别、记录、标识、隔离、控制、审查与处理，并加以记录。

（5）通知受不合格物料影响的部门做好预防措施。

（6）不合格物料审理人员必须由质检部经理授权并有文件记录。

（7）处理不合格物料必须坚持“三不放过”的原则。

（续）

① 原因未找出不放过。

② 责任未查清不放过。

③ 纠正措施未落实不放过。

（8）不合格物料的处理结论一次性有效，不能作为以后不合格物料处理和验收的依据。

（9）属于检验专员错检、漏检通过的不合格物料，由操作者与检验员共同在“责任”栏内签字，各负其责。

（10）尚未设计定型的不合格物料，以设计部为主负责处理。

第11条　处理程序。

（1）记录、标识、隔离。

（2）预先处理：由质量检验专员判定不合格物料的类别，然后决定提交哪一级处理。

（3）做出结论：按规定权限，对不合格物料做出处理结论（报废、返修、返工和超差使用）。

（4）处理结论的实施。

第12条　具体的处理办法。

1. 纠正。

纠正即对已发现的不合格之处采取必要的措施使其达到一定的状态。

（1）返工。返工即质检部将批准返工的《不合格物料评审报告》交予各生产车间进行返工，使物料达到正常的标准。

（2）返修。返修即为使不合格物料能达到需要的程度所进行的一定程度的再加工。

（3）降级。降级即为使不合格物料符合较低一级的要求而对其等级的改变。

2. 让步接受。

让步接受即在产品零部件不合格但其不符合的项目和指标对产品的性能、寿命、安全性、可靠性、互换性及产品正常使用均无实质性影响，也不会引起客户的申诉、索赔的情况下，准予使用和放行。

第5章　不合格物料的控制

第13条　不合格物料信息处理。

有关部门在发现不合格物料时，应查明原因，将出现批量不合格物料、不合格物料率超出工厂规定的指标值、异常的不合格现象等信息，及时填写“质量信息处理单”，并上报质检部，必要时执行纠正和预防措施。

第14条　不合格物料处理的验证。

质检部负责组织有关部门对不合格品的处理结果进行验证，填写“不合格物料处理报告单”，由参与验证人员签字，并报物控总监审批；验证合格后，撤销“不合格物料处理报告单”。

第15条　不合格物料的控制分析。

每月，质检部负责将不合格物料的控制情况及时上报相关领导。在每次评审前，质检部要对工厂不合格物料控制情况进行汇总分析，编制《不合格物料控制分析报告》，提交评审。

第16条　将不合格品进行隔离。

明确不合格品的隔离方法，对不合格品要做好明显的标记，存放在工厂指定的隔离区，以避免与合格品混淆或被误用，并要有相应的隔离记录。

（续）

第 17 条　对不合格物料进行适用性分析。

不合格物料不一定都是废品。对不合格程度较轻或报废后造成经济损失较大的不合格品，应从技术性方面加以考证，以决定是否可以在不影响物料适用性的情况下进行合理利用，或采取返工、返修等补救措施，这就需要对不合格物料的适用性逐级做出判断。

第 18 条　对物料质量等级进行鉴别。

对物料质量等级进行鉴别，涉及物料的符合性与适用性两种不同等级的判断。

1. 符合性判断。

对物料质量进行符合性判断是检验专员的职责。检验专员按技术文件检验产品，判断物料是否符合品质要求，正确做出合格与否的界定。

2. 适用性判断。

（1）物料质量适用性判断并非检验专员所能承担的责任。

（2）对不合格物料是否适用进行判断，是一项技术性极强的判别行为，应由质检部主管以上级别人员，根据不合格程度及对物料品质的最终影响程度确定分级处理办法。

（3）在做适用性判断时，需要质检部、技术部、工程工艺部、采购部、生产部和生产车间等相关部门的参与，且各部门的参与程度和评审权限有所不同。

第 19 条　明确不合格品处置部门的责任和权限。

根据不合格物料的评审与批准意见，明确不合格物料的处理方式及承办部门的责任与权限。相关部门按处置决定对不合格品实施搬运、储存、保管及后续加工，并由专人督办。

第 6 章　附则

第 20 条　本制度由质检部制定，解释权归质检部所有。

第 21 条　本制度自公布之日起执行。

修订记录	修订标记	修订处数	修订日期	修订执行人	审批人签字

物料成本控制

第九章

第一节 采购成本控制

一、物料采购成本构成

物料采购成本是指工厂根据经营发展需要，组织采购人员进行采购活动而发生的各类费用的统称。工厂需明确物料采购成本的构成，并加强对各项成本的管理，从而有针对性地制定物料采购成本控制措施，实现对物料采购成本的有效控制。

物料采购成本的构成包括订购成本、维持成本、缺料成本三部分，如图 9-1 所示。

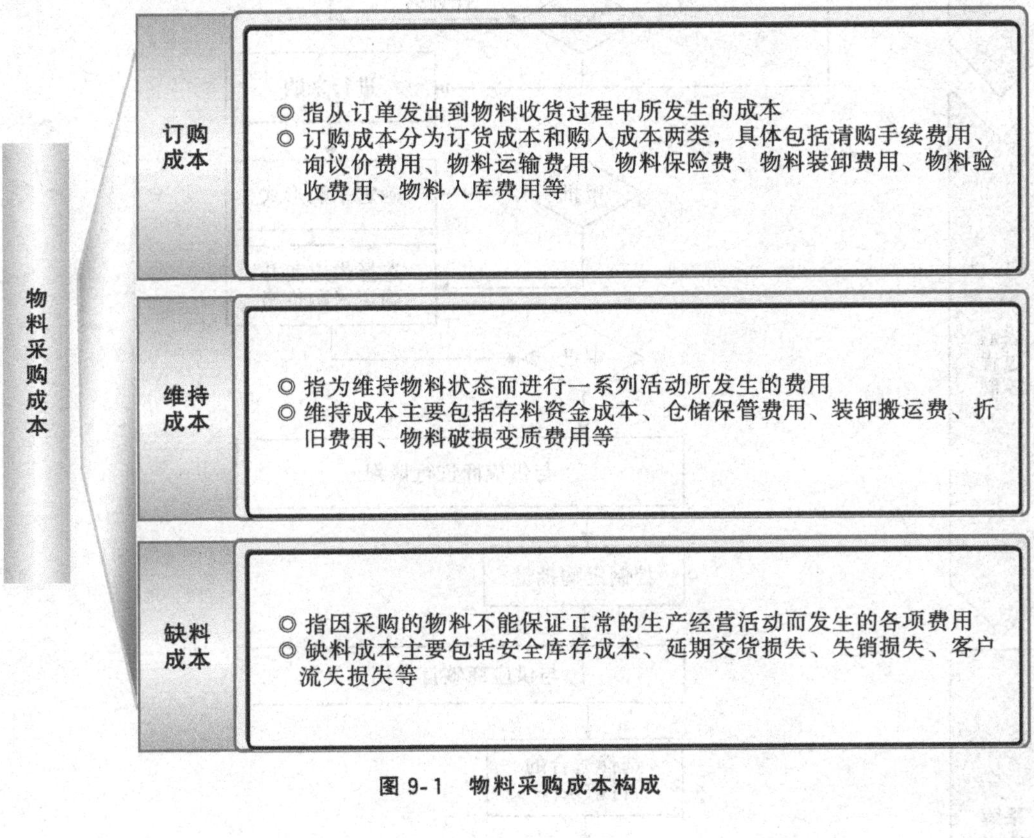

物料采购成本

订购成本

◎ 指从订单发出到物料收货过程中所发生的成本
◎ 订购成本分为订货成本和购入成本两类，具体包括请购手续费用、询议价费用、物料运输费用、物料保险费、物料装卸费用、物料验收费用、物料入库费用等

维持成本

◎ 指为维持物料状态而进行一系列活动所发生的费用
◎ 维持成本主要包括存料资金成本、仓储保管费用、装卸搬运费、折旧费用、物料破损变质费用等

缺料成本

◎ 指因采购的物料不能保证正常的生产经营活动而发生的各项费用
◎ 缺料成本主要包括安全库存成本、延期交货损失、失销损失、客户流失损失等

图 9-1 物料采购成本构成

二、采购成本控制流程

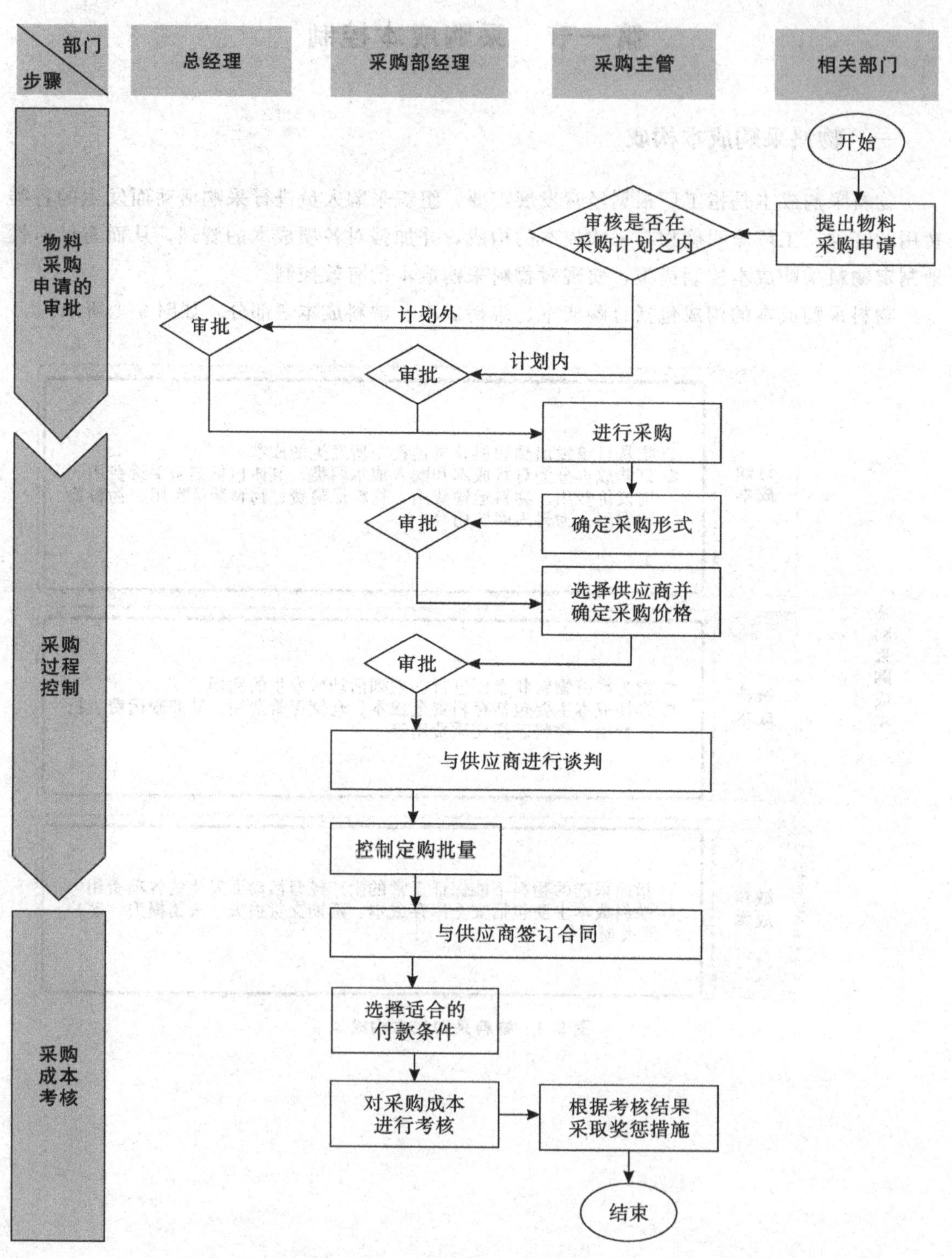
部门
步骤
总经理
采购部经理
采购主管
相关部门
物料采购申请的审批
采购过程控制
采购成本考核
开始
提出物料采购申请
审核是否在采购计划之内
计划外
计划内
审批
审批
进行采购
确定采购形式
审批
选择供应商并确定采购价格
审批
与供应商进行谈判
控制定购批量
与供应商签订合同
选择适合的付款条件
对采购成本进行考核
根据考核结果采取奖惩措施
结束

三、采购成本控制方案

<table>
<tr><td rowspan="2">文书名称</td><td rowspan="2">采购成本控制方案</td><td>编　　号</td><td></td></tr>
<tr><td>受控状态</td><td></td></tr>
</table>

一、目的

为了加强采购成本管理，降低采购成本消耗，提高经济效益，特制定本方案。

二、采购成本控制范围

采购成本的控制范围包括但不限于如下图所示的六类。

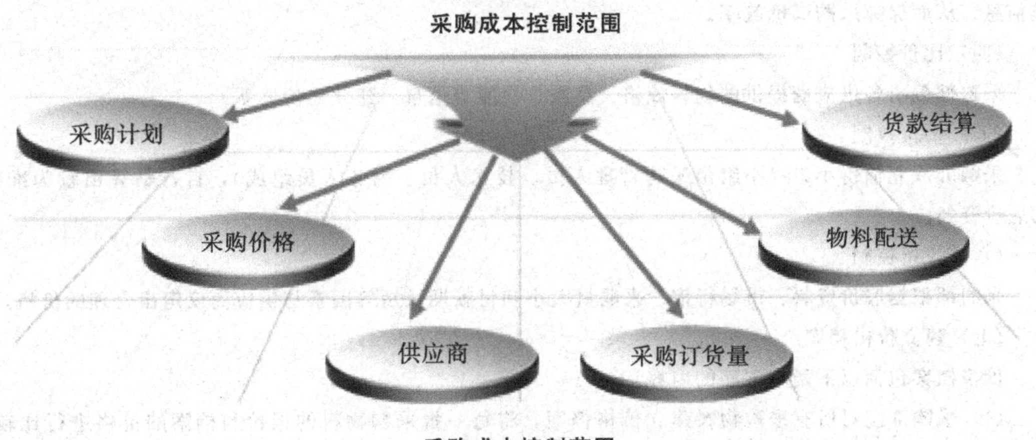

采购成本控制范围

三、管理职责

（1）采购总监具体负责指导、监督采购成本控制工作。

（2）采购部成本控制主管及专员负责采购成本控制的具体工作。

（3）采购部其他人员及财务部等配合执行采购成本控制规定。

（4）开发设计部负责采购产品替代品的研发和工厂标准化的推进。

四、采购计划控制

（1）常备用料的采购计划由采购部计划管理人员根据采购申请、库存情况及用料需求计划制订，经采购部经理审核后报采购总监批准。

（2）其他用料采购计划由采购部计划管理人员根据各部门的采购申请制订，经采购部经理审核后报采购总监批准。

（3）采购计划应同时报送财务部审核，以利于工厂资金的安排。

（4）采购部在实施采购的过程中必须严格执行采购计划。采购计划如有变更，必须由总经理签字确认后方可执行。

（5）未列入采购计划内的物料一般不能进行采购。如确属急需物料，应填写“紧急采购申请表”，经总经理审批后方能列入采购范围。

（续）

五、采购价格控制

（一）申请和审批控制

采购部进行物料采购前应填制“物料请购单”，明确物料的价格，经过采购部经理和财务部经理审核审批后执行。

（二）采购方式控制

采购方式包括招标采购、供应商长期定点采购、比价采购等。采购部通过对各种采购方式的对比，找出成本最低的采购形式组合，以达到降低采购成本的目的。

（三）询价控制

采购部利用网络、行业协会、市场采价等多种渠道，快速获取市场最高价、最低价、一般价格三类信息，从而保障采购询价效率。

（四）比价控制

采购部分析各供应商提供的物料规格、品质、性能等信息，建立比价体系。

（五）估价控制

采购部成立估价小组（小组由采购管理人员、技术人员、财务人员组成），自行估算出较为准确的底价资料。

（六）议价控制

采购部根据底价资料、市场行情、采购量大小和付款期长短等因素与供应商议定出合理的价格。

（七）建立价格档案

价格档案包括以下两个方面的内容。

(1) 采购部应对所有采购物料建立价格档案，将每一批采购物料的报价与档案的价格进行比较，分析价格差异的原因，如无特殊原因，原则上采购价格不能高于档案中的价格水平，否则应做出说明。

(2) 采购部应建立重点物料价格评价体系，由相关人员组成价格评价小组，定期收集有关的供应价格信息，分析、评价现有的价格水平，对价格档案进行评价和更新。

（八）把握价格变动的时机

物料价格经常随着季节、市场供求情况而变动，采购人员应注意价格变动的规律，把握好采购时机，节约采购资金。

（九）奖惩控制

如果实际物料采购价格低于档案价格或工厂最高限价，将给予经办人一定比例的奖励。如果实际采购价格高于档案价格或工厂最高限价，则必须获得采购部核价人员的确认和总经理的批准方可执行采购，并视价格高低程度给予经办人一定比例的罚款。

六、供应商控制

(1) 采购部应建立供应商评价体系，定期对供应商进行考核和筛选。

(2) 供应商评价的指标包括产品质量水平、交货能力、价格水平、技术能力、售后服务、人员配置、现有合作状况等。

（续）

七、采购订货量控制

(1) 采购部应根据下图所示的内容确定安全库存。

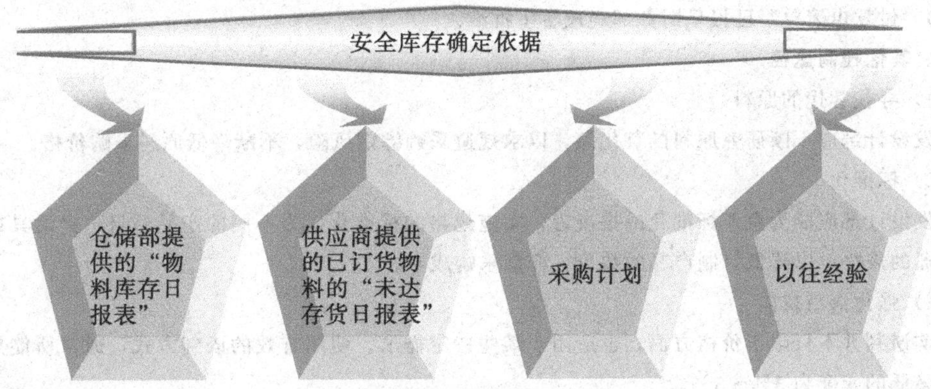

安全库存的确定依据一览图

(2) 采购部根据安全库存、货源情况、订货所需时间、物资需求量、货物运输到达时间等确定最佳订货量及订货时点。

八、物料配送控制

（一）交货方式的控制

(1) 交货方式包括供应商包送、托运、外包和自提四种。

(2) 采购部应根据工厂生产需要及供应商的情况选择成本最低的交货方式。

（二）运输方式的控制

采购部应根据工厂所需物料的多少与物料的性质、路途的远近、交通条件和货物急需情况，合理选择铁路、公路、水路或航空等运输方式。

（三）运输线路的控制

采购部在运输方式确定之后，应确定最短的运输路线，以节省运输费和运输时间，具体要求如下。

(1) 在运输线路较简单的情况下，采购部可通过人工计算求出最短路线。

(2) 在运输线路较复杂的情况下，采购部可通过网络图模型求出最短路线。

（四）运输商的控制

采购部在运输方式确定后，需根据工厂采购的相关规定选择正规、具备相关资质且实力强、服务好的运输商。

九、货款结算控制

（一）物料登记入账的基本要求

采购物料登记入账时，价格、质量、数量、规格型号应完全符合采购订单的要求。

（二）采购物料付款的三大条件

采购物料付款时，应满足以下三个条件，否则财务部不予付款。

（续）

<table>
<tr><td colspan="6">

（1）已经列入当期货币资金支出预算。

（2）双方往来账核对无误。

（3）“付款申请单”已报呈财务部经理签字批准。

十、其他控制途径

（一）寻找替代的原料

开发设计部应不断研究原料的替代品，以求规避采购绑定风险，不断降低原料采购价格。

（二）标准化

开发设计部应成为企业标准化的推进者，实施规格的标准化，为不同的产品项目、夹治具或零件设计共通的规格，以降低订制产品的数目，降低采购成本。

（三）强化谈判技能

采购谈判并不只限于价格方面，也适用于某些特定需求。使用有效的谈判方式，通常所能期望达到价格降低的幅度为 3%～5%。

（四）利用通信技术

采购人员在执行采购任务时，应逐步实现采购活动的电子化，减少不必要的公差，以降低采购成本，提高采购效率。

（五）改善交货期限

采购部在与供应商签订采购合同时，应注意明确采购的交货期限，以实现采购订货批量与库存维持成本的平衡，降低总体采购成本。

（六）有计划地大量购买

一般情况下，采购的订货量与采购成本成反比关系，因而采购部在执行采购活动时，在库存量与库存成本允许的情况下，应尽量大规模采购，以便于降低采购成本。

</td></tr>
<tr><td>编制人员</td><td></td><td>审核人员</td><td></td><td>审批人员</td><td></td></tr>
<tr><td>编制时间</td><td></td><td>审核时间</td><td></td><td>审批时间</td><td></td></tr>
</table>

第二节　仓储成本控制

一、仓储成本构成

仓储成本是指物料保管过程中发生的各种费用的统称。物料仓储成本主要由保管费、装卸搬运费、仓储损失、折旧费或租赁费、修理费、仓库管理人员的工资福利费及管理费用七部分构成，具体内容如表 9-1 所示。

表 9-1　物料仓储成本构成

成本构成	说明
保管费	◎ 保管费是指物料在存储过程中所发生的相关费用 ◎ 包括用于物料保管的货架费用、仓库场地的房产税、物料维护费等
装卸搬运费	◎ 装卸搬运费是指物料入库、堆码及出库等过程中因装卸搬运而产生的费用 ◎ 主要包括搬运设备的运行费用和搬运的人工成本
仓储损失	◎ 仓储损失是指物料保管过程中因物料损坏而发生的费用 ◎ 造成物料损失的原因如下： ⊕ 仓库环境不适宜物料的保存 ⊕ 物料保管人员的失误 ⊕ 物料本身物理或化学性能的影响 ⊕ 物料搬运过程中的机械损坏
折旧费或租赁费	◎自营仓库等固定资产需每年提取折旧费，其主要包括库房、堆场等基础设施的折旧费和机械设备的折旧费等 ◎ 对外承包租赁的固定资产需每年按照租赁价格支付租赁费
修理费	◎ 修理费是指用于仓储设备和物料运输工具的定期修理而发生的费用 ◎ 每年需按设备、设施和运输工具投资额的一定比率提取
仓库管理人员的工资福利费	◎ 指物料仓管人员的工资及福利费用 ⊕ 仓库管理人员的工资一般包括固定工资、奖金和各种生活补贴 ⊕ 仓库管理人员的福利费可按标准提取，一般包括住房公积金、医疗保险及养老支出等
管理费用	◎ 管理费用主要指仓储部为管理仓储活动或开展仓储业务而发生的各种间接费用 ◎ 管理费用包括仓库设备保险费、办公费、人员培训费、差旅费、招待费、水电费等

二、仓储成本控制流程

部门 / 步骤 | 仓储部经理 | 仓储主管 | 仓管员 | 采购部

进行物料分类控制

开始

按ABC法对物料进行分类

对不同类别物料采取相应控制方式

对库存物料的数量进行跟踪

加强物料维护

达到订购点时，及时通知采购部

按经济订货批量开展订购作业

初步拟定材料定额的单项指标

制订物料定期保养维护计划

审批

定期检查物料状况并及时保养

定期盘点仓储物料

及时处理废料、滞料

降低不可用库存

合理安排不同物料的出入库时间

配合

结束

三、仓储成本控制方案

文书名称	仓储成本控制方案	编　　号	
		受控状态	

一、目的

为节约物料仓储过程中的直接成本和间接成本，提高经济效益，特制定本方案。

二、仓储成本控制途径

（1）实行定量库存，降低物料库存量。

（2）在库存管理中采用 ABC 分类管理法，提高保管效率。

（3）加强物料的维护和保养，降低因不合理存放造成的损耗或报废。

（4）降低不可用库存。不可用库存包括在途库存、滞销库存和预留库存。

三、管理职责

（1）仓储部经理负责指导、监督仓储成本控制工作。

（2）仓储主管负责仓储成本控制的具体工作。

（3）仓储部其他人员及财务部等配合执行仓储成本控制规定。

四、实行定量库存

定量库存控制法，是通过对库存物料数量的跟踪检查，当库存量下降到一定水平（订货点）时，按固定的订货数量（一般以经济订货批量为标准）进行订货的方式。

1. 订货点的确定

订货点的计算公式如下所示。

订货点＝平均日需求量×备运时间＋安全库存

2. 经济订货批量的确定

经济订货批量是使库存总成本达到最低的订货数量，其计算公式如下所示。

$$EOQ=\sqrt{\frac{2AB}{M}}$$

其中：A 为单位订货费用（元/次）；B 为库存物料的年需求量（件/年）；M 为单位库存保管费用（元/件×年）。

五、实行 ABC 分类管理

实行 ABC 分类管理，可以提高物料保管效率，降低物料仓储成本，具体内容详见本厂制定的《ABC 类物料控制方案》。

六、加强物料的维护和保养

（一）加强仓库防潮管理

（1）仓管员应了解本工厂所有物料的安全湿度和温度。

（2）仓管员应掌握库内外温度湿度的变化规律，及时调节仓库的温度和湿度。

（二）加强仓库的防腐防霉管理

（1）仓管员应掌握预防物料霉腐的方法，加强仓库防霉防腐管理。常见的预防物料霉腐的方法有湿控法、温控法、化学药剂法、除氧剂除氧法和低温冷藏法等。

（续）

（2）仓管员应掌握霉腐物料的补救方法，以减少仓储成本。常见的霉腐物料的补救方法有暴晒、摊晾、烘烤、刷霉等。

（三）加强仓库的害虫防治管理

（1）仓管员应定时对仓库进行除虫。

（2）仓管员既可以使用药物方法，也可以使用高（低）温杀虫、缺氧防治、辐射防治以及各种合成激素杀虫等方法。

（四）金属制物料防锈管理

（1）仓管员应掌握金属制物料防锈方法，及时采取措施防止金属制物料生锈。

（2）仓管员应掌握金属制物料除锈方法，对生锈的金属制物料及时进行除锈处理。

七、降低不可用库存

（一）降低在途库存

1. 缩短交货时间

仓储部应综合考虑物料的特性、运输时间、运输成本和仓储成本等因素，选择适合的运输方式。

2. 衔接不同物料的出入库时间

采购部人员与仓储部人员应相互配合，将一种物料的到货入库时间与可以放置在同一货位的另一类物料的出库时间相衔接，以提高货位利用率。

（二）降低滞销库存

仓储部应定期处理仓库内存放时间过长、市场价格较低、没有加工价值的物料，以提供更多的仓储空间。

（三）降低预留库存

仓储部应定期检查预留库存的情况，加强与采购部、销售部和财务部之间的沟通，消除因付款、客户项目延期等原因造成的预留库存。

八、其他控制仓储成本的途径

（1）加强仓库内部管理，降低日常开支。

（2）对物料保管中所需保养、擦油、防虫药剂、保险以及小修理等费用支出编制使用计划，按照计划安排使用，以达到节约的目的。

（3）做好仓库盘点工作，尽可能减少物料损失。

（4）提高仓库人员出入库装卸的技术水平，尽量减少雇佣装卸临时工的费用支出。

（5）适当加大仓储密度，提高仓库利用率。

编制人员		审核人员		审批人员	
编制时间		审核时间		审批时间	

第三节　质量成本控制

一、质量成本构成

质量成本是指为了保证产品的质量而支付的费用，以及因没有达到产品质量标准，导致消费者需求未得到满足而产生的损失的统称，其构成具体如表 9-2 所示。

表 9-2　质量成本构成

成本构成	说明
预防成本	◎ 预防成本是指为减少质量损失及检验费用而发生的各种费用 ◎ 主要包括质量教育培训费用、新产品评审费用、工序控制费用、质量改进措施费用、质量审核费用、质量管理活动费用、质量奖励费、专职质量管理人员的工资等
鉴定成本	◎ 鉴定成本是指按照质量标准对原材料、半成品或产成品的质量进行测试、评定和检验等过程中所发生的费用 ◎ 主要包括进货检验费、工序检验费、成品检验费、质量审核费、试验损耗费、存货复试费、质量分级费、检验仪器折旧费以及计量工具购置费等
内部损失成本	◎ 内部损失成本又称内部故障成本，是指产品出厂前由于发生品质缺陷而造成损失及为处理品质缺陷所发生的各项费用 ◎ 主要包括废品损失费、返修损失费、复试复验费、停工损失费、质量缺陷处理费、减产损失费及产品降级损失费等
外部损失成本	◎ 外部损失成本是指产品出厂后因不满足客户对质量的要求，导致索赔、修理、更换或信誉损失等而需支付的费用 ◎ 主要包括申诉受理费、保修费、产品退货损失费、折旧损失费及产品责任损失费等
外部质量保证成本	◎ 外部质量保证成本是指为消费者提供所需的与产品质量相关的客观证据所支付的费用 ◎ 包括依照合同要求工厂向消费者提供特殊质量保证所需支付的专项措施费、依照合同要求工厂对产品进行附加验证试验而支付的费用、根据消费者的要求进行质量体系认证所发生的费用

二、质量成本控制流程

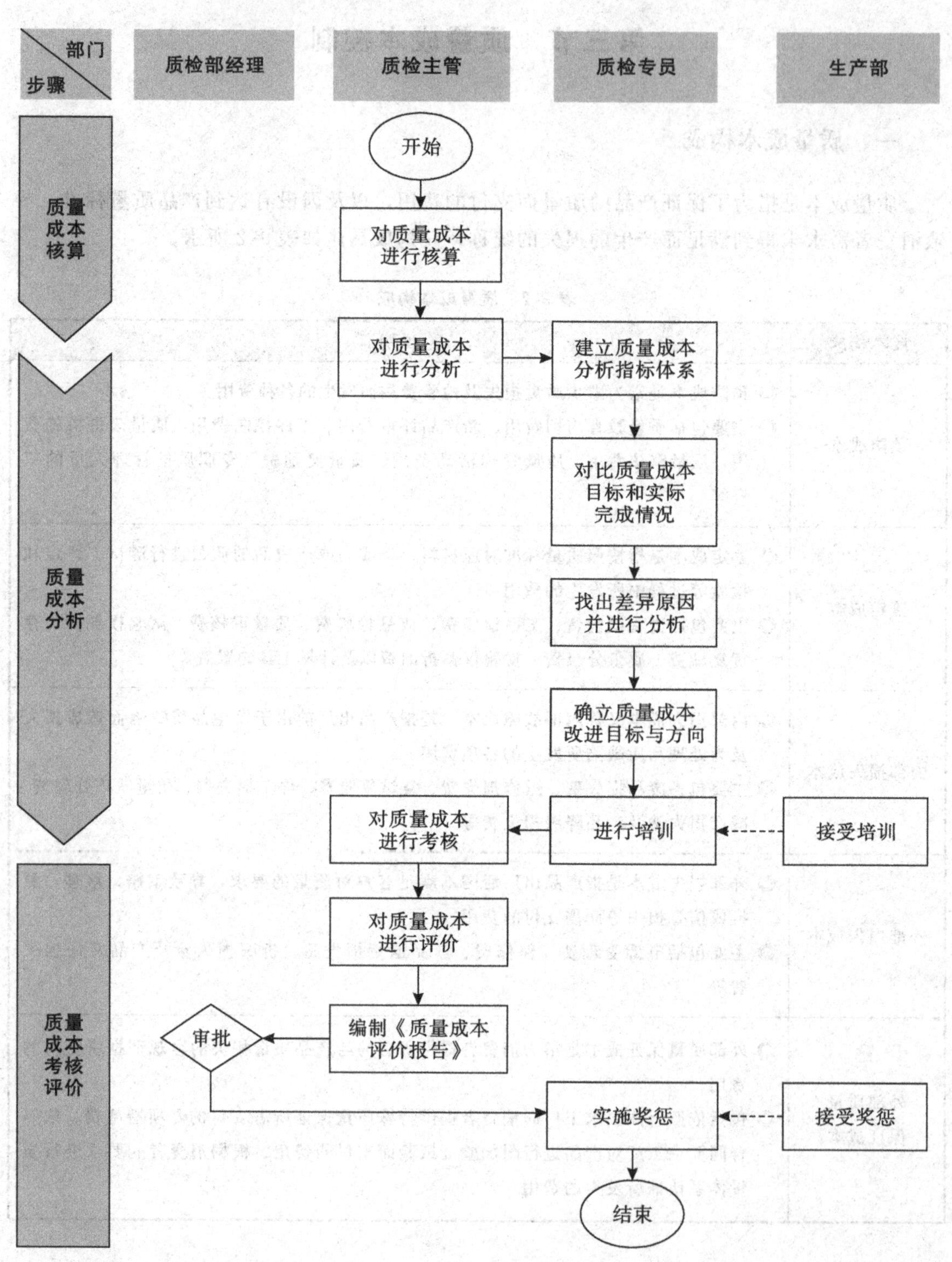
部门
步骤
质检部经理
质检主管
质检专员
生产部
质量成本核算
质量成本分析
质量成本考核评价
开始
对质量成本进行核算
对质量成本进行分析
建立质量成本分析指标体系
对比质量成本目标和实际完成情况
找出差异原因并进行分析
确立质量成本改进目标与方向
进行培训
接受培训
对质量成本进行考核
对质量成本进行评价
编制《质量成本评价报告》
审批
实施奖惩
接受奖惩
结束

三、质量成本控制方案

文书名称	质量成本控制方案	编　号	
		受控状态	

一、目的

为加强物料在加工过程中的质量控制，降低因保证和提高产品质量而付出的费用，减少因产品质量未达到标准而造成的损失，特制定本方案。

二、质量成本的构成

质量成本由预防成本、鉴定成本、内部损失成本、外部损失成本、外部质量保证成本五类构成，具体如下表所示。

质量成本的构成一览表

成本内容	主要成本项目细化说明	负责部门
预防成本	◎ 质量计划和管理费：工厂为预防、保证和控制产品质量，开展质量管理所发生的办公、宣传、情报收集、制定质量标准、编制手册和质量计划、进行质量审核、进行工序能力研究、开展质量管理活动等所发生的费用	生产部、质检部、各生产车间
	◎ 质量培训教育费：为达到质量要求，提高相关人员素质，对相关人员进行质量理念、质量管理、质量检验、质量评估、操作水平提升培训所发生的费用	人力资源部、质检部
	◎ 质量奖励费：为确保和改进产品质量所支付的各种奖励费用	生产部、各生产车间
	◎ 新产品评审费《新产品设计方案》的评审、不合格产品质量的评审所发生的费用	技术部
	◎ 质量改进措施费：建立质量体系、提高产品质量、改变产品设计、调整工艺、开展工序控制、进行技术改进等所发生的费用	质检部、生产部、各生产车间
	◎ 工资、福利及奖金：质检部及车间专职质量管理人员的工资及福利基金的支出	人力资源部、质检部

（续）

成本内容	主要成本项目细化说明	负责部门
鉴定成本	◎ 检测试验费：对生产过程中的原材料、外协外购件、配套件、在制品、半成品和产成品按质量要求进行检测试验及检测设备的维修、校正所发生的费用	质检部
	◎ 行政办公费：为检验、试验而发生的办公费用	质检部
	◎ 检测设备维修和折旧费：检测设备的折旧和大修理折旧等	质检部
	◎ 工资、福利及奖金：专职检验和计量人员的工资及福利费用	人力资源部、质检部
内部损失成本	◎ 废品损失：指无法修复或经济上不值得修复的在制品、半成品、产成品报废造成的净损失	生产部
	◎ 停工损失：由于质量问题而引起的停工损失	生产部、各生产车间
	◎ 事故分析处理费：对质量问题进行分析处理所发生的直接损失	质检部
	◎ 返修损失：对不合格的产成品、在制品及半成品进行返修所耗用的材料、人工费用	生产部、各生产车间
	◎ 产品降级损失：产品因外表或局部的质量问题达不到质量标准，又不影响主要性能而降级处理所造成的损失	生产部
	◎ 复检费用：复检费用包括对产品进行质量复检所支出的相关费用	质检部、生产部、各生产车间
外部损失成本	◎ 索赔费用：产品出厂后由于质量缺陷而赔偿给顾客的费用	客户服务部、销售部
	◎ 退货损失：产品出厂后，因质量问题而造成的退货、换货所带来的损失	客户服务部
	◎ 保修费用：根据合同规定在保修期内为顾客提供修理服务所发生的费用	生产部、客户服务部
	◎ 产品降价损失：即产品出厂后因低于质量标准而进行降价所造成的损失	——
	◎ 诉讼费：用户认为产品质量低劣，提出申诉要求索赔，工厂为处理申诉所支付的费用	——
	◎ 缺陷产品召回费：指对已经销售出去的存在质量缺陷的产品实施召回的相关费用支出	客户服务部、销售部

（续）

成本内容	主要成本项目细化说明	负责部门
外部质量保证成本	◎ 特殊的和附加的质量保证措施、程序、数据等所支出的费用，如产品质量认证费	生产部、质检部
	◎ 对产品质量进行试验证实及其他的相关评定费用，如质量管理体系认证费等	质检部

三、质量成本控制步骤

（一）进行质量成本核算

质检部应对质量成本进行核算。

（1）依据“质量成本三级科目设置表”和质量成本核算总分类账与明细分类账，建立质量成本核算账簿。

（2）依据质量成本核算原始设计凭证，建立质量成本相关科目统计核算体制。

（3）依据“财务会计明细科目调整表”，调整财务会计明细科目。

（4）财务会计核算期间利用原始凭证返修单、返工单、停工单、材料降级处理报告单统计、核算返修损失、返工损失（内外部）、材料降级损失等质量成本三级科目，并记录在与质量成本核算账簿相关的账户上。

（5）财务会计核算期末，依据工厂“财务会计明细科目调整表”，利用相关财务会计明细分类账记录，启用质量成本会计核算账簿，建立相关质量成本明细分类账记录。

（6）进行最终汇总，并将各类费用按要求进行分配。

（二）进行质量成本分析

质检部应根据质量成本核算情况，对质量成本进行分析。

（1）质量成本分析内容包括计划完成情况、构成、相关指标、变化趋势和水平分析。

（2）质量成本分析的方法包括比率分析法、趋势分析法、因素分析法、比较分析法、图表分析法等。

（3）建立质量成本分析指标体系，如下表所示。

质量成本分析指标体系

指标分类	指标计算公式
质量成本基本指标	1. 预防成本率 $=\frac{\text{预防成本}}{\text{质量总成本}}\times 100\%$ 2. 鉴定成本率 $=\frac{\text{鉴定成本}}{\text{质量总成本}}\times 100\%$ 3. 内部损失成本率 $=\frac{\text{内部损失成本}}{\text{质量总成本}}\times 100\%$ 4. 外部损失成本率 $=\frac{\text{外部损失成本}}{\text{质量总成本}}\times 100\%$

（续）

指标分类	指标计算公式
质量成本基本指标	5. 外部质量保证成本率 $=\frac{\text{外部质量保证成本}}{\text{质量总成本}}\times 100\%$ 6. 单位产品质量成本 $=\frac{\text{产品总质量成本}}{\text{产品总产量}}\times 100\%$ 7. 质量损失率 $=\frac{\text{内部损失成本}+\text{外部损失成本}}{\text{质量总成本}}\times 100\%$
质量成本主要指标	1. 预防成本减少值＝报告期预防成本－基期预防成本 2. 鉴定成本减少值＝报告期鉴定成本－基期鉴定成本 3. 内部损失成本减少值＝报告期内部损失成本－基期内部损失成本 4. 外部损失成本减少值＝报告期外部损失成本－基期外部损失成本 5. 内部损失和外部损失成本减少值＝报告期内部损失和外部损失成本之和－基期内部和外部损失成本之和 6. 外部质量保证成本减少值＝报告期外部质量保证成本－基期外部质量保证成本 7. 质量总成本减少值＝报告期质量总成本－基期质量总成本
质量成本相关指标	1. 产值质量成本率 $=\frac{\text{总质量成本}}{\text{总产值}}\times 100\%$ 2. 产值质量损失率 $=\frac{\text{内部损失成本}+\text{外部损失成本}}{\text{总产值}}\times 100\%$ 3. 利润质量成本率 $=\frac{\text{总质量成本}}{\text{产品销售总利润}}\times 100\%$ 4. 利润质量损失率 $=\frac{\text{内部损失成本}+\text{外部损失成本}}{\text{产品销售总利润}}\times 100\%$

（4）质量成本分析流程

① 对比质量成本计划目标和实际完成情况，找出差距。

② 调查研究，进行员工访谈，查找原因。

③ 进行质量成本总额、构成和损失分析。

④ 进行质量成本分析总结，并指出质量成本改进方向。

（三）进行质量成本管理考核

人力资源部根据质量管理各岗位，设计考核指标，并对质量成本的管理绩效进行考核。质量成本考核指标如下表所示。

（续）

质量成本考核指标

考核岗位	主要工作内容	考核指标
质量成本主管	制定《工厂质量成本控制标准》、《质量成本管理手册》等文件	质量成本降低率 预防成本降低率
	组织质量成本数据的收集和分析，发现工厂质量管理的改进点	质量损失成本降低率
	对质量成本数据进行分析，定期编制《质量成本管理报告》	《质量成本管理报告》提交及时率
质量成本工程师	具体负责质量成本核算及质量成本分析工作	预防成本降低率 鉴定成本降低率
	分析质量成本的影响因素，制定具体的《质量成本改进方案》	《质量成本改进方案》提交数量
	对质量成本数据进行汇总分析，提出《质量成本控制方案》	《质量成本控制方案》提交数量
	指导相关部门或人员实施《质量成本管理制度》	相关部门对技术指导的满意度
	收集一线人员意见，找出质量成本控制中存在的问题及解决方法	质量成本问题处理数量
质量成本专员	质量成本核算中具体的数据计算与处理工作	质量成本数据核算错误次数
	对质量成本数据进行归类、整理、分析，提交质量报表	质量报表上交不及时的次数
	协助一线生产部门具体执行质检部的《成本控制方案》	相关部门协作满意度
	根据质量成本数据的分析，提出一些质量成本改进意见	提交质量成本改进意见次数

（四）对质量成本进行评价

1. 定性评价质量成本定性评价的主要内容如下表所示。

（续）

质量成本定性评价内容

内容	包括项目
管理职责	◎ 质量成本管理工作是否职责分明 ◎ 规章制度是否健全 ◎ 工作流程是否明确、清晰
体系运行	◎ 成本计划是否按时下达 ◎ 质量管理进度是否合理 ◎ 质量成本考核是否按时进行
质量成本数据	◎ 质量数据是否齐全、准确 ◎ 原始单据是否完整 ◎ 成本归属是否正确 ◎ 统计方法是否适合 ◎ 核算方法是否正确
部门配合	◎ 部门之间的配合是否降低效率 ◎ 相关员工的培训工作是否顺利 ◎ 部门数据是否能够实现共享
质量成本意识	◎ 新员工培训是否有质量成本内容 ◎ 员工对质量成本重视程度 ◎ 质量成本奖惩措施是否切实执行

2. 定量评价

质量成本定量评价的主要内容如下表所示。

质量成本定量评价内容

内容	包括项目
质量指标评价	◎ 质量投诉减少率 ◎ 产品返修率 ◎ 顾客报修率 ◎ 质检合格率
综合指标评价	◎ 百元质量成本差 ◎ 百元产值质量成本减少率 ◎ 百元销售质量成本率 ◎ 人均质量成本率

（续）

内容	包括项目
投入产出比评价	◎ 投入的预防成本和鉴定成本与内部损失成本相比较 ⊕ 两者相等即投入产出持平 ⊕ 内部损失成本减少即盈利
质量价格比评价	◎ 销售价格增加金额与新增质量成本之差相比较 ⊕ 大于0说明盈利，质量成本降低有效 ⊕ 小于0说明亏损，质量成本降低无效

编制人员		审核人员		审批人员	
编制时间		审核时间		审批时间	

第四节　现场物料浪费控制

一、现场物料浪费现象分析

生产现场中的物料浪费，会增加工厂的生产成本，从而不利于生产过程利益最大化的实现。因此，工厂需加强对生产现场物料浪费的管理。

（一）判定物料浪费类别

工厂需对生产现场物料浪费的情况进行分析，以准确判定物料浪费的类别及其产生的原因，从而为物料浪费解决措施的制定提供可靠依据。生产现场物料浪费的常见类别如表 9-3所示。

表 9-3　生产现场物料浪费类别

类别	说明
在制品过剩而造成浪费	◎ 在制品过剩，资金占用过多，造成人力物力的浪费 ◎ 在制品过剩，可能导致停工不及时解决的现象，从而严重影响生产纪律和团队精神，导致员工消极怠工，进而引发物料的严重浪费
供应不及时造成浪费	◎ 材料、工具、设备配件等供应不及时，造成停工、窝工等现象，导致物料的浪费

（续表）

类别	说明
数据管理不规范造成浪费	◎ 数据不准确，信息不及时，计划、指令、调度失误造成物料损失或浪费 ◎ 缺少数据调研及分析，导致采购的物料不符合生产需求，从而导致物料转化为呆滞料
现场物料管理不到位造成的浪费	◎ 未及时纠正不良的物料搬运方式方法导致物料浪费 ◎ 未根据生产需要请领错误的物料，导致物料浪费 ◎ 未进行必要的物料分析，造成可再利用的物料误作废料处理，导致物料浪费 ◎ 未及时检查每一工序物料的使用情形，导致滥用物料或将可再利用的物料当作废料处理，造成物料浪费
设备管理不规范造成的浪费	◎ 未依照设备操作规范正确操作机械设备，导致废料的产生，造成物料浪费 ◎ 设备故障未处理完成便运行设备，导致不良品的出现，从而造成物料浪费

（二）现场物料浪费的控制

生产现场物料浪费不利于生产工艺流程的优化，不利于生产成本的节约，因此，工厂要加强对物料成本的控制必须减少呆废料，控制生产现场物料的浪费。工厂常用的现场物料浪费控制措施如图 9-2 所示。

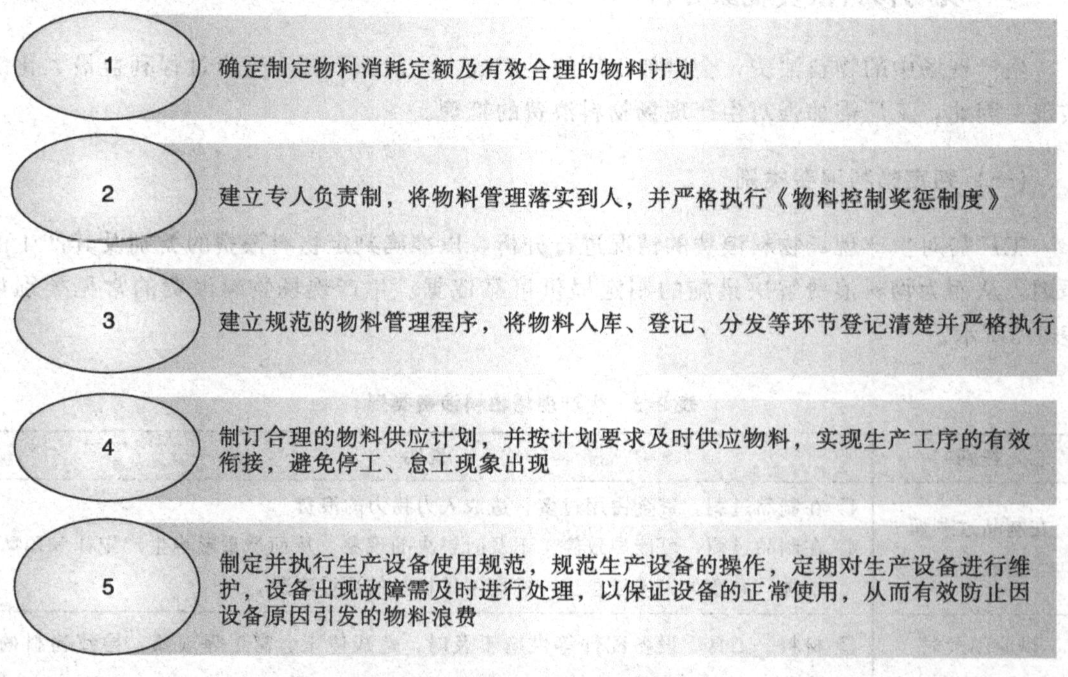

图 9-2 现场物料浪费的控制措施

二、现场呆废料处理流程

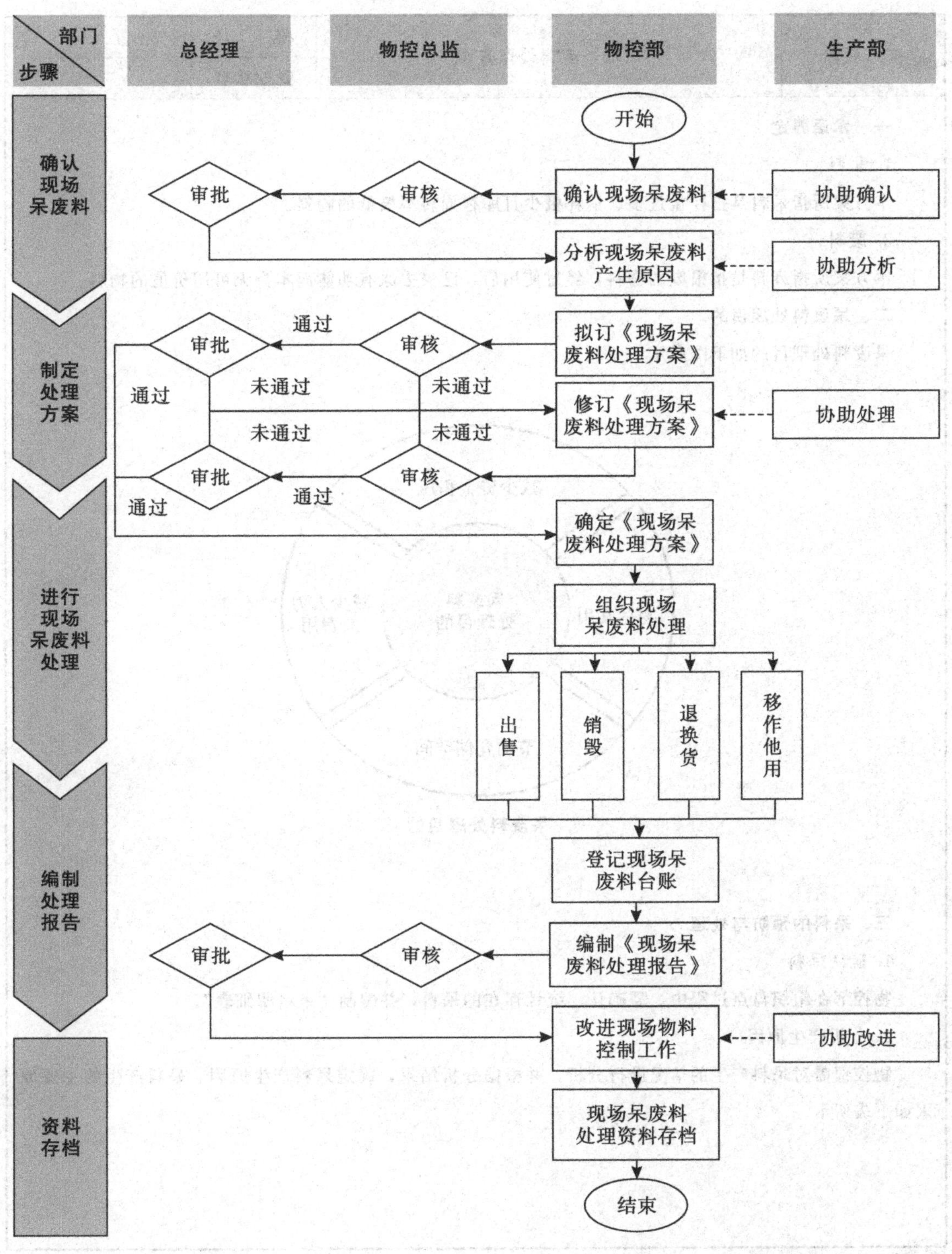
部门
步骤
总经理
物控总监
物控部
生产部
确认现场呆废料
制定处理方案
进行现场呆废料处理
编制处理报告
资料存档
开始
审批
审核
确认现场呆废料
协助确认
分析现场呆废料产生原因
协助分析
通过
拟订《现场呆废料处理方案》
未通过
修订《现场呆废料处理方案》
协助处理
确定《现场呆废料处理方案》
组织现场呆废料处理
出售
销毁
退换货
移作他用
登记现场呆废料台账
编制《现场呆废料处理报告》
改进现场物料控制工作
协助改进
现场呆废料处理资料存档
结束

三、现场呆废料处理方案

文书名称	现场呆废料处理方案	编　　号	
		受控状态	

一、术语界定

1. 呆料

本方案所指呆料是指存量过多、消耗极少且库存周转率极低的物料。

2. 废料

本方案所指废料是指报废的物料，经过使用后，已失去原有功能而本身无可用价值的物料。

二、呆废料处理目的

呆废料处理目的如下图所示。

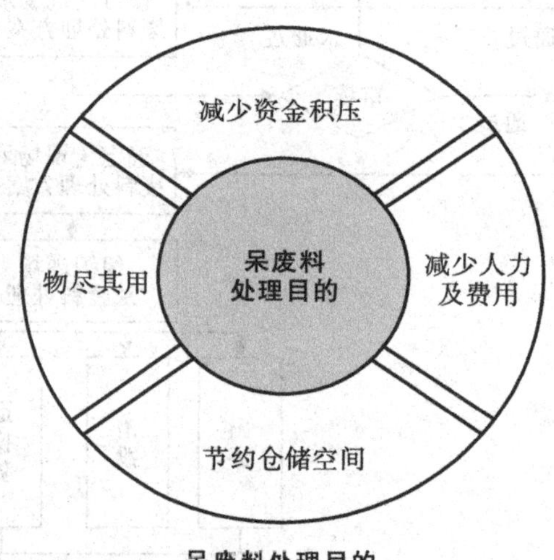

呆废料处理目的

三、呆料的预防与处理

1. 确认呆料

物控部在组织盘点过程中，需确认、统计存在的呆料，并编制“呆料明细表”。

2. 分析产生原因

物控部需对呆料产生的情况进行分析，并根据分析结果，确定呆料产生原因。呆料产生的主要原因如下表所示。

（续）

呆料产生原因汇总表

部门	呆料产生的原因
销售部	◎ 对市场预测错误，导致物料准备过多，使得物料难以得到有效的利用，造成呆料的产生 ◎ 客户订货不准确，订单取消或更改等现象频现，导致呆料的产生
设计部	◎ 产品设计错误，导致在试产时，部分采购的物料不能如期使用或不能使用，使得部分物料变为呆料 ◎ 产品设计变更，未及时修正采购活动及物料库存量，导致采购的物料难以得到有效利用，从而转化为呆料
采购部	◎ 物料采购交货延期、物料质量低劣、物料采购数量过多等，导致采购的物料不能如期使用或不能使用，从而转化为呆料 ◎ 对供应商管理不到位，导致供应商所供物料的品质、交期、数量与规格等难以及时满足生产的需要，从而造成采购的物料转化为呆料
物控部	◎ 物料管理计划不当，导致存量控制及使用控制不规范，进而导致呆料的产生 ◎ 物料仓储设备不理想，物料管理人员工作失误，导致呆料的出现
生产部	◎ 产品产销不协调，生产计划变更频繁，造成呆料的产生 ◎ 产品生产计划发生错误，造成备料失误，导致呆料的产生 ◎ 产品销售计划变更，生产计划却未随之变更，物料计划落空，造成呆料的产生 ◎ 对生产现场物料发放、领取及退料等工作管理不良，导致呆料的产生
质检部	◎ 物料检验操作不规范，导致物料中的不良品未检出，导致呆料的产生 ◎ 物料检验仪器不精良，未能完全排除物料中的不合格品，导致呆料的产生

3. 制定呆料预防措施

物控部应根据呆料产生的原因，制定呆料预防措施，以有效预防呆料的产生。常用的呆料预防措施如下表所示。

（续）

呆料预防措施表

部门	呆料预防措施
销售部	◎ 提高市场预测能力，并制订科学合理的销售计划 ◎ 加强客户订单的确认工作，复核客户的订单信息，准确把握订单更改情况
设计部	◎ 提高设计人员的设计能力，降低设计失误率 ◎ 设计完成后，经过完整的实验并确定有较好的市场前景时，方可投入生产 ◎ 设计时需加强零部件、包装材料等的标准化管理
采购部	◎ 认真评估并选择供货商，提高进料质量 ◎ 分析物料使用情况，避免请购不当
物控部	◎ 规范物料计划的制订工作，保证物料计划的稳定性 ◎ 注意仓库的卫生与安全，做好物料的维护工作 ◎ 定期进行物料盘点，有效控制库存量
生产部	◎ 加强与销售部的沟通，协调产销，妥善处理紧急订单 ◎ 制订合理的生产计划，依据订单和进度进行生产 ◎ 加强对生产现场的管理，优化领料、发料、退料的管理 ◎ 加强对生产工人的培训，减少各环节呆料的产生
质检部	◎ 严格执行质量检验规定，避免引进质量不合格的物料 ◎ 加强检验仪器精良化，提高物料检验精度，避免呆滞物料产生

4. 编制《呆料处理方案》

物料仓库主管需根据呆料产生原因，编制《呆料处理方案》，并制作“呆料处理单”，报物控部经理、物控总监审批后，组织执行。“呆料处理单”的样式如下表所示。

呆料处理单

物料编号	物料名称	规格/型号	拟处理方式	应完成期限	未处理数量	未能如期完成原因
处理记录						
日期	方式	单价	数量	金额	要点记录	

审批人：　　　　复核人：　　　　呆料处理人：

（续）

5. 进行处理

处理方案审批通过后，物控部应采取适当的处理方式进行处理。呆料处理方式主要包括以下四种。

（1）调拨其他生产车间利用。

（2）设计部设计新产品时，设法应用呆料。

（3）低价处理或与供货商交换其他可用物料。

（4）销毁呆料。

四、废料的预防与处理

1. 确认废料

物控部物料管理员在物料检查过程中，确认、统计废料，并编制“废料明细表”。

2. 分析废料产生原因

物控部在确认废料后，需分析废料产生的原因。废料产生的原因主要包括以下三个方面。

（1）物料长期没有使用，陈腐不堪而失去使用价值。

（2）机械设备报废后拆卸的零部件。

（3）因裁剪产生的边角料。

3. 制定废料预防措施

物控部需根据废料产生的原因，制定废料预防措施。

（1）与物料供应商进行洽谈，用新料替换旧料，从而有效防止物料陈腐。

（2）建立完善的物料收发制度，保证物料在使用期限内得到有效利用。

（3）定期对设备进行保养与维护，减少设备报废产生的废料。

（4）保持仓库环境清洁，预防虫咬现象的发生，减少因虫咬产生的废料。

4. 废料整理

（1）各车间应设置废料桶或废料箱，用于收集生产现场产生的废料。

（2）各车间需在工作结束后，安排人员将当日产生的废料送往规定的废料存放处。

5. 编制《废料处理方案》

物控部需对废料进行处理，编制《废料处理方案》，经物控部经理签字后报物控总监审批。

6. 废料处理

物控部应选择合适的处理方式，对废料进行处理。常见的处理方式如下图所示。

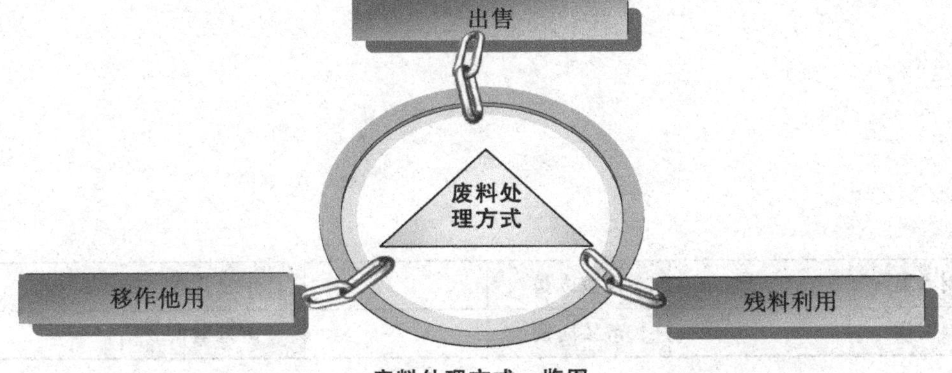

废料处理方式一览图

（续）

7. 编制“废料处理报告单”

处理完毕后，废料处理人员应填写“废料处理报告单”（如下表所示），并提交上级领导审核及审批。

废料处理报告单

编号：　　　　　　　　　　　　　　　　　　　　　　　　日期：____年__月__日

物料编号		物料名称		数量	
处理方式	□ 废弃　□ 出售　□ 转作他用　□ 改造				
处理说明					
损失分析	1. 账面价值				
	2. 处理收入				
	3. 处理支出				
	4. 损失金额或价值				

审核人：　　　　　　　　　　　　　　　　　　　　　　　废料处理人：

8. 废料处理资料存档

物控部需对以下废料处理的相关资料进行整理与存档。

（1）废料确认信息。

（2）废料分析信息。

（3）《废料处理方案》及处理台账。

编制人员		审核人员		审批人员	
编制时间		审核时间		审批时间	

《工厂物料精细化管理手册（第2版）》
编读互动信息卡

亲爱的读者：

感谢您购买本书。只要您以以下三种方式之一成为普华公司的**会员**，即可免费获得普华每月新书信息快递，在线订购图书或向我们邮购图书时可获得免付图书邮寄费的优惠：① 详细填写本卡并以**传真（复印有效）或邮寄**返回给我们；② **登录普华公司官网注册成为普华会员**；③ 关注微博：@普华文化（新浪微博）。会员单笔订购金额满300元，可免费获赠普华当月新书一本。

哪些因素促使您购买本书（可多选）

○本书摆放在书店显著位置　○封面推荐　○书名

○作者及出版社　○封面设计及版式　○媒体书评

○前言　○内容　○价格

○其他（　　　　　　　　　　　　）

您最近三个月购买的其他经济管理类图书有

1.《　　　　　　》　2.《　　　　　　》

3.《　　　　　　》　4.《　　　　　　》

您还希望我们提供的服务有

1. 作者讲座或培训　2. 附赠光盘

3. 新书信息　4. 其他（　　　　　　）

请附阁下资料，便于我们向您提供图书信息

姓　　名　　联系电话　　职　　务

电子邮箱　　工作单位

地　　址

地　　址：北京市丰台区成寿寺路11号邮电出版大厦1108室
北京普华文化发展有限公司（100164）

传　　真：010－81055644

读者热线：010－81055656

编辑邮箱：chensiwen@puhuabook. com

投稿邮箱：puhua111@126. com，或请登录普华官网“作者投稿专区”。

投稿热线：010－81055633

购书电话：010－81055656　淘宝店网址：http：//shop60686916. taobao. com

媒体及活动联系电话：010－81055656　邮件地址：hanjuan@puhuabook. com

普华官网：http：//www. puhuabook. com. cn

博　　客：http：//blog. sina. com. cn/u/1812635437

新浪微博：@普华文化（关注微博，免费订阅普华每月新书信息速递）